工程建设安全技术与管理丛书

 # 建筑起重机械安全技术与管理

丛书主编 徐一骐

本书主编 吴恩宁

中国建筑工业出版社

图书在版编目(CIP)数据

建筑起重机械安全技术与管理/吴恩宁本书主编.
北京：中国建筑工业出版社，2014.12
（工程建设安全技术与管理丛书）
ISBN 978-7-112-17593-2

Ⅰ.①建… Ⅱ.①吴… Ⅲ.①建筑机械-起重机
械-安全技术 Ⅳ.①TH210.8

中国版本图书馆 CIP 数据核字（2014）第 290314 号

　　建筑起重机械是房屋建筑和市政工程施工中用于物料的垂直和水平运输及构件安装的主要施工机械，也是高层建筑施工中用作作业人员上下乘运的重要设施。建筑起重机械属于危险性较大的专业设备，是涉及人身安全的特种设备。因此，普及建筑起重机械的安全技术知识，是提高管理人员和操作者安全技术水平的有效措施，是做好建筑起重机械安全监督管理工作的基础。

　　本书主要针对建筑起重机械中整机外形最大、使用最为普遍、容易发生安全事故的两种建筑起重机械——塔式起重机和施工升降机做系统介绍。本书可作为建筑起重机械司机、装拆工、维修工等从业人员的培训教材，也可作为相关设备管理人员的业务学习资料。

责任编辑：郦锁林　赵晓菲　朱晓瑜
责任设计：李志立
责任校对：张　颖　党　蕾

工程建设安全技术与管理丛书
建筑起重机械安全技术与管理
丛书主编　徐一骐
本书主编　吴恩宁
＊
中国建筑工业出版社出版、发行（北京西郊百万庄）
各地新华书店、建筑书店经销
北京红光制版公司制版
北京同文印刷有限责任公司印刷
＊
开本：787×1092 毫米　1/16　印张：20¼　字数：371 千字
2015 年 5 月第一版　　2015 年 5 月第一次印刷
定价：**48.00** 元
ISBN 978-7-112-17593-2
　　　　（26760）

丛书编委会 _____

丛书主编　徐一骐

副　主　编　吴恩宁　吴　飞　邓铭庭　牛志荣　王立峰
　　　　　　杨燕萍

编　　委　徐一骐　吴　飞　吴恩宁　牛志荣　杨燕萍
　　　　　黄思祖　邓铭庭　周松国　王建民　王立峰
　　　　　朱瑶宏　姜天鹤　张金荣　金　睿　杜运国
　　　　　李美霜　林　平　庄国强　黄先锋　史文杰

本书编委会 _____

主　　审　徐一骐

主　　编　吴恩宁

副　主　编　方仙兵　唐小卫　王汉炜

编　　委　（以姓氏笔划为序）
　　　　　王汉炜　方文权　叶进其　刘志刚　严春明　李维波
　　　　　何罗波　宋小青　范树会　金鹤翔　周立宏　俞宏智
　　　　　徐景鲁　唐小卫

丛书序一

　　建筑业是我国国民经济的重要支柱产业之一，在推动国民经济和社会全面发展方面发挥了重要作用。近年来，建筑业产业规模快速增长，建筑业科技进步和建造能力显著提升，建筑企业的竞争力不断增强，产业队伍不断发展壮大。由于建筑生产的特殊性等原因，建筑业一直是生产安全事故多发的行业之一。当前，随着法律法规制度体系的不断完善、各级政府监管力度的不断加强，建筑安全生产水平在提升，生产安全事故持续下降，但工程质量安全形势依然很严峻，建筑生产安全事故还时有发生。

　　质量是工程的根本，安全生产关系到人民生命财产安全，优良的工程质量、积极有效的安全生产，既可以促进建筑企业乃至整个建筑业的健康发展，也为整个经济社会的健康发展作出贡献。做好建筑工程质量安全工作，最核心的要素是人。加强建筑安全生产的宣传和培训教育，不断提高建筑企业从业人员工程质量和安全生产的基本素质与基本技能，不断提高各级建筑安全监管人员监管能力水平，是做好工程质量安全工作的基础。

　　《工程建设安全技术与管理丛书》是浙江省工程建设领域一线工作的同志们多年来安全技术与管理经验的总结和提炼。该套丛书选择了市政工程、安装工程、城市轨道交通工程等在安全管理中备受关注的重点问题进行研究与探讨，同时又将幕墙、外墙保温等热点融入其中。丛书秉着务实的风格，立足于工程建设过程安全技术及管理人员实际工作需求，从设计、施工技术方案的制定、工程的过程预控、检测等源头抓起，将各环节的安全技术与管理相融合，理论与实践相结合，规范要求与工程实际操作相结合，为工程技术人员提供了可操作性的参考。

　　编者用了五年的时间完成了这套丛书的编写，下了力气，花了心血。尤为令人感动的是，丛书编委会积极投身于公益事业，将本套丛书的稿酬全部捐出，并为青川灾区未成年人精神家园的恢复重建筹资，筹集资金逾千万元，表达了一个知识群体的爱心和塑造价值的真诚。浙江省是建筑大省和文化大省，也是建筑专业用书的大省，本套丛书的出版无疑是对浙江省建筑产业健康发展的支持和推动，也将对整个建筑业的质量安全水平的提高起到促进作用。

郭光沖

2015 年 5 月 6 日

　　《工程建设安全技术与管理丛书》就要出版了。编者邀我作序，我欣然接受，因为我和作者们一样都关心这个领域。这套丛书对于每一位作者来说，是他们对长期以来工作实践积累进行总结的最大收获。对于他们所从事的有意义的活动来说，是一项适逢其时的重要研究成果，是数年来建设领域少数涉及公共安全技术与管理系列著述的力作之一。

　　当今，我国正在进行历史上规模最大的基本建设。由于工程建设活动中的投资额大、从业人员多、建设规模巨大，设计和建造对象的单件性、施工现场作业的离散性和工人的流动性，以及易受环境影响等特点，使其安全生产具有与其他行业迥然不同的特点。在当下，我国经济社会发展已进入新型城镇化和社会主义新农村建设双轮驱动的新阶段，这使得安全生产工作显得尤为紧迫和重要。

　　工程建设安全生产作为保护和发展社会生产力、促进社会和经济持续健康发展的一个必不可少的基本条件，是社会文明与进步的重要标志。世界上很多国家的政府、研究机构、科研团队和企业界，都在努力将安全科学与建筑业的许多特点相结合，应用安全科学的原理和方法，改进和指导工程建设过程中的安全技术和安全管理，以期达到减少人员伤亡和避免经济损失的目的。

　　我们在安全问题上面临的矛盾是：一方面，工程建设活动在创造物质财富的同时也带来大量不安全的危险因素，并使其向深度和广度不断延伸拓展；技术进步过程中遇到的工程条件的复杂性，带来了工程安全风险、安全事故可能性和严重度的增加；另一方面，人们在满足基本生活需求之后，不断追求更安全、更健康、更舒适的生存空间和生产环境。

　　未知的危险因素的绝对增长和人们对各类灾害在心理、身体上承受能力相对降低的矛盾，是人类进步过程中的基本特征和必然趋势，这使人们诉诸于安全目标的向往和努力更加迫切。在这对矛盾中，各类危险源的认知和防控是安全工作者要认真研究的主要矛盾。建设领域安全工作的艰巨性在于既要不断深入地控制已有的危险因素，又要预见并防控可能出现的各种新的危险因素，以满足人们日益增长的安全需求。工程建设质量安全工作者必须勇敢地承担起这个艰巨且义不容辞的社会责任。

　　本丛书的作者们都是长期活跃在浙江省工程建设一线的专业技术人员、管理人员、科研工作者和院校老师，他们有能力，责任心强，敢担当，有长期的社会实践经验和开拓创新精神。

5年多来，丛书编委会专注于做两件事。一是沉下来，求真务实，在积累中研究和探索，花费大量时间精力撰写、讨论和修改每一本书稿，使实践理性的火花迸发，给知识的归纳带来了富有生命力的结晶；二是自发开展丛书援建灾区活动，知道这件事情必须去做，知道做的意义，而且在投入过程中掌握做事的方法，知难而上，建设性地发挥独立思考精神。正是在这一点上，本丛书的组织编写和丛书援建灾区系列活动，把用脑、用心、用力、用勤和高度的社会责任感结合在一起，化作一种自觉的社会实践行动。

本着将工程建设安全工作做得更深入、细致和扎实，本着让从事建设的人们人人都养成安全习惯的想法，作者们从解决工程一线工作人员最迫切、最直接、最关心的实际问题入手，目的是为广大基层工作者提供一套全面、可用的建设安全技术与管理方法，推广工程建设安全标准规范的社会实践经验，推行知行合一的安全文化理念。我认为这是一项非常及时和有意义的事情。

再就是，5年多前，正值汶川特大地震发生后不久灾后重建的岁月。地震所造成的刻骨铭心的伤痛总是回响在人们耳畔，惨烈的哭泣、哀痛的眼神总是那么让人动容。丛书编委会不仅主动与出版社签约，将所有版权的收入捐给灾区建设；更克服了重重困难，历经5年多的不懈努力，成功推动了极重灾区四川省青川县未成年人校外活动中心的建设。真情所至，金石为开。他们用行动展示了建设工作者的精神风貌。

浙江省是建筑业大省，文化大省，我们要铆足一股劲，为进一步做好安全技术、管理和安全文化建设工作而努力。时代要求我们在继续推进建设领域的安全执法、安全工程的标准化、安全文化和教育工作过程中，要有高度的责任感和信心，从不同的视野、不同的起点，向前迈进。预祝本套丛书的出版将推进工程建设安全事业的发展。预祝本套丛书出版成功。

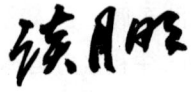

2015 年 1 月

安全是人类生存与发展活动中永恒的前提，也是当今乃至未来人类社会重点关注的重要议题之一。作为一名建筑师，我看重它与工程和建筑的关系，就如同看重探索神圣智慧和在其建筑法则规律中如何获取经验。工程建设的发展史在某种意义上说是解决建设领域安全问题的奋斗史。所以在本套丛书行将问世之际，我很高兴为之作序。

在世界建筑史上，维特鲁威最早提出建筑的三要素"实（适）用、坚固、美观"。"实用"还是"适用"，翻译不同，中文意思略有差别；而"坚固"，自有其安全的内涵在。20世纪50年代以来，不同的历史时期，我国的建筑方针曾有过调整。但从实践的角度加以认识，"安全、适用、经济、美观"应该是现阶段建筑设计的普遍原则。

建筑业是我国国民经济的重要支柱产业之一，也是我国最具活力和规模的基础产业，其关联产业众多，基本建设投资巨大，社会影响较大。但建筑业又是职业活动中伤亡事故多发的行业之一。

在建筑物和构筑物施工过程中，不可避免地存在势能、机械能、电能、热能、化学能等形式的能量，这些能量如果由于某种原因失去了控制，超越了人们设置的约束限制而意外地逸出或释放，则会引发事故，可能导致人员的伤害和财物的损失。

建筑工程的安全保障，需要有设计人员严谨的工作责任心来作支撑。在1987年的《民用建筑设计通则》JGJ 37－1987中，对建筑物的耐久年限、耐火等级就作了明确规定。要求必需有利于结构安全，它是建筑构成设计最基本的原则之一。根据荷载大小、结构要求确定构件的必须尺寸外，对零部件设计和加固必须在构造上采取必要措施。

我们关心建筑安全问题，包括建筑施工过程中的安全问题以及建筑本体服务期内的安全问题。设计人员需要格外看重这两方面，从图纸设计基本功做起，并遵循标准规范，预防因势能超越了人们设置的约束限制而引起的建筑物倒塌事故。

建筑造型再生动、耐看，都离不开结构安全本身。建筑是有生命的。美的建筑，当我们看到它时，立刻会产生一种或庄严肃穆或活跃充盈的印象。但切不可忘记，对空间尺度坚固平衡的适度把握和对安全的恰当评估。

如果说建筑艺术的特质是把一般与个别相联结、把一滴水所映照的生动造型与某个水珠莹莹的闪光相联结，那么，建筑本体的耐久性设计则使这一世界得以安全保存变得更为切实。

安全的实践知识是工程的一部分，它为工程师们提供了判别结构行为的方法。在一个成功的工程设计中，除了科学，工程师们还需要更多不同领域的知识和技能，如经济学、美学、管理学等。所以书一旦写出来，又要回到实践中去。进行交流很有必要，因为实践知识、标准给予了我们可靠的、可重复的、可公开检验的接触之门。

2008年5月12日我国四川汶川地区发生里氏8级特大地震后，常存于我们记忆中的经验教训，便是一个突出例证。强烈地震发生的时间、地点和强度迄今仍带有很大的不确定性，这是众所周知的；而地震一旦发生，不设防的后果又极其严重。按照《抗震减灾法》对地震灾害预防和震后重建的要求，需要通过标准提供相应的技术规定。

随着我国城市轨道交通和地下工程建设规模的加大，不同城市的地层与环境条件及其相互作用更加复杂，这对城市地下工程的安全性提出了更高要求。艰苦的攀登和严格的求索，需要经历许多阶段。为了能坚持不懈地走在这一旅程中，我们需要一个巨大的公共主体，来加入并忠诚于事关安全核心准则的构建。在历史的旅程中，我们常常提醒自己，要学习，要实践，要记住开创公共安全旅程的事件以及由求是和尊重科学带来的希望。

考虑到目前我国隧道及地下工程建设规模非常之大、条件各异，且该类工程具有典型的技术与管理相结合的特点，在缺乏有效的理论作指导的情况下作业，是多起相似类型安全事故发生的重要原因。因此，在系统研究和实践的基础上，尽快制定相应的技术标准和技术指南就显得尤为紧迫。

科学技术的不断进步，使建筑形态突破固有模式而不断产生新的形态特征，这已被中外建筑史所一再证明。但不可忘记，随着建设工程中高层、超高层和地下建设工程的涌现，工程结构、施工工艺的复杂化，新技术、新材料、新设备等的广泛应用，不仅给城市、建筑物提出了更高的安全要求，也给建设工程施工安全技术与管理带来了新的挑战。

一个真正的建筑师，一个出色的建筑艺人，必定也是一个懂得如何在建筑的复杂性和矛盾性中，选择各种材料安全性能并为其创作构思服务的行家。这样的气质共同构成了自我国古代匠师之后，历史课程教给我们最清楚最重要的经验传统之一。

建筑安全与否唯一的根本之道，是人们在其对人文关怀和价值理想的反思中，如何彰显出一套更加严格的科学方法，负责任地对现实、对历史做出回答。

两年多前，同事徐一骐先生向我谈及数年前筹划编写《为了生命和家园》系列丛书的设想和努力，以及这几年丛书援建极重灾区青川县未成年人校外活动中心的经历和苦乐。寻路问学，掩不住矻矻求真的一瓣心香。它们深藏于时代，酝酿已久。人的自我融入世界事件之流，它与其他事物产生共振，并对一切事物充满热情和爱之关切。

这引起我的思索。在漫长的历史进程中，知识分子如何以独立的立场面对这种情况？他们不是随声附和的群体。而是以自己的独立精神勤于探索，敢于企求，以自己的方式和行动坚持正义，尊重科学，服务社会。奔走于祖国广袤的大地和人民之间，更耐人寻味和更引人注目，但也无法避免劳心劳力的生活。

书的写作是件艰苦之事，它要有积累，要有研究和探索；而丛书援建灾区活动，先后邀请到如此多朋友和数十家企业单位相助，要有忧思和热诚，要有恒心和担当。既要有对现实的探索和实践的总结，又要有人文精神的终极关怀和对价值的真诚奉献。

邀请援建的这一项目，是一个根据抗震设计标准规范、质量安全要求和灾区未成年人健康成长需求而设计、建设起来的民生工程。浙江大学建筑设计研究院提供的这一设计作品，构思巧妙，造型优美，既体现了建筑师的想象力和智慧，又是结构工程师和各专业背景设计人员劳动和汗水的结晶。

汶川大地震过后，人们总结经验教训，在灾区重新规划时避开地震断裂带，同时严格按照标准来进行灾区重建，以便建设一个美好家园。

岁月匆匆而过，但朋友们的努力没有白费。回到自己土地上耕耘的地方，不断地重新开始工作，耐心地等待平和曙光的到来。他们的努力留住了一个群体的爱心和特有的吃苦耐劳精神，把这份厚礼献给自己的祖国。现在，两者都将渐趋完成，我想借此表达一名建筑师由衷的祝贺！

胡理琛

2015 年 1 月

丛书前言

    实践思维、理论探索和体制建设，给当代工程建设安全研究带来了巨大的推进，主要体现在对知识的归纳总结、开拓的研究领域、新的看待事物的态度以及厘清规律的方法。本着寻求此一领域的共同性依据和工程经验的系统结合，本套丛书从数年前着手筹划，作为《为了生命和家园》书系之一，其中选择具有工程实践价值的书目，按分册撰写出版。这套丛书宗旨是"实践文本，知行阅读"，首批 10 种即出。现将它奉献给建设界以及广大执业工作者，希望能对促进公共领域建设安全的事业和交流有所裨益。

    改革开放 30 多年来，国家的开放政策，经济上的快速发展，社会进步的诉求和人们观念的转变，大大改变了安全工作的地位并强调了其在经济社会发展中的重要性。特别是《建筑法》和《安全生产法》的颁布实施，使此事业的发展不仅具有了法律地位，而且大大要求其体系建设从内涵上及其自身方面提高到一个新的高度。质言之，我们需要有安全和工程建设安全科学理论与实践对接点的系统研究，我们需要有优秀的富有实践经验的安全技术和管理人才。我们何不把为人、为社会服务的人本思想融入书本的实践主张中去呢？

    这套书的丛书名表明了一个广泛的课题：建设领域公共安全的各类活动。这是人们一直在不倦地探索的一个领域。在整个世界范围内，建筑业都是属于最危险的行业之一，因此建筑安全也是安全科学最重要的分支之一。而从广义的工程建设来讲，安全技术与管理所涉及的范畴要更广，因此每册书的选题都需要我们认真对待。

    当前，我国经济社会发展已进入新型城镇化和社会主义新农村建设双轮驱动的新阶段，安全工作站在这样一个新的起点上，这正是需要我们研究和开拓的。

    进入 21 世纪以来，我国逐渐迈入地下空间大发展的历史时期。由于特殊的地理位置，城市地下工程通常是在软弱地层中施工，且周围环境极其复杂，这使得城市地下工程建设期间蕴含着不可忽视的安全风险。在工程科学研究中，需要我们注重实践经验的升华，注重科学原理与工程经验的结合，这样才能满足研究成果的普遍性和适用性。

    关于新农村规划建设安全的研究，主要来自于这样一个事实：我国村庄抗灾防灾能力普遍薄弱，而广大农村和乡镇地区往往又是我国自然灾害的主要受害地区。火灾、洪灾、震灾、风灾、滑坡、泥石流、雷击、雪灾和冻融等多种自然灾害发生频繁。这要求我们站在相对的时空关系中，分层次地认识问题。作为规划、勘察、设计、施工、验收和制度建设等，更需要可操作性，并将其贯穿到科学的规划和建设中去。

我们常说研究安全技术与管理是一门综合性的大课题。近年来安全工程学、管理学、经济学，甚至心理学等学科中的许多研究都涉及这个领域，这说明学科交叉的必然性和重要性，另一方面也加深了我们对安全，特别是具有中国特色的工程建设安全的认识。

在这样的历史进程中，历史赋予我们的重任就是要学习，就是要实践，这不仅要从书本中学习，同时也要从总结既往实践经验中再学习，这是人类积累知识不可缺少的环节。

除了坚持"学习"的主观能动性外，我们坚决否认人能以旁观者的身份来认识和获得经验，那种传统经验主义所谓的"旁观者认知模式"，在我们的社会实践中行不通。我们是建设者，不是旁观者。知行合一，抱着躬自执劳的责任感去从事安全工作，就必然会引出这个问题：我们需要什么理念、什么方法和什么运作来培训建设者？在生产作业现场，偶然作用——如能量意外释放、人类行为等造成局部风险难以避免。事故发生与否却划定了生死界线！许多工程案例所起到的"教鞭"作用，都告诫人们必须百倍重视已发生的事故，识别出各种体系和环节的缺陷，探索和总结事故规律，从中汲取经验教训。

为有效防范安全风险和安全事故的发生，我们希望通过努力对安全标准化活动作出必要的归纳总结。因为标准总是将相应的责任与预期的成果联系起来。而哪里需要实践规则，哪里就有人来发展其标准规范。

英语单词"standard"，它既可以解释为一面旗帜，也可以解释为一个准则、一个标准。另外，它还有一个暗含的意义，就是"现实主义的"。因为旗帜是一个外在于我们的客体，我们转而向它并且必须对它保持忠诚。安全标准化的凝聚力来自真知，来自对规律性的研究。但我们在认识这一点时，曾经历了多大的艰难啊！

人们通过标准来具体参与构建一个安全、可靠的现实世界。我国抗震防灾的经验已向我们反复表明了：凡是通过标准提供相应的技术规定进行设计、施工、验收的房屋基本"大震不倒"。因为工程建设抗震防灾技术标准编制的主要依据就是地震震害经验。1981年道孚地震、1988年澜沧耿马地震、1996年丽江地震，特别是2008年汶川地震中，严格按规范设计、施工的房屋建筑在无法预期的罕遇地震中没有倒塌，减少了人员的伤亡。

对工程安全日常管理的标准化转向可以看成工程实践和改革的一个长期结果。21世纪初，《工程建设标准强制性条文》的编制和颁布，正式开启了我国工程建设标准体制的改革。《强制性条文》颁布后，国家要求严格遵照执行。任何与之相违的行为，无论是否造成安全事故或经济损失，都要受到严厉处罚。

当然，需要说明的是，"强条"是国家对于涉及工程安全、环境、社会公众利益等方面最基本、最重要的要求，是每个人都必须遵守的最低要求，而不是安全生产的全部要求。我们还希望被写成书的经验解释，能在服务安全生产的过程中清晰地凸显出来，希望有效防控安全事故的措施，通过对事故及灾变发生机理以及演化、孕育过程的深入认识而凸显出来。为此，我们能做到的最好展示，便是竭尽全力，去共同构建科学的管理运作体系，推广有效的管理方法和经验，不断地总结工程安全管理的系统知识。

本套书强调对安全确定性的寻求，强调科学的系统管理，这是因为在复杂多变的工程现场，那迎面而来的作业环境，安全存在是不确定的。在建设活动中，事关安全生产的任何努力，无论是危险源的辨识和防控、安全技术措施和管理，还是安全生产保证体系和计划、安全检查和安全评价，抑或是对事故的分析和处理，都是对这一非确定性的应答。

它是一种文化构建，一种言行方式。而在我们对安全确定性的寻求过程中，所有安全警惕、团队工作、尊严和承诺、优秀、忠诚、沟通、领导和管理、创新以及培训等，都是十分必要的。在安全文化建设中，实践性知识是不会遭遗忘的。事关安全的实践性不同于随意行动，不可遗忘，因为实践性知识意识到，行动是不可避免的。

为了公众教育，需要得出一个结论。作者们通过专业性描述，使得安全技术和管理知识直接对接于实践，也使工程实践活动非常切合于企业的系统管理。一种更合社会之意的安全文化总在帮助我们照管和维护文明作业和职业健康，并警觉因主体异化带来的安全隐患和风险，避免价值关怀黯然不彰。

我坚持，公共空间、公共利益、公共服务、公益、公平等，是人文性的。它诉诸于城乡规划和建设的价值之维，并使我们的工作职责上升为一种公共生活方式。这种生活本身就应该是竭尽全力的。你所专注的不在你的背后，而是在前面。只有一个世界，我们的知识和行为给予我们所服务的世界，它将我们带进教室、临时工棚、施工现场、危险品仓库和一切可供交流沟通的地方。你的心灵是你的视域，是你关于世界以及你在公共生活中必须扮演的那个角色。

对这条漫漫长路的求索汇成了这样一套书。这条路穿越并串联起这片大地的景色。这条路是梦想之路，更是实践人生之路。有作者们的，有朋友们的，甚至有最深沉的印记——力求分担建设者的天职——忧思。

无法忘怀，在本套丛书申报选题的立项前期，正值汶川大地震发生后不久，我们奔赴现场，关注到极重灾区四川省青川县，还需要建设一座有利于5万名未成年人长期健康成长的精神家园。在该县财政极度困难的情况下，丛书编委会主动承担起了帮助青川县未成年人校外活动中心筹集建设资金和推动援建的责任。

积数年之功，青川这一民生工程即将交付使用，而丛书的10册书稿也将陆续完成，付梓出版。5年多的心血、5年多的坚守，皆因由筑而梦，皆希望有一天，凭着一份知识的良心，铺就一条用书铺成的路。假如历史终究在于破坏和培养这两种力量之间展开惊人的、不间断的、无止境的抗衡，那么这套丛书行将加入后者的奋争。

为此，热切地期待本丛书的出版能分担建设者天职的这份忧思，能对广大的基层工作者建设平安社会和美好的家园有所助益。同时，谨向青川县灾区的孩子们致以最美好的祝愿！

徐一啸

2014 年 12 月于杭州

13

本书前言

建筑起重机械主要包括房屋建筑、市政桥梁和设备安装工程上所使用的塔式起重机、载人及载货施工升降机、建筑卷扬机等起重设备，属于列入国家特种设备管理目录的重要设备。

近十多年来，我国的房屋和市政工程建设飞速发展，作为这些工程的关键设备——建筑起重机的年产量和市场保有量也飞速发展，年产量从 21 世纪初的数千台到现在的约十万台。随之而来，与建筑起重机相关的重大人身伤亡和重大财产损失的事故发生数量也急剧上升。究其原因，主要在于这些设备的操作、使用者及有关管理监督人员对设备的构造和使用原理了解不足，对哪些是装拆、使用及维护的重大危险源和关键点掌握不够。本书就是试图从这些方面给予解读和说明。

本书共分十章，除了对常用的塔式起重机和施工升降机的各主要部件的构造、性能进行介绍外，更主要的内容是编写者们多年的工作经验与经历的教训总结。针对该二类设备容易发生重大事故的环节，例如安装和拆卸、顶升加高、重要部位的检查和维护、基础制作要求以及发现重大安全隐患的应急处理措施等，进行了详细的阐述，并对一些典型的事故案例进行了分析。

本书可作为建筑起重机械司机、装拆工、维修工等从业人员的培训教材，也可以作为相关设备管理人员的业务学习资料。

限于作者知识和经验的局限性，书中不足乃至错误在所难免，还望读者批评指正。

目 录 CONTENTS

第一章

建筑起重机械管理的现状

国家质检总局 2004 年公布特种设备目录，在"建筑起重机械"界定范围内的有：塔式起重机、施工升降机、物料提升机、流动式起重机、桅杆起重机、缆索起重机、门式起重机、桥式起重机、电动葫芦、高处作业吊篮。其主要特点表现在，建筑施工环境和条件复杂多变、庞大金属结构和起重物的高势能大空间运动、起重机械特殊的结构形式和多机构组合运动、多工种、多环节协同作业，使起重作业的安全问题尤其突出。特别是在建筑工地施工的大型起重机，事故极易破坏公共安全。

本书主要针对建筑起重机械中整机外形最大、使用最为普遍、容易发生安全事故的两种建筑起重机械——塔式起重机和施工升降机作系统介绍，供各级管理机构、设备责任主体、大专院校和科研机构参考。

第一节　建筑起重机械管理现状

由于市场经济推动作用，我国现阶段建筑起重机械的市场管理主要反映在三个方面：一是以建筑施工总承包单位为使用单位的起重机械，这些企业以自行装备为主、租赁为辅，在实施国家重点、特大工程项目中，充分利用自行投资装备的机械设备，特别是重型、特大型建筑起重机械，发挥了工程主力军的作用；二是以租赁形式提供设备的起重机械，这些企业是在改革开放以后成立的，在这些企业中，不乏有一些装备精良、管理体制健全、注重维护保养、瞄准市场树立品牌的租赁单位，同时，也有一些缺乏维修场所、缺乏管理机制、缺失整建制运作的中小型民营企业和个体老板；三是独立承建某一部分工程的民营企业或个体建筑商购买的起重机械设备，这些建筑分包商大多没有资质，采用挂靠、委托等方式，追求个人经济利益。

一、低价竞争，导致低端产品冲击市场

建筑起重机械由于生产厂家的规模、生产工艺、生产效率等原因，各厂家的销售价格是有差别的。但由于技术标准对产品设计有统一要求，原材料、配套件等的采购会有一个比较接近的成本，整机的成本差别不会太大。但是，近几年来，市场上出现了大量的相同型号的建筑起重机械销售价格仅是行业内认同的一半，价格浮动差别很大。低价格产品引发的市场冲击和混乱，不仅表现在可以不

断听到这些塔机倒塌的事故报告，而且还直接影响到一些大的生产厂商为应对低价竞争而对自己的产品进行改头换面，或以低端材料、配套件，或以低端加工等降低成本来换取市场的一席之地。这种起重设备质量令人担忧。

为了追求经济利益最大化，一些生产制造企业随意降低产品制造标准。比如63t级的塔式起重机利用等级一般按 U_4 设计，而有些单位却按 U_3 设计；在选材上采用价格低廉的钢材或替代品，有的型钢厚薄不匀，有的采用非标材料；在机构、电机、螺栓等通用件采购上，选用下限甚至劣质产品；加工工艺上，采用"怎么快就怎么做"的方法。更有甚者，有的地市出现几家小厂合伙生产塔式起重机，客户需要什么品牌就挂上什么牌子。这些设备的低价竞争，冲击了一些正规的大型建筑起重机械生产厂商利益，甚至会造成管理混乱，安全隐患众多，安全事故频繁发生，实在令人担忧。

二、维护保养缺失，安全隐患严重

在机械设备的使用过程中，必须定期和不定期地对设备实施维护保养。建筑起重机械在使用过程中，由于受到工况和应力的作用，会使机械设备本身和重要的受力部位产生变化，建筑起重机械的使用环境复杂、恶劣，要求使用者必须经常对使用过程中的机械设备进行维护保养。长期以来，起重机械行业形成的管、用、养、修制度，促进了行业的健康发展。但是，由于低价低端建筑起重机械进入市场，加上维护保养不到位，安全隐患仍十分严重。虽然国家在 2010 年出台了《建筑起重机械安全评估技术规程》JGJ/T 189—2009，但一些无维护人员、无管理机构的个体经营者或租赁商，不能保证起重机械的定期保养，使得一些机械结构部件长期遭受雨水浸泡，锈蚀严重，安全装置失效或缺失。需要特别指出的是，大量涌入建筑市场的低价格低端产品，多次使用后比较容易产生结构性疲劳破坏的裂变伤痕，如果不能在维护保养中及时发现修复，好比一颗"定时炸弹"，随时会在建筑施工中爆炸。

三、监管力量薄弱，存在较多盲区

起重机械的制造、改造、检验检测的安全监察由各级质量技术监督部门负责，建筑工地起重机械的租赁、安装、使用、维修的监督管理和检验检测活动的监督由各级建设行政主管部门负责。但是建筑起重机械的专业性非常强，政府主管部门不但缺乏相关的专业人员，而且监管人员非常少。各级行政主管部门在服务扶持与管理监督上把握不好，执法不够严格，同时监管力量与日益增大的工程建设规模很不适应，监管效能层层衰减。浙江某县级市的安全监督站平均每名工作人员，需监管40多个施工工地的施工质量和施工安全，仅塔式起重机和施工升降机就有100余台，安全监管工作基本处于走过场的状态。

四、建筑起重机械事故发多发的主要原因

1. 建筑起重机械设备本身存在质量安全隐患

一些生产厂家对原材料把关不严，甚至使用劣质钢材进行加工制造；也有一些厂家质保体系不健全，致使生产制造的塔身、臂架等主要钢结构焊接质量较差；还有相当一部分企业自有的建筑起重机械主要部件和结构已经严重锈蚀甚至疲劳开裂，带病作业、超期服役现象严重。

2. 建筑起重机械租赁市场不规范

有些租赁企业出租的起重机械未经检验检测，保险限位装置不齐全或完全失效；也有一些租赁企业技术力量薄弱，设备维护保养能力差，出租设备完好率偏低；还有一些租赁企业自身管理水平低下，对出租的起重机械性能指标、运行情况及维修改造情况不了解，使其安全性能难以保证。

3. 建筑起重机械安装拆卸行为不规范

一些企业或个人无资质从事建筑起重机械安装、拆卸活动；也有一些施工企业未按照规定编审和实施起重机械安装、拆卸工程专项施工方案；一些施工总承包企业对分包的起重机械拆装工程未认真履行安全管理职责；一些监理企业未对起重机械拆装过程实施旁站监理。

4. 建筑起重机械使用管理不规范

有些使用单位对起重机械缺乏专业管理，不重视日常维护保养或根本没有按照维修保养时间进行小修、中修、大修，导致一些设备"带病"运转；一些施工企业操作大型机械设备的人员文化素质低，又未经过专业培训，缺乏专业知识，不知道机械产品结构，不了解安全限位保险装置的原理、构造及其重要性，不会做日常的维修保养；一些企业未建立健全设备安全检查制度，不能及时发现并消除安全隐患；一些起重机械操作人员未经培训考核，无证上岗；还有一些操作人员违章指挥、冒险作业，甚至人为放大或取消限位保险装置造成超载起吊。

第二节　建筑起重机械管理主要措施

如何减少建筑起重机械事故发生，确保人民群众生命财产安全，是建筑施工行业当前迫切需要解决的重大课题之一。基于大型起重设备存在的诸多问题，有必要从施工现场大型起重机械设备存在的薄弱环节着手，着重解决一些使用、管理上的问题。

一、管理规章方面

1. 加强设备管理制度建设

逐步完善建筑起重机械安全管理制度。严格实施起重机械产权备案和使用登记制度、安装单位资质许可制度、特种作业人员持证上岗制度、安装拆卸工程专项施工方案编审制度；逐步建立健全起重机械安全技术档案管理制度、安装拆卸工程旁站监理制度、安装工程验收制度、起重机械日常维护保养制度、报废制度等一系列管理制度，促进建筑起重机械安全管理规范化、制度化。

2. 加强企业资质和队伍管理

加强专业队伍管理和过程控制，对从事危险性较大的起重机械安装拆卸应实行专业资质管理，对企业在专业人员配备、设备拥有要求、管理制度、装拆的质量及安全生产等几个方面进行考核，使从事这类作业的企业都具有相应的条件，确保起重机械设备安装拆卸的安全。

3. 强化作业人员安全教育

强化对起重机械设备作业人员安全教育培训。坚持特种作业人员持证上岗，完善岗前教育和安全技术交底制度。保证作业人员了解起重机械构造、原理及操作规程，严格按照起重机械操作规程作业。

二、技术管理方面

1. 加强起重机械基础管理

起重机械应严格按照施工方案和说明书的要求，根据不同土质情况，采用板式（矩形、方形等）、十字形、桩基承台式及组合式基础，通过基础承载力的核算达到起重机械的稳定性、安全性。

2. 加强装拆施工方案的管理

起重机械安装、拆卸方案编制，是从技术手段保证起重机械完好使用的重要手段，是控制安全事故的一个重要环节。是否编制专项方案，编制内容是否完整，编审手续是否完备，将直接影响到设备的使用安全。因此，起重机械在拆装前必须根据施工现场的环境和条件、设备机械性能以及辅助起重设备特性，编制装、拆方案和有针对性的安全技术措施，并由专业施工（产权）单位和总承包单位技术负责人审批，总监理工程师签字批准后实施。

3. 注重起重机械设备资料档案管理

起重机械设备管理资料档案是设备安全状况的原始记录，是管理部门制定规章制度、分析设备的安全状态、安排检修计划的第一手资料。因此，建档是一项重要的基础工作，是对起重机械设备进行监控的一种有效手段，在使用管理中，应对设备出厂的一些基本技术资料整理齐全，通过建立齐全的设备管理台账，确保设备管理有据可查、有据可依。

4. 加强对起重机械的安全技术

近几年来，由于管理体制变化等原因，存在着设备过度使用、超期服役、维护保养不足等情况。针对这一情况，国家颁布实施了《建筑起重机械安全评估技术规程》JGJ/T 189—2009，要求建筑起重机械使用一定年限或工作循环次数后，必须经过法定检验机构检测评估，评估合格后给予一定的寿命延长期，评估不合格则予以报废，不得再进行维修后投入使用。

三、使用管理方面

1. 认识建筑起重机械的形式和构造特点

正确认识起重机械设备的形式和构造特点，可以满足设备形式和构造上的需求，避免由于认识不足或结构形式不熟悉，对设备的选用、安装、拆卸、使用管理产生误区。如塔式起重机按回转方式分上回转式和下回转式；按爬升方式分外部爬升式和内部爬升式。施工升降机按其传动形式可分为齿轮齿条式（SC 型）、钢丝绳式（SS 型）和混合式（SH 型）三种等。

2. 熟悉起重机械设备主要机构和安全装置

塔式起重机的主要机构由行走机构、起升机构、变幅机构、回转机构和顶升机构等组成。安全装置主要有力矩限制器、起重量限制器、起升高度限位器、幅度限位器、回转限位器、行程限位器、小车断绳保护装置、小车防坠落装置、钢丝绳防扭装置、钢丝绳防脱装置、爬升装置防脱装置、显示记录装置、风速仪等。

施工升降机主要机构由驱动机构、电动机、卷扬机等组成。齿轮条式施工升降机主要安全装置有防坠安全器、超载检测装置及其他安全装置；钢丝绳式施工升降机主要有双向限速防坠安全器、瞬间防坠安全器、超载检测装置及其他安全装置。

3. 掌握起重机械安全操作要点

起重机械通常结构庞大，机构复杂，能完成起升运动、水平运动。在作业过程中，常常是几个不同方向的运动同时操作，技术难度较大。起重机械作业（安装、拆卸、吊运货物）中常常需要多人配合，共同进行。吊运货物操作，要求指挥、司索、驾驶等作业人员配合熟练、动作协调、互相照应。安装、拆卸同样需要多人、多工种配合完成，如果配合不当或稍有疏忽，就可能造成伤亡或设备事故。一方面造成人员的伤亡，另一方面也会造成很大的经济损失。因此，作业人员应有处理现场紧急情况的能力。多个作业人员之间必须密切配合，协调操作。

4. 加强起重机械维修、保养和检验

维修和保养是决定起重机械设备能否保持后续生命力、创造更多经济效益的重要因素。目前国家质检总局和国家标准化管理委员正在起草编制《起重机械　检查与维护规程》系列标准，该系列标准包括总则、流动式起重机、塔式起重机、臂架起重机、桥式和门式起重机、缆索起重机、桅杆起重机、铁路起重机、升降机、轻小型起重设备、机械式停车设备和浮式起重机等 12 个标准。这些标准的编制和发布，对规范起重机械管理会起到重要作用。但目前还没有出台针对起重机械方面的小修、中修、大修技术标准，许多设备该修的未修，该停的未停。因此，起重设备未经检测单位检测、未通过验收合格的不得投入使用。

5. 掌握起重机械设备应急处置方式

从近几年建筑工地发生的十几起设备倒塌事故原因分析来看，80％以上的设备倒塌事故只要操作人员沉着应对、现场管理人员正确及时处置，完全可以避免其发生。而现实生活中一些操作人员安全技术操作技能不熟练、一些单位不注重员工安全应急技能演练培训，以致发生重大险情时，应急处置方法不当，导致机毁人亡事故发生。

第三节　建筑起重机械管理意义

改革开放以来，同我国其他行业一样，中国建筑业经历了一个高速发展的过程，建筑业全行业始终处于持续扩张状态。在建筑业高速发展的同时，建筑施工由传统的劳动密集型手工作业快速向机械化作业转变。以前建筑工地用肩挑背扛的场景已经被林立的建筑起重机械所取代。建筑起重机械的广泛使用不仅大大减轻了施工人员的劳动强度，而且提高了建筑行业的施工水平和建筑施工质量。随着建筑施工规模的不断扩大，建筑起重机械在工程建设中的作用也日趋重要。

起重机械设备是实现施工机械化的重要物质基础，是现代化施工中必不可少的设备，对施工项目的进度、安全、质量均有直接影响。但是起重机械设备具有结构庞大、机构复杂、载荷多变、运行空间广、危险性大等特点，其安全使用和安全管理工作越来越引起建筑系统有关部门和各责任主体的高度重视。

近几年来，我国出台了多项有关加强起重机械设备方面的法律法规，如《建设工程安全生产管理条例》《国务院令第 393 号》、《特种设备安全监察条例》（国务院令第 549 号）、《起重机械安全监察规定》（质检总局令第 92 号）、《起重机械使用管理规则》TSG Q5001—2009 以及《建筑起重机械安全监督管理规定》（建设部第 166 号令）等。这些法令法规的出台对加强建筑起重机械设计、制造、租赁、安装、拆卸、使用、维修等环节的全过程系统管理都做了一些具体规定，强化了对起重机械的租赁、安装、使用的安全监管以及工程建设各方的主体安全责任。

起重机械是一种以间歇作业方式对物料或人进行起升、下降和水平移动的搬运机械，它使工业、交通、建筑等各行业实现生产过程机械化、自动化，减轻繁重体力劳动，提高工作效率。起重机械按国家规定属八大类特种设备之一。不管是设备本体还是使用环节，从安全性的要求来看，它和其余几种特种设备相比，危险性不算大。但根据最近几年国家质检总局统计的事故数据来看，起重机械的事故发生率和发生事故导致人员伤亡的绝对数字一直高居八大特种设备榜首。剖析事故原因，除极少数设计制造原因以外，绝大多数事故是由于使用过程安全管理不到位引发的。从大多数起重机械的事故案例中，我们可以看出建筑起重机械的安全管理重点是在起重机械使用的施工现场，起重机械安全管理的重心也在起重机械使用的施工现场，而这些事故恰恰暴露出施工现场起重机械安全管理的薄弱或缺失。因此，加强建设起重机械设备的使用管理，有效地控制和降低施工现场建筑起重机械安全事故的发生，对于保证设备的安全、正常运行，控制建筑施工事故发生，具有相当重要的意义。

第二章

塔式起重机的分类和构造

第一节 塔式起重机的形式和分类

一、塔式起重机的分类和特点

塔式起重机是一种可以实现重物全方位运送的建筑用起重机械，作业空间大，作业高度一般几十米到几百米，作业半径可达数十米。目前建筑工地广泛使用，主要用于房屋建筑施工中物料的垂直和水平输送及建筑构件的安装。

表 2-1 给出了塔式起重机的分类和特点。

塔式起重机的分类和特点   表 2-1

类　　型			主　要　特　点
按回转方式	上回转式		塔身固定，在塔身最上部安装有回转支承，其上安装塔顶、起重臂及平衡臂，整个上部回转，目前使用普遍
	下回转式		回转支承安装在塔身最下面的转台上，工作时塔身和起重臂一起回转
按爬升方式	外部爬升式		整机安装在建筑物外部，塔身与建筑物间采用若干附墙架连接，方便地实现塔身的增高，是目前的主流方式
	内部爬升式		整机安装在建筑物内部，塔身长度固定，整机随建筑物的升高在内部爬升，整机自重轻，但安装拆卸困难
按变幅形式	小车变幅	非平头式	通过起重臂上的小车行走实现变幅。起重臂根部铰点和吊臂拉杆支承起重臂
		平头式	通过起重臂上的小车行走实现变幅。起重臂为悬臂梁结构，无塔顶和吊臂拉杆，可以方便地加减起重臂长度
	动臂变幅		通过起重臂的俯仰实现变幅，适合有空间限制的场地施工
按行走机构分类	固定（自升）式		塔身固定在基础上，塔身不可行走，随着建筑物的升高而升节，在附着的情况下，可以实现超高层的建设
	轨道自行式		整机可带载在预先埋设好的轨道上行走，灵活方便，但可以建设的建筑物受限于塔机的独立高度，高度较低
按架设方式	快装式		塔身和起重臂等可以伸缩或折叠，运输时整体拖运，安装时整体架设，可以快速移动和安装
	非快装式		整机分为若干个构件，运输和安装时均分别依次进行，不能实现快速拆装

12

二、塔式起重机的型号说明

根据《建筑机械与设备产品型号编制方法》JG/T 5093—1997，塔式起重机的型号组成如下：

QTZ　80A

QTZ——组、型、特性代号；

80——额定起重力矩（kN·m×10^{-1}）；

A——更新、变型代号。

塔式起重机是起（Q）重机大类的塔（T）式起重机组，故前两个字母为QT；特征代号看强调什么特征，如快装式用K，自升式用Z，固定式用G，下回转式用X等。例如有：

QTZ：上回转自升式塔式起重机（图2-1）；

QTX：下回转式塔式起重机；

QTK：快速安装式塔式起重机；

QTP：内爬升式塔式起重机；

QTG：固定式塔式起重机；

QTQ：汽车式塔式起重机；

QTL：轮胎式塔式起重机；

QTU：履带式塔式起重机。

本书的叙述重点是针对目前市场上量大面广的固定式上回转中、小型塔机。现在有的塔机厂家，根据国外标准，用塔机最大臂长（m）与臂端（最大幅度）处所能吊起的额定重量（kN）两个主参数来标记塔机的型号，这个数据往往更能明确表达一台塔机的工作能力。

图2-1　上回转自升式塔式起重机

如浙江省建设机械集团有限公司的 QTZ250 又一标记为 ZJ7030，其意义：

ZJ——厂家代号，浙江建机的第一个拼音字母；

70——最大臂长 70m；

30——臂端起重量 30kN（1t）。

又如浙江省建设机械集团有限公司的 QTZ500 又一标记为 ZJT550，其意义：

图 2-2　平头式塔式起重机

ZJ——厂家代号，浙江建机的第一个拼音字母；

T——平头式塔机（图 2-2）；

550——最大起重力矩 5500kN·m（550t·m）。

这个型号标记方法不是正式标准，但很受欢迎，传播应用较广泛，我们应该掌握。

此处某些生产厂还用自己的型号标识方法。例：JL150 即江麓厂生产的 QTZ150 塔机。

三、部分塔式起重机机型技术性能介绍

表 2-2 给出了部分塔式起重机机型的性能参数。

部分塔式起重机机型性能参数　　　　　　表 2-2

型号	国标/厂标	QTZ63/ ZJ5510	QTZ80/ ZJ5710	QTZ80/ ZJ5910	QTZ80/ ZJ6010	QTZ80/ ZJT6111	QTZ160/ ZJ6516	QTZ250/ ZJ7030
起重量	额定起重力矩（kN·m）	63	80	80	80	80	160	250
	最大幅度/额定起重量（m/kN）	55/10	57/10	59/10	60/10	61/11	65/16	70/30
	最小幅度/额定起重量（m/kN）	2.5/60	2.5/60	2.5/80	2.5/60 2.5/80	2.5/60	2.5/100	2.8/120
起升高度（m）	附着式	121.5	160	160	160	180	230	246
	固定式	40.5	40.5	40.5	40.5	42.5	48.65	51
工作速度	起升（2 倍率）（m/min）	80	76	80	80	78	100	100
	起升（4 倍率）（m/min）	40	38	40	40	39	50	50
	变幅（m/min）	40/20	40/20	40/20	40/20	40/20	60/30/8.4	0～70
	回转（r/min）	0.6	0.6	0.5	0.6	0.6	0.6	0～0.67
电动机功率（kW（N·m））	起升	24/24/5.4	24/24/5.4	30/30/5.5	30/30	24/24	55	55
	变幅	3.2/2.2	3.2/2.2	3.3/2.2	3.3/2.2	3.3/2.2	5/3/1.1	7.5
	回转	2×2.2	2×2.2	2×3.7	2×3.7	2×3.7	2×5.5	2×145

第二节　塔式起重机的构造

塔式起重机主要由结构件、机构、安全装置、电控系统以及其他主要零部件组成。

一、塔式起重机的主要结构件

塔式起重机的结构件主要由格构式钢结构组成，自下而上可分为以下几个部分。

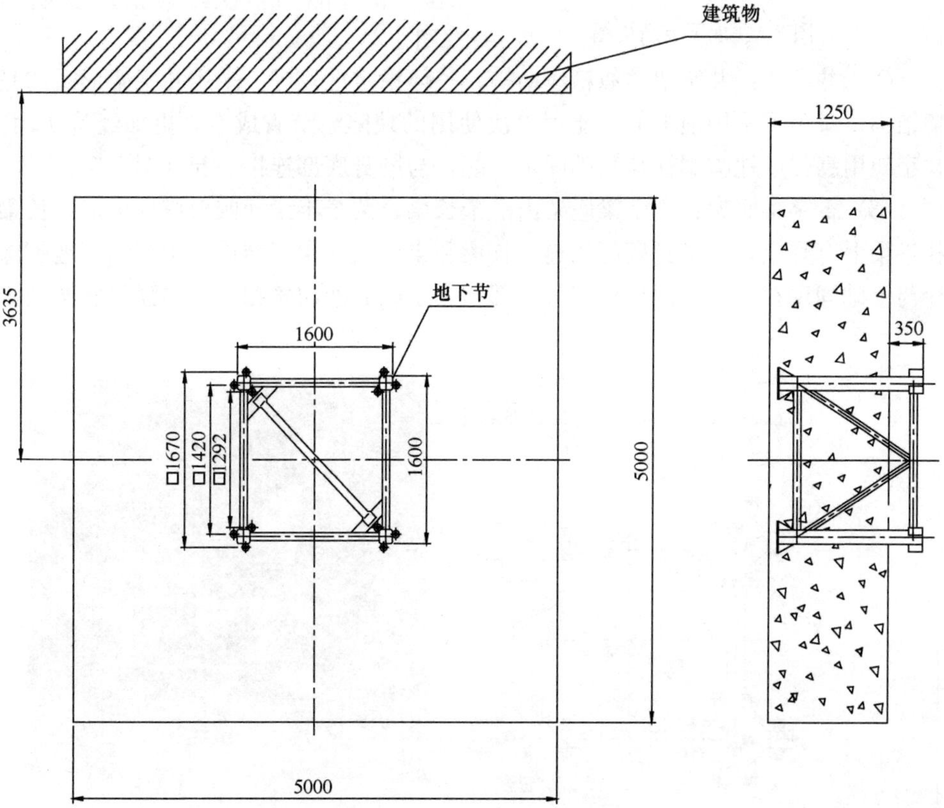

图 2-3　地下节埋于混凝土基础

1. 底架结构

底架结构是支承整体塔机的重要部分，可分为固定式底架结构和行走式底架结构，塔机整机的重量全部压在底架结构上。固定式底架结构又有以下几种形式：地下节、井字架、十字梁底架、压重式底架。

（1）地下节：地下节（也称预埋节）是埋在混凝土基础中（图 2-3），塔身底部与地下节连接，地下节所处位置在塔机根部，所受载荷最大，通常都是加强过的。例如浙江省某集团有限公司生产的地下节，在每根主弦杆内增加了 1 块 10mm 厚的钢板加强，在横腹杆中点位置增加了斜腹杆节点，加强了横腹杆的稳定性，满足塔机的安全使用要求。特别要注意的是一节地下节只能用一次，禁止重复使用（图 2-4）。

图 2-4　地下节结构图

（2）井字架：井字架类似箱体结构，整体稳定性较好。采用井字架形式的底架结构，避免了采用地下节只能用单次使用的缺陷，节省成本，更加经济实用。井字架用高强度地脚螺栓与基础固定一起，与塔身底部连接一起（图 2-5）。

（3）十字梁底架：十字梁底架由一个长梁、两个半梁和四根撑杆组成，长梁和半梁上有耳座，与塔身底部相连。长梁和半梁组成十字结构，用高强度地脚螺栓与基础固定在一起，撑杆把塔身下部与十字梁底架四角相连，加强了底架结构

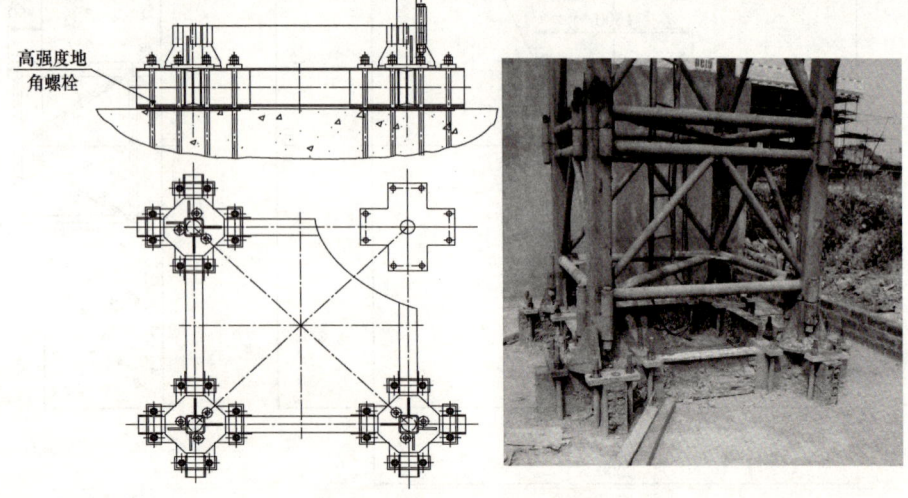

高强度地角螺栓

图 2-5　井字架结构及实物图

的稳定性，改善了十字梁底架的受力和塔身根部的受力状况，也便于拆装和运输（图 2-6）。

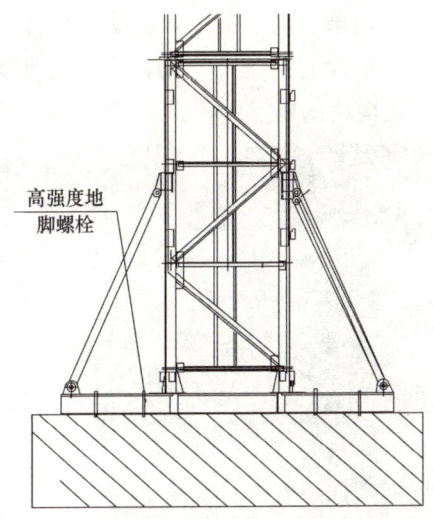

高强度地
脚螺栓

图 2-6 十字梁底架结构及实物图

（4）压重式底架：压重式底架通过支腿支在地面（或基础）上，与基础没有固定的连接，为保证塔机的稳定性和抗倾覆性，在该底架两侧配有相应的压重（图 2-7）。

（5）行走式底架结构（简称行走底架）：行走底架是最先安装的部件。行走底架由底架与行走机构组成，其中底架为钢结构，主要承受其塔机自重；行走机构有四个行走轮，由行走电机带动行走轮，使塔机整机沿一定轨道方向运行，可使塔机的工作范围扩大至轨道长度内（图 2-8）。

图 2-7 压重式底架　　　　　　　图 2-8 行走式底架及行走机构

2. 塔身

塔身是塔机的主体结构，承受起重机本体和吊载的重量。根据构造不同可分为整体式和片装式两种。塔身自下而上由一节过渡节、若干节加强标准节和若干节标准节组成。如果采用地下节结构的塔机，一般没有过渡节；只有采用预埋螺栓结构的塔机，才有过渡节。图 2-9 为某公司某塔机的塔身结构。

标准节

加强标准节3

加强标准节2

加强标准节1

过渡节

图 2-9　塔身图

（1）整体式塔身：整体式塔身都是全焊接结构，一般用于中小型塔式起重机，其塔身由若干标准节组成。要求塔身标准节有一定的互换性（图 2-10（a））。

（2）片装式塔身：片装式塔身是可拆片式的，一般由两片式结构和杆件组成（也有四根主弦杆与若干腹杆组成），用于大型塔式起重机较多。由于是可拆片式的，安装时多用销轴和螺栓组成单节，为保证互换性，要求制造精度较高，制作难度较高，但是堆放占地小，节省运输费用（图 2-10（b））。

3. 爬升套架

上回转自升式塔机一定要有爬升套架（顶升套架），套架分外套架和内套架两种形式。

（1）外套架：外套架由套架结构、液压顶升机构、导向滚轮等组成。一般整体塔身都用外套架。用来完成加高的顶升加节工作，能顶升加节是自升式塔机的特点。外套架式就是套架本体套在塔身的外部。套架本体是一个空间桁架结构，

(a)　　　　　　　　　(b)

图 2-10　某塔机的塔身结构

(a) 整体式塔身标准节；(b) 片装式塔身标准节

其内侧布置有 16 个滚轮或滑板，有些塔机布置的是 8 个滚轮，而滑板主要应用于内套架中，外套架基本采用滚轮。顶升时滚轮或滑板沿塔身的主弦杆外侧移动，起导向支承作用（图 2-11）。

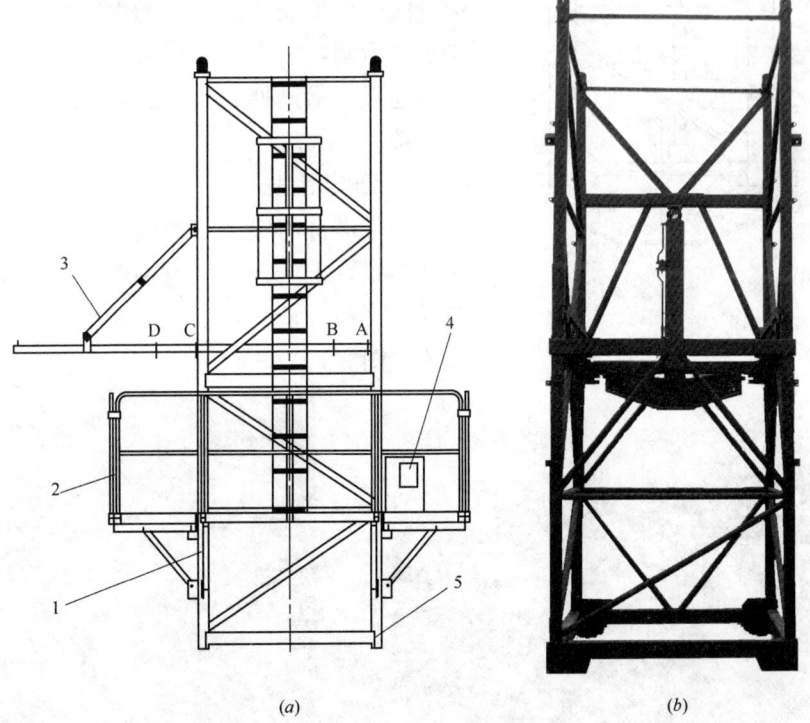

(a)　　　　　　　　　　　(b)

图 2-11　外套架示意图

(a) 外套架结构图；(b) 实物图

1—结构主架；2—工作平台；3—标准节引进梁；4—顶升机构；5—导向滚轮

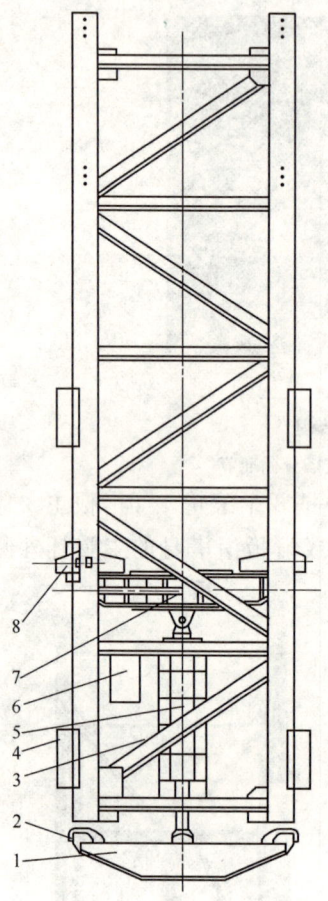

图 2-12　内套架结构图
1—顶升横梁；2—支腿；3—爬梯；
4—导向块；5—油缸；6—油箱；
7—顶升横梁；8—支腿

（2）内套架：内套架是由结构主架、液压顶升机构、活动支腿、导向块等组成，其结构的最大特点是套架插在标准节内，即内套架截面比标准节小。一般片式塔身顶升用内套架（图 2-12）。

4. 上下支座

上下支座是塔机的过渡装置，实现塔机上部与下部相对旋转作业。上下支座之间通过回转支承连接，上支座与下支座能实现相对转动。有时我们称为回转组件（图 2-13）。

（1）上支座：上支座一般为板梁结构居多，安装在回转支承上面且与回转支承的内圈连接，上支座上部接塔帽（也有接回转塔身）。

（2）下支座：下支座是起重机不可回转部分的一厢形支座，在它的上平面装有回转支承外齿圈，下支座与回转支承的外圈通过螺栓连接，借助回转机构实现上、下支座间的连接。

5. 回转塔身

回转塔身一般用于中大型塔机，为整体框架结构，上端面分别有两侧引板，用于安装起重臂和平衡臂，上端用四根销轴和塔帽相连（图 2-14）。

图 2-13　上、下支座及回转支承

图 2-14　回转塔身

6. 塔顶

塔顶（也称塔帽，对于平头塔称平头塔塔头），主要承受起重臂和平衡臂拉杆传递的交变载荷。图2-15为某塔机公司生产的塔顶和平头塔塔头。

图 2-15　塔顶和平头塔塔头

7. 起重臂

起重臂（也称臂架或吊臂），按变幅方式可分为小车变幅的起重臂（图 2-16）和动臂变幅的起重臂（图 2-17）。

（1）小车变幅起重臂：起重臂一般水平放置，根部与回转塔身或上支座铰接，起重臂外侧有相应铰点与塔顶用起重臂拉杆连接。载重小车在起重臂上前后水平移动变幅。

（2）动臂变幅起重臂：动臂变幅的起重臂，起重臂根部与回转塔身或上支座铰接，利用固定在臂架头部的变幅钢丝绳来实现臂架的俯仰变幅。

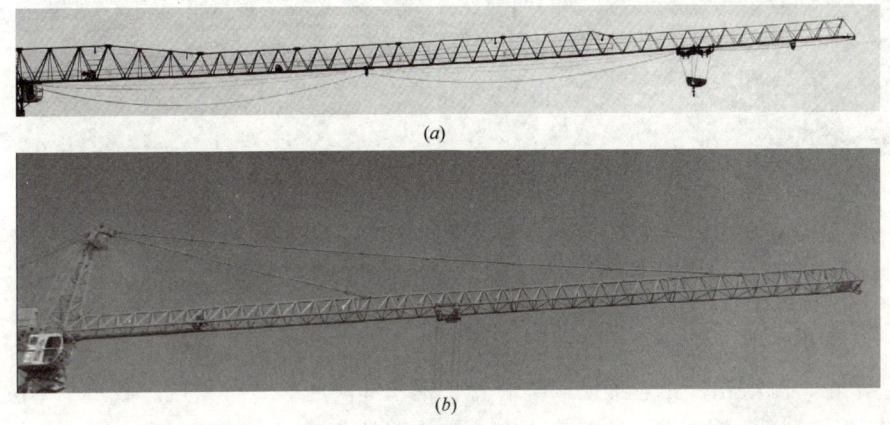

(a)

(b)

图 2-16　小车变幅的起重臂

（*a*）平头式的起重臂；（*b*）塔头式塔机的起重臂

8. 起重臂拉杆

起重臂拉杆连接起重臂与塔顶，塔身自身和吊重产生的弯矩沿起重臂拉杆传至塔顶。一般采用实心圆钢或钢板制成（图 2-18）。

图 2-17　动臂变幅的起重臂

图 2-18　起重臂拉杆

9. 平衡臂

平衡臂是主要用于平衡塔机起重臂方向的力矩，与起重臂对称安装。其上有起升机构、电气柜及相应平衡重。平衡臂根部与回转塔身或上支座铰接（图 2-19（a））。

10. 平衡臂拉杆

平衡臂拉杆一般有采用实心圆钢或钢板制成，用于连接平衡臂和塔顶（图 2-19（b））。

(a)　　　　　　　　　　　　　　　　　　(b)

图 2-19　平衡臂

(a) 平头式塔机的平衡臂；(b) 塔头式塔机的平衡臂

11. 载重小车

载重小车（又称变幅小车）是实现塔机小车变幅的必备部件。由小车架、滑轮、滚轮、侧滚轮、钢丝绳防断绳装置、钢丝绳防脱装置等组成。载重小车按小车数量分可分为：单小车的载重小车、双小车的载重小车（图 2-20）。

(a)　　　　　　　　　　　　　　(b)

图 2-20　载重小车

(a) 单小车的载重小车；(b) 双小车的载重小车

12. 吊钩滑轮组

吊钩滑轮组可分为单滑轮吊钩组和多滑轮吊钩组，其中单滑轮吊钩组主要用于轻型塔式起重机，多滑轮吊钩组主要用于中大型塔式起重机（图 2-21）。

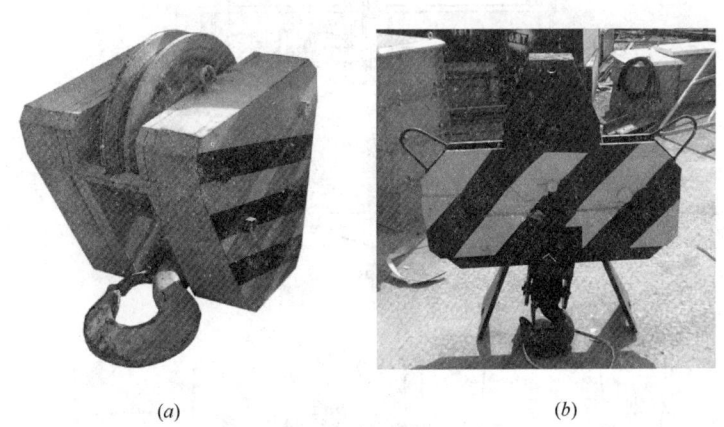

(a)　　　　　　　　　　　　　　(b)

图 2-21　吊钩滑轮组

(a) 单滑轮吊钩组；(b) 多滑轮吊钩组

吊钩滑轮组倍率变换方式有：

（1）单小车的载重小车通过改变吊钩滑轮有效使用数可以改变吊钩滑轮组的使用倍率（图 2-22）。

（2）双小车的载重小车通过更改载重小车的有效使用小车数量来改变吊钩滑轮组的使用倍率（图 2-23）。

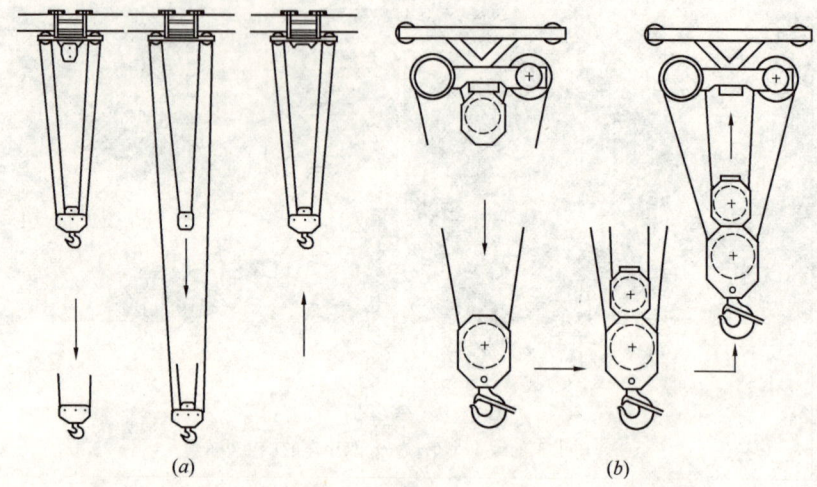

图 2-22　单小车吊钩滑轮组人工变换倍率（2 倍率
变为 4 倍率）示意图

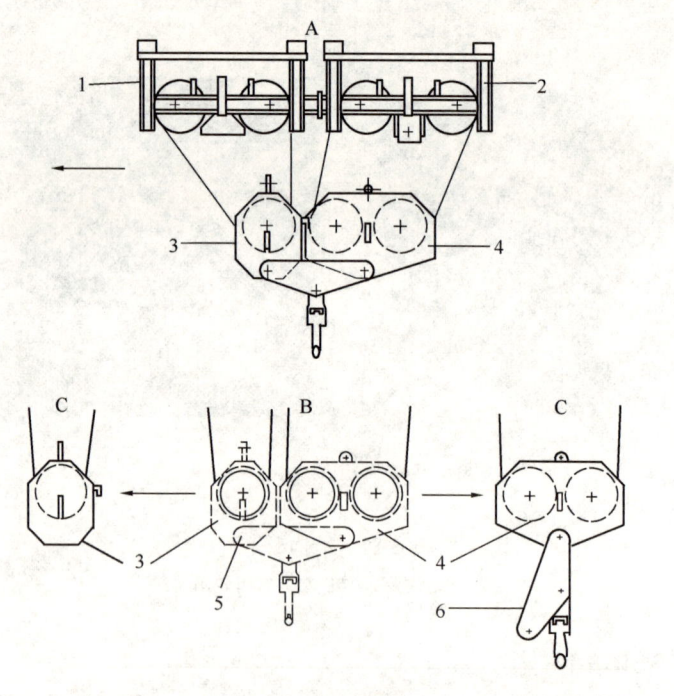

图 2-23　双小车系统吊钩滑轮倍率（2 变 4）示意图

1—"副"小车；2—"主"小车；3—"副"小车单滑轮；
4—"主"小车双滑轮吊钩组；5—连接销轴；6—扁担夹板

二、塔式起重机的主要机构

1. 行走机构

行走机构是使起重机在轨道上行走的装置，有 4 个台车，每个台车都有 1 个行走轮，一般在行走轮上配有 2 台行走电机（特殊塔机有 4 个行走电机），由行走电机驱动行走轮，使得行走机构能沿轨道运动（图 2-24）。

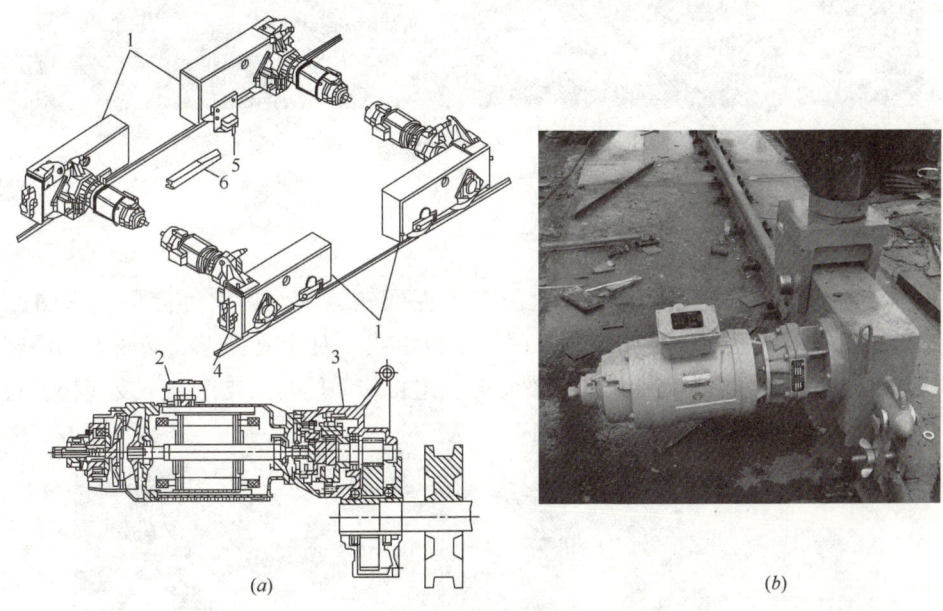

图 2-24 行走机构示意图

1—合车；2—电动机；3—减速器；4—夹轨器；5—限位开关；6—限位开关撞杆

2. 起升机构

起升机构固定于平衡臂上，用于提升重物，实现重物的垂直运动。主要由钢丝绳、卷筒、电机、减速器、限位器、制动器、底架等组成，不同型号的塔机其起升机构型号也不同（图 2-25）。

3. 变幅机构

变幅机构（也称小车牵引机构）（图 2-26）与起升机构的组成相似，带动载重小车在起重臂上变幅运动，实现吊重物水平方向的移动，扩大了作业范围。根据塔机变幅方

图 2-25 起升机构

式的不同,变幅机构可分为:变幅卷扬机(用于动臂变幅)和小车牵引机构(用于小车变幅)。其中小车牵引机构通常安装在起重臂根部臂节上。

(a)　　　　　　　　　　　　(b)

图 2-26　变幅机构

4. 回转机构

回转机构带动塔机上支座以上所有部件回转运动,是重负荷机构(图 2-27)。通常在上支座上,主要由 2 个回转电机组成,对称放置于上支座上,回转电机下部有齿轮,回转支承的外齿圈啮合。电机转动使得上支座与下支座做相对回转作业。

图 2-27　回转机构

5. 顶升机构

顶升机构(图 2-28)安装在套架上,主要由顶升横梁、顶升油缸(液压缸)、油箱(液压泵)、控制元件等部件组成。

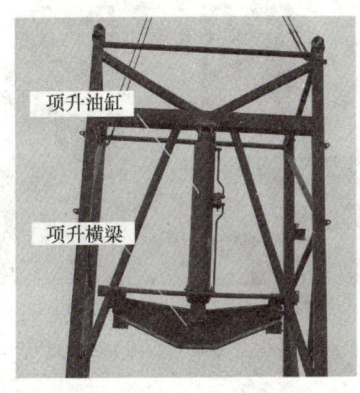

图 2-28　液压顶升机构

三、塔式起重机的主要安全装置

1. 力矩限制器

力矩限制器（图 2-29）是塔机必须有的安全装置，通过限制塔机吊重的力矩量来控制。目前安装在塔机上的有两种类型的力矩限制器：机械式力矩限制器和电子式力矩限制器。

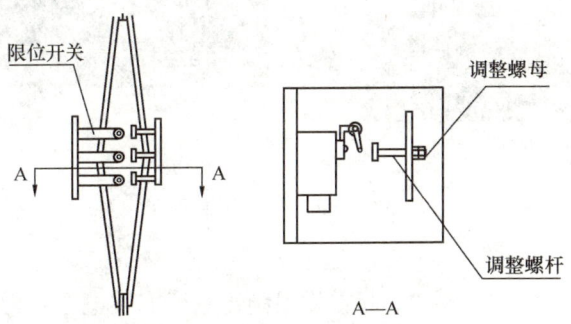

图 2-29　力矩限制器示意图

机械式力矩限制器：机械式力矩限制器主要有弓形板和拉力环式两种（图 2-30）。塔顶结构的不同安装位置也不同，塔顶为斜撑杆式的塔机，力矩限制器安装在平衡臂上；塔顶为塔帽式的塔机，力矩限制器安装在塔帽两侧主弦杆上。弓形板力矩限制器由弓形架、限位开关和触点螺栓组成。机械式力矩限制器中的 3 个限位开关分别起超载保护、强制变速及预警作用。当起重力矩大于相应幅度额定值并小于额定值的 110％时，力矩限制器起作用，塔机应停止上升和向外变幅动作。110%的力矩限制器中有一个用于限制定码变幅，另一个用于限制定幅变码，可以通过调节相应触点与调整螺杆的间距来调整。当起重力矩达到额定值的80%时，载重小车（向外）运动速度自动由高速档（大于40m/min）转换为低速档（不大于40m/min）。

图 2-30　机械式力矩限制器
(a) 弓形板；(b) 拉力环式

电子式力矩限制器：电子式力矩限制器属于一种新型的力矩限制器，通过固定在塔帽主弦杆上的传感器测吊重力矩，信号发送至仪表再进行控制塔机的载重小车和吊钩的运动（图 2-31）。

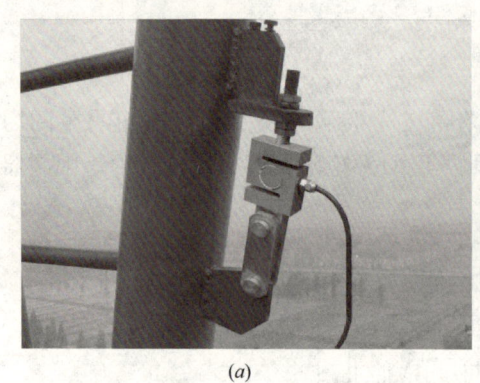
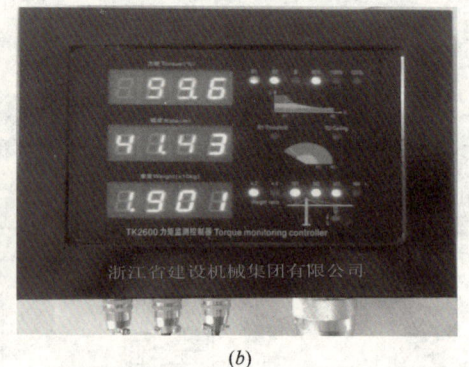

(a)　　　　　　　　　　　　(b)

图 2-31　电子式起重量限制器实物图

2. 起重量限制器

起重量限制器一般安装电子式力矩限制器：传感器（左）和显示仪表（右）在操作室、吊臂根部下端和塔帽中间，用于限制塔机的起升荷载，防止超载运行。有机械式、电子式两种，当起重量大于最大（相应档位）额定起重量并小于（该）额定110%起重量时，塔机应停止起升作业，允许下降和减小幅度方向的运动。对于有些多档变速的起升机构，起重量限制器还起到了不同的速度档位对应不同的起重量（图2-32、图2-33）。

图 2-32　起重量限制器示意图

2、4、6、8—微动开关；

1、3、5、7—螺钉调整装置

3. 起升高度限位器

起升高度限位器（超高限位器）（图 2-34）是防止吊钩上升超过极限位置，使卷扬机构拉断钢丝绳，造成吊重坠落事故的安全装置。通常安装在起升机构卷筒侧面。按照国家标准，对于小车变幅机构的塔机，吊钩装置顶部升至小车架下端 800mm 处时，应能停止起升运动，但有下降运动。所有形式的塔机，当钢丝绳松弛可能造成卷筒乱绳或反卷时应设置下限位，在吊钩不能再下降或卷筒上钢丝绳只剩 3 圈时应能立即停止下降运动。

图 2-33　起重量限制器实物图

图 2-34　起升高度限位器实物图

4. 制动器

制动器用于制止工作机构的运转，塔机上的制动器可分为：瓦块式和片式两种（图 2-35）。

5. 幅度限位器

幅度限位器（小车行程限位器）（图 2-36）是防止小车在两端极限位置和起重臂碰撞而发生事故的安全装置，一般安装在起重臂两端或小车牵引机构卷扬机滚筒上。

图 2-35 制动器

6. 回转限位器

对于不设中央集电环的塔机都要求安装有回转限位器（图 2-37），可防止电缆扭转过度断裂或损坏电缆而造成事故。对有自锁作用的回转机构，应安装安全极限力矩联轴器。回转限位器一般安装在回转平台上，与回转大齿圈啮合。其作用是限制塔机朝一个方向旋转一定圈数后，切断电源，只能作反方向旋转。

图 2-36 幅度限位器实物图

 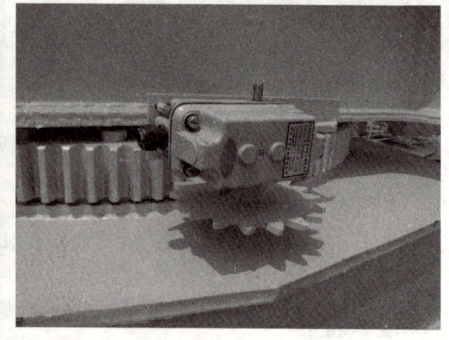

图 2-37 回转限位实物图

7. 行程限位器

行程限位器（图 2-38）通常用于轨道式塔机，安装在轨道塔机的行走底架上，使得塔机在运行到轨道基础端部缓冲装置之前完全停车，一般把限位器的碰杆设在轨道两端距尽头 1.5～2m（大于 1m）处，避免由于误操作及惯性所造成的不幸事故。

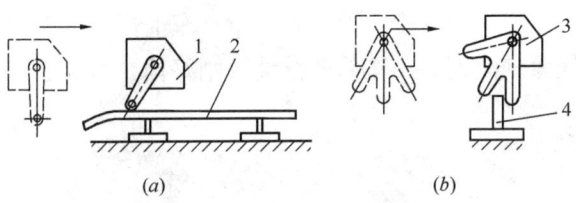

图 2-38　行程限位器

1—终点开关；2—止动断电装置；3—终点开关；4—挡座断电装置

8. 小车断绳保护装置

小车断绳保护装置（图 2-39）是防止载重小车变幅钢丝绳断裂而产生安全事故，主要用于小车变幅的塔机。其作用原理为当载重小车变幅钢丝绳断裂时小车断绳保护装置起作用而使得载重小车停止运动。变幅的双向均应设置断绳保护装置。

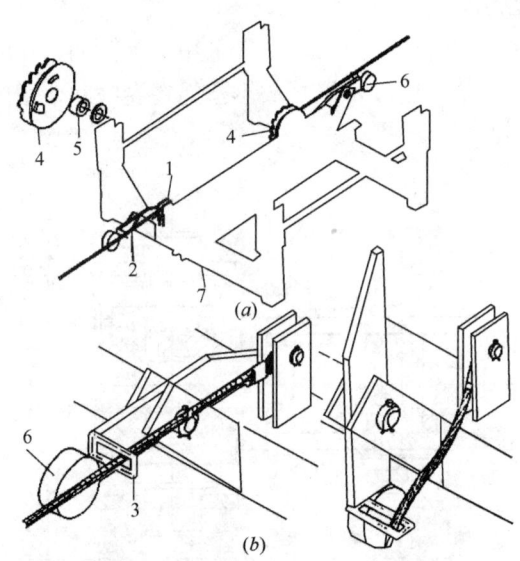

图 2-39　小车断绳保护装置示意图

(a) 小车牵引绳张紧时断绳保险器正常工作状态；

(b) 钢丝绳断裂时断绳保险器工作状态

1—牵引绳固定绳环；2—挡杆；3—导向环；

4—牵引绳棘轮张紧装置；5—挡圈；6—重锤；7—小车车架

31

9. 小车防坠落装置

小车防坠落装置（小车断轴保护装置），载重小车在吊重运动过程中极有可能发生载重小车滚轮轴承受过大的剪切力而造成滚轮轴断裂，为防止产生滚轮轴断裂而导致载重小车掉落的安全事故，在载重小车上都要求安有小车防坠落装置（为一挡板）。当滚轮轴断裂时小车防坠落装置刚好挡在吊臂主弦杆上，挂住小车（图 2-40）。

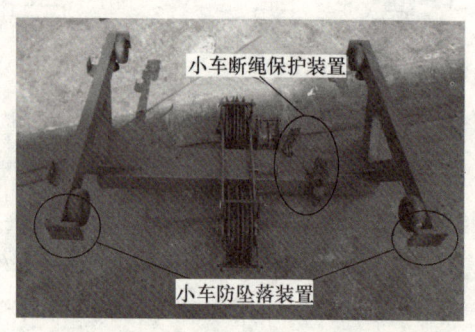

图 2-40　小车断绳保护装置和防坠装置实物图

10. 钢丝绳防扭装置

为防止钢丝绳在使用过程中扭结，对未采用不旋转钢丝绳的塔机，在吊臂的臂端应设置起升钢丝绳防扭装置，以释放钢丝绳在卷绕和使用中产生的扭力，避免扭结（图 2-41）。

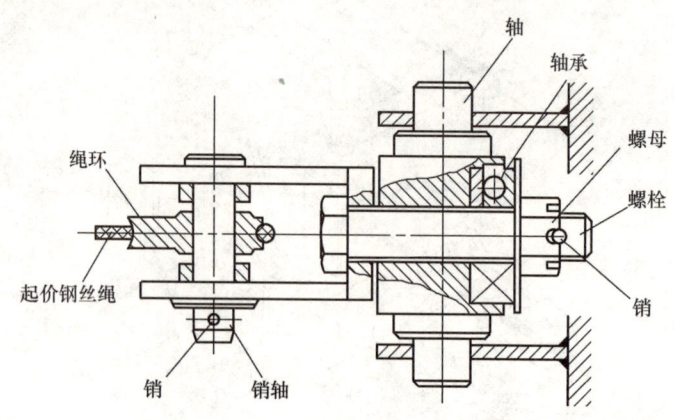

图 2-41　钢丝绳防扭装置示意图

11. 钢丝绳防脱装置

《塔式起重机安全规程》GB 5144—2006 明确规定：滑轮、起升卷筒及动臂式塔机的变幅卷筒应设有钢丝绳防脱装置，该装置与滑轮或卷筒侧板最外缘的间隙不得超过钢丝绳直径的 20%（图 2-42）。

12. 顶升横梁防脱功能

自升式塔机应具有可靠的防止在正常加节、降节作业时，爬升装置从塔身支承中或油缸端头从其连接结构中自行（非人为操作）脱出的功能（图 2-43）。

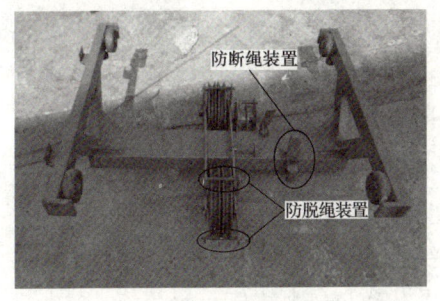

图 2-42　载重小车上的钢丝绳防脱装置

图 2-43　顶升横梁防脱装置

13. 智能化安全监控系统

安全监控装置是一种具有显示记录功能的安全保护装置，它把塔机上各种限制器的参数用数字或图像来表示，直观、明显。图 2-44 为某公司 TK2600 直测型力矩控制器，本力矩保护控制器采用力矩传感器、重量传感器、幅度限位器中的电位器，分别实时测量力矩、重量、幅度的变化，把传感器精确测量的力矩实时信号、重量实时信号、幅度实时信号传送到控制器上，经信号放大，A/D 转换，控制处理，输出信号控制运行或报警，同时显示、记录力矩、重量、幅度的值。

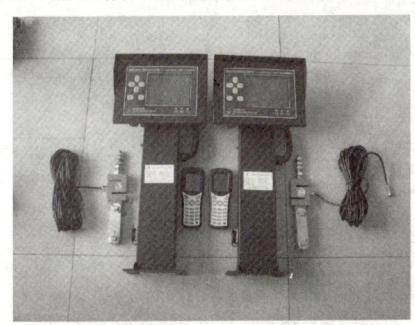

图 2-44　安全监控装置

四、塔式起重机的其他主要零部件

1. 司机室

司机室（图 2-45）是整个塔机的控制中心，操作人员处在司机室中进行操

图 2-45 司机室

作。要求司机室视野开阔、明朗。司机室应通风、保暖和防雨,内壁应采用防火材料,地板应铺设绝缘层。司机室内应配备符合消防要求的灭火器,且不能悬挂在起重臂上。在正常工作情况下,塔机的活动部件不应撞击司机室。司机室的落地窗应设有防护栏杆。

2. 钢丝绳

钢丝绳是塔机上的重要零件。塔机上的钢丝绳主要可分为:起升钢丝绳、变幅钢丝绳等。塔式起重机上钢丝绳端头的固定方式有:卡接法、契套法、锥套灌铅法、编结法、铝合金压套法、压板固定法。下面主要介绍几种常用的固定方式。

(1)卡接法:卡接法是把钢丝绳的端头套装在心形套环上,用特制的钢丝绳夹卡牢,加以固定。钢丝绳绳夹构造及卡接方式如图 2-46 所示。采用卡接法固定钢丝绳端头时,必须注意以下几点:钢丝绳绳夹的规格应与钢丝绳直径相适应,绳夹的间距应不小于 $6d$(d 为钢丝绳直径);钢丝绳末端距第一个钢丝绳绳夹至少要保持 $140\sim160\text{mm}$ 距离,绳夹的固定方式应符合图 2-46(b)所示。在用钢丝绳绳夹卡接钢丝绳端头时,绳夹的拧紧程度要合适,一般应把钢丝绳的压装高度压缩到相当钢丝绳初始高度的 2/3,也就是说要把钢丝绳压偏 1/3,

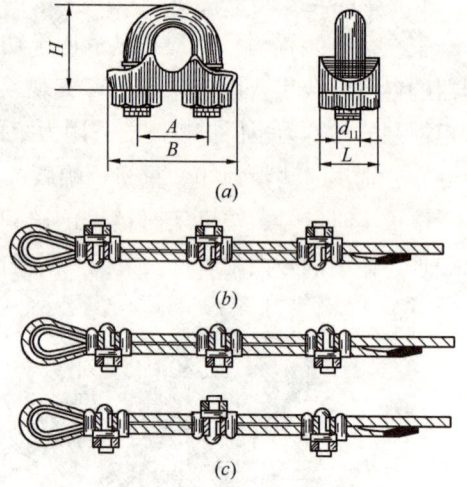

图 2-46 钢丝绳绳夹构造与卡接方式示意图
(a)钢丝绳绳夹示意图;(b)正确卡接方法;(c)错误卡接方式

因为钢丝绳受力后会被拉伸,绳的直径将有所缩减。如果在用钢丝绳绳夹固定钢丝绳时能把绳的直径压偏 1/3,即使钢丝绳负荷后直径发生变化,仍然可以保证接头的牢靠。

卡接法的优点是拆装方便、牢固。其缺点是钢丝绳绳夹卡箍螺母突出在钢丝绳的外部,比较笨重。这种接法主要用于塔式起重机起重臂和平衡臂拉索的固定和小车牵引机构的固定。

（2）契套法：又称契块锥套法。固定时，先将钢丝绳的末端绕在带有凹槽的契块上，然后插入锥套内，经过拉紧之后，钢丝绳即被固定了锥套之内。契套法的特点是构造简单，固定牢靠。塔式起重机起升钢丝绳的另一端头一般都用此法加以固定（图 2-47（a））。

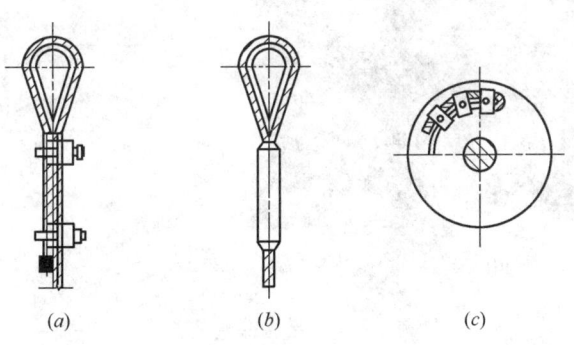

图 2-47　钢丝绳绳端的固接方式示意图

（a）卡接法；（b）铝合金压套固接法；（c）压板固接法

（3）铝合金压套法：简称压头法。施工时先将绳头拆散，分股并留头错开，然后弯转用钳子将其插入主索中，弯套中则嵌有心形环。最后在插接处套以铝合金套，用汽锤加压模锻成型（图 2-47（b））。

（4）压板固结法：此法主要用于起升或变幅卷筒上钢丝绳端头的固定，压板底面带有绳槽，用以压紧钢丝绳。施工时，先使钢丝绳末端穿过卷筒的端板，然后弯曲并拢，再用带槽压板卡紧，最后用螺栓将压板牢靠地固定在卷筒端板上（图 2-47（c））。

3. 吊钩及保险装置

吊钩组含吊钩、滑轮倍率等，吊钩和吊钩保险装置是吊钩上安装的弹簧锁片装置。当吊索套住吊钩时，被锁片挡住，以防止吊索脱落发生事故。工作中使用的吊钩必须有制造厂的合格证书，吊钩表面应光滑不得有裂纹、刻痕、锐角等现象存在（图 2-48）。

4. 滑轮

塔机上的滑轮可分为装在固定轴上的定滑轮和装设在活动轴上的动滑轮，多采用灰铸铁、球铁、铸钢、铸型尼龙制成。滑轮直径应与钢丝绳直径相匹配，国家标准对滑轮绳槽深度、绳槽底圆曲率半径以及绳槽夹角等参数都有明确规定（图 2-49）。

5. 钢丝绳卷筒

卷筒用于缠绕钢丝绳，表面应光滑以防止钢丝绳的不正常磨损。卷筒的最小

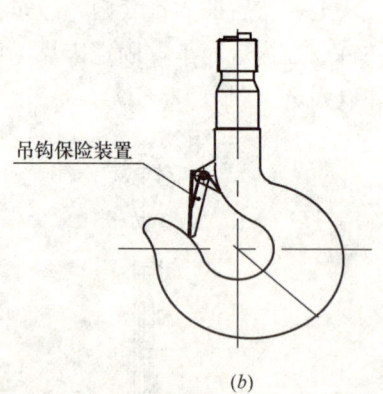

(a)　　　　　　　　　　　　　　(b)

图 2-48　吊钩保险装置

(a) 实物图；(b) 示意图

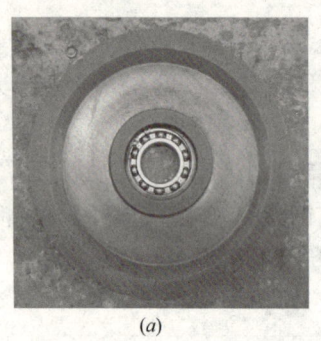

(a)　　　　　　　　　　　　(b)

图 2-49　滑轮

(a) 铸型尼龙滑轮；(b) 铸铁滑轮

图 2-50　卷筒

卷绕直径应符合《塔式起重机设计规范》GB/T 13752—1992 的规定，钢丝绳偏离与卷筒轴垂直平面的角度不大于 1.5°。单层卷筒应加工绳槽，保证钢丝绳正确缠绕，以减少钢丝绳表面磨损和变形及可能的疲劳、损坏。卷筒两端均应有凸缘，在达到最大设计容绳量时，凸缘高度超出缠绕钢丝绳外表面不小于 2 倍钢丝绳直径；

容绳量的设计应保证在臂架仰角达到最小角度状态，卷筒上至少还存有 3 圈安全圈（图 2-50）。

6. 联轴器

联轴器是用来连接不同机构中的两根轴（主动轴和从动轴），使之共同旋转以传递扭矩的机械零件。起升机构和变幅机构电动机轴与减速箱快速轴之间的联轴器的安装质量最为重要。图 2-51 为一种用于起升机构的梅花弹性联轴器。

图 2-51　梅花弹性联轴器

五、塔式起重机的主要电控系统

塔式起重机是建筑企业垂直运输物品的重要设备，它是机电一体化的大型起重装置，其主要动力来源为电能，其控制系统、最终的执行器件都是通过将电能转化为磁能、机械能来实现设备的正常运行，所以对起重机的驾驶员来说，除了能够安全熟练地驾驶以外，还要了解其内部的电气组成及工作原理，这对操作中遇到故障及时分析并排除都是非常有利的，同时也对提高生产效率，延长设备的使用寿命有很大帮助。塔机电控系统一般由操作台、电控箱、电动机及相应的电缆组成。

1. 电气系统图识图

塔机电气系统图可概分为三类：结构图、原理图和接线图。

（1）结构图又称布线图，用来表示塔机各重要电气装置的部件和功能，目的在于使人们对整个起重机电气系统有一个概念。各个部件电气装置常用矩形框表示，相互用线条连系起来。有时，还在线条上标注箭头以表示电气设备作用过程的方向。

（2）塔机电气系统原理图，也称电路原理图、电路原力图或电器原理图。在原理图中可看到主电路（又称主回路、一次电路或动力回路）、控制电路（又称二次电路或副回路）以及照明电路、信号电路等辅助电路。

主电路是指从供电电源通向电动机或其他大功率电气设备的电路，主电路上流过的电流可以从小到几安培大到几百安培。在此电路中，除电动机或其他大功率电器设备，还装有开关、接触器、控制器、熔断器等电器元件。电路用粗实线表示。

控制电路中有接触器和继电器的线圈、继电器的触点、接触器触头、按钮、电铃、终点开关及其他小功率电气元件等。这种电路用细实线绘出，主要是反映电动机是怎样起动和操纵的。

照明电路包括塔机上、下各种照明灯具和操纵开关，也用细实线表示。信号电路、电热采暖电路以及制动器电路等也均用细实线绘出。后几种辅助电路可与主电路相连。

塔机电路原理图是最基本的电气图，通过阅读电路原理图，可弄清各项电气设备的工作原理和作用程序。在调整、维护和检修电气设备以及查找分析和排除电气故障时，都用到电路原理图。

（3）接线图用以满足施工和检修的需要，故又称安装图。接线图中的各项电气元件、线路接点均用数码标注。接线图中对各导线型号、截面、芯数、导线长度及走线方式也都有明确标注。

在电气系统图中，均采用符号和字母的组合来表示某一电气元件，通过识图，知道各个元器件的功能及整个控制系统的原理。只有能够认识电气图，才能进行故障的检查和排除。表 2-3～表 2-5 介绍了一些常用的电气元件符号、电气元件代号字母含义。

常用电气元件的图形符号   表 2-3

序　号	图　形　符　号	说　明
1		开关（机械式）电气图形符号
2		多级开关一般符号单线表示
3		多级开关一般符号多线表示
4		接触器（在非动作位置触点断开）

续表

序　　号	图 形 符 号	说　　明
5		接触器（在非动作位置触点闭合）
6		负荷开关（负荷隔离开关）电气图用图形符号
7	QF	断路器
8	QS	隔离开关
9	FU	熔断器一般符号
10		当操作器件被吸合时延时闭合的动合触点
11		当操作器件被释放时延时闭合的动合触点
12		当操作器件被释放时延时闭合的动断触点（电气图用图形符号）

序　号	图形符号		说　明
13			当操作器件被吸合时延时闭合的动断触点
14			当操作器件被吸合时延时闭合和释放时延时断开的动合触点
15			按钮开关（不闭锁）
16			旋钮开关、旋转开关（闭锁）
17			位置开关，动合触点 限制开关，动合触点
18			位置开关，动断触点 限制开关，动断触点
19			热敏开关，动合触点 注：θ 可用动作温度代替
20			热敏自动开关，动断触点 注：注意区别此触点和热继电器的触点
21			动合（常开）触点 注：本符号也可用作开关一般符号

序　号	图形符号	说　明
22		动断（常闭）触点
23		先断后合的转换触点
24		座（内孔的）或插座的一个极
25		插头（凸头的）或插头的一个极
26		双绕组变压器
27		电抗器扼流图
28		电流互感器
29		操作器件一般符号
30		热继电器的驱动器件
31		电阻器一般符号
32		可变电阻器可调电阻器
33		滑动触点电位器
34		电容器一般符号

41

建筑起重机械安全技术与管理

常用电气文字符号　　　　　　　　　　　　表 2-4

元器件种类	中文名称	基本文字符号	
		单字母	双字母
保护器件	具有延时动作的限流保护器件	F	FR
	熔断器		FU
电源	蓄电池	G	GB
信号器件	声响指示器	H	HA
	光指示器		HL
	指示灯		HL
继电器 接触器	瞬时接触继电器	K	KA
	瞬时有或无继电器		KA
	交流继电器		KA
	接触器		KM
	延时有或无继电器		KT
电动机	电动机	M	—
	力矩电机		MT
电力电路的 开关器件	断路器	Q	QF
	电动机保护开关		QM
	隔离开关		QS
电阻器	电阻器	R	—
	变阻器		
	电位器		RP
测量设备	电流表	P	PA
	电压表		PV
控制信号电路 的开关器件	控制开关	S	SA
	选择开关		SA
	按钮开关		SB
	压力开关		SP
变压器	电流互感器	T	TA
	控制电路电源用变压器		TC
	电压互感器		TV
调制器 交换器	编码器	U	—
	整流器		

42

续表

元器件种类	中文名称	基本文字符号	
		单字母	双字母
电子管 晶体管	二极管	V	—
	晶体管		
	晶闸管		VE
	电子管		VC
	控制电路用电源整流器		
传输通道	导线	W	—
	电缆		
	母线		
端子 插头 插座	插头	X	XP
	插座		XS
	端子板		XT
电气操作的 机械器件	电磁铁	Y	YA
	电磁制动器		YB
	电磁离合器		YC
	电磁阀		YV
	电磁吸盘		YH

电气常用辅助文字符号　　　　　　　　　　表 2-5

序号	文字符号	名称	序号	文字符号	名称
1	A	电流	11	DC	直流
2	A	模拟	12	E	接地
3	AC	交流	13	GN	绿
4	BRK	制动	14	M	中间线
5	BK	黑	15	N	中性线
6	BL	蓝	16	OFF	断开
7	C	控制	17	ON	闭合
8	CW	顺时针	18	PE	保护接地
9	CCE	逆时针	19	PEN	保护接地与 中性线共用
10	D	延时	20	PU	不接地保护

2. 电动机

电动机是一种将电能转换为机械能，并输出机械能的动力设备。电动机可分为交流电动机和直流电动机两大类，在交流电动机中又分为同步电动机和异步电动机，交流异步电动机又可分为鼠笼式电机、绕线式电机、变频电机和力矩电机。

在塔机的动力设备中，除了一些超重型塔机采用直流电动机进行驱动外，一般的塔机都采用三相交流电动机进行驱动。这些电动机具备下列特性：（1）能适应频繁短时工作的要求；（2）启动转矩比较大；（3）启动轻易、启动电流小；（4）过载能力大；（5）能够适应露天恶劣天气作业环境。

（1）三相交流异步电动机的结构

三相异步电动机的种类很多，但各类三相异步电动机的基本结构是相同的，它们都由定子和转子这两大基本部分组成，在定子和转子之间具有一定的气隙。此外，还有端盖、轴承、接线盒、吊环等其他附件，如图 2-52 所示。

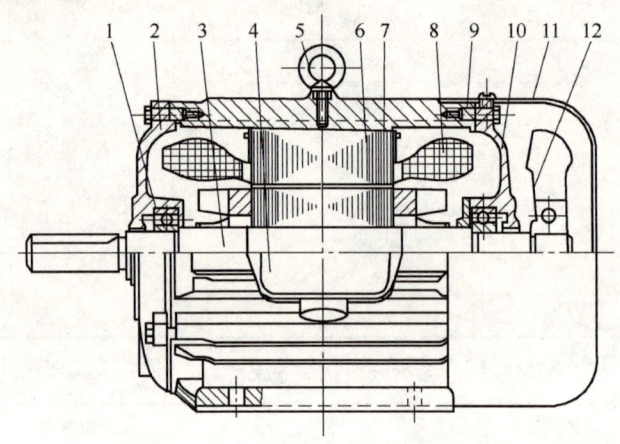

图 2-52　封闭式三相笼型异步电动机结构图

1—轴承；2—前端盖；3—转轴；4—接线盒；5—吊环；6—定子铁心；

7—转子；8—定子绕组；9—机座；10—后端盖；11—风罩；12—风扇

（2）塔机上常用电动机

1）多速电动机

多速电动机通过改变电动机的级数从而改变电动机的转速。多速电动机为有极调速，制造维修简单，在塔机上起升和变幅机构上大量使用。但其为变极调速，在启动、制动、换速时有较大冲击，其低速档不应长时间使用（图 2-53）。

2）绕线电动机

绕线电动机是通过在电机转子回路中串接电阻来实现调速的一种调速方式。

绕线电动机相对多速电动机来说，具有启动平稳、启动转矩大、调速范围大、控制方式简单等特点，在塔机的回转机构上使用量较大（图 2-54）。

图 2-53 多速电机

图 2-54 绕线电动机

3）变频电动机

变频电动机是通过改变输入电动机的电源频率来改变电动机转速的一种调速方式。变频电动机具有起制动平稳、低速就位等特点，在大型塔机上使用较多，但使用变频电机需要增设专用的变频器装置来实现频率的改变，变频器的成本较高（图 2-55）。

4）力矩电动机

力矩电动机是通过改变电动机定子电压而改变电动机转速的调压调速方式。调压调速一般通过专用的调压器进行调整，如 RCV 调压器，在大型塔机回转机构上使用较多（图 2-56）。

图 2-55 变频电动机

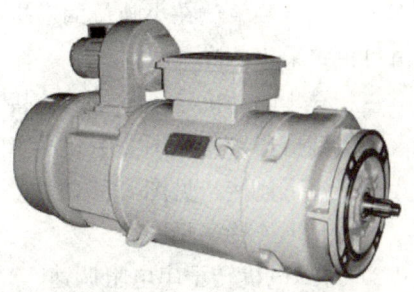

图 2-56 力矩电动机

（3）电动机常用调速方式

电动机的调速，即电动机的速度调节，又叫速度控制，是指在电力拖动系统中，人为地或自动地改变电动机的转速，以满足工作机械对不同转速的要求。

异步电动机的转动是依靠旋转磁场的作用实现的，根据旋转磁场理论，有下列关系：

$$n = \frac{60f}{p}(1 - S)$$

式中　n——电机同步转速；

　　　f——电源频率；

　　　p——电机的极对数；

　　　S——电机转差率。

通过异步电动机的转速公式可知，异步电动机可以通过改变其参数 f、p、S 来改变其自身的转速，它们分别是变级调速、变频调速和能耗转差调速。

下面主要介绍塔机上常用的几种调速方式：

1）多速电机——变级调速

通过改变定子的极对数，可以改变电动机的同步转速，从而使电动机的转速得到调节。

改变定子的极对数，通常采用改变定子绕组连接的方法。因为在改变定子级数时，转子的级数也必须同时改变，所以变级调速一般适用于鼠笼式电动机，鼠笼式电动机转子本身没有固定的级数，其转子的极对数能自动地与定子极对数相对应，无须人为再调整。

变级调速的电动机一般称为多速电机，多速电机通常又分为二速电机和三速电机，多速电机是小吨位塔机上常用的一种电机。在 QTZ63 以下的塔机上，其起升电机多采用三速电机，如：YZTD225L2-4/8/32，YZTDE200L－2/4/16。变幅电机采用二速电机，YDEJ132S-4/8。而回转通常采用绕线电机串电阻调速来实现，也有些单位在小吨位的塔机上使用多速电机来控制回转的速度，大车行走电机也多采用此类电机。

三相异步电动机定子常见的连接方式：

①星角形连接，见图 2-57；

②三角形连接，见图 2-58；

③双星形连接，见图 2-59。

2）绕线电机转子串电阻调速

绕线电机转子串电阻调速属于能耗转差调速，它通过在转子中串接电阻，改变电机的临界转差率，从而改变电机的转速，当负载转矩一定时，电动机的速度与串入转子回路的电子有关，串入的电阻越大，电机的机械特性越软，电动机的转速也越低。在转子回路中串入多级电阻，可以实现电机的多段速度，同时可以减少启动电流，增加启动转矩。但绕线电机串电阻调速的调速范围比较小，不能实现无级调速，而且串入的电阻不易过大，否则会减少启动转矩，同时电阻上产生的热量白白浪费掉，不经济环保。此类电动机在塔机回转上比较多见，如YZR132M1-6，YZR132M2-6，在行走大车中也有使用。

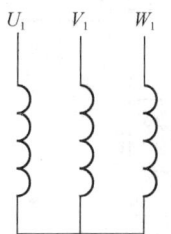　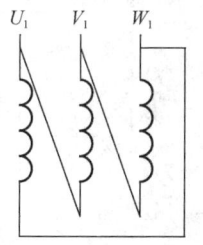　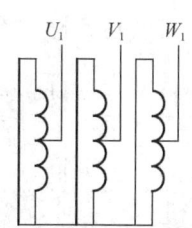

图 2-57　星三角连接　　　图 2-58　三角形连接　　　图 2-59　双星形连接

绕线电机转子三相对称串电阻方式，如图 2-60 所示。

3）绕线电机转子串电阻＋涡流调速

绕线电机转子串电阻＋涡流调速是集变级调速和能耗转差调速于一体的调速方式。它既有绕线电机串电阻调速的功能，又能实现变级调速，增加了调速的范围，同时增加涡流制动，能够实现电机的平稳制动停止。它具有调速平稳、起动电流小、过载能力大、机械强度高、温升低、可靠性高等特点，适用于那些短时或断续运转，频繁起动、制动，有时过载及显著振动与冲击的设备。这类电机主要用在塔机的起升机构上，如 YZRDWF225M1-4/8，YZRSF280M-4/8。

4）变频电机调速

变频调速是通过改变电源的固有频率从而改变电动机转速的一种调速方式。在异步电动机变频调速中采用的变频电源按电能转换的情况可分为交流－交流与交流－直流－交流变频器两种，前者是直接将工频电源转变成所需频率的交流电源，被称为直接变频。后者是把工频电源先经过整流成直流，然后再通过逆变器把直流电转换成所需频率的电源。在塔机上使用的变频器，基本上属于后者，其基本构成如图 2-61 所示。

变频调速具有优异的性能，调速范围较大，平滑性较高，起、制动平稳，按不同的规律变换定子电动势可以实现恒转矩或恒功率调速，以适应不同负载的要求。在电机上增加编码器实现反馈，可以与变频器组成闭环控制系统，其性能可以接近伺服系统的控制效果，所以在塔机上越来越多地使用变频调速控制，完善塔机控制性能。

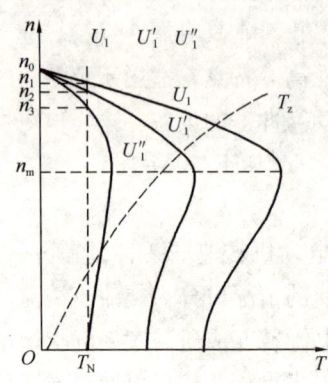

图 2-60 转子三相对称电阻

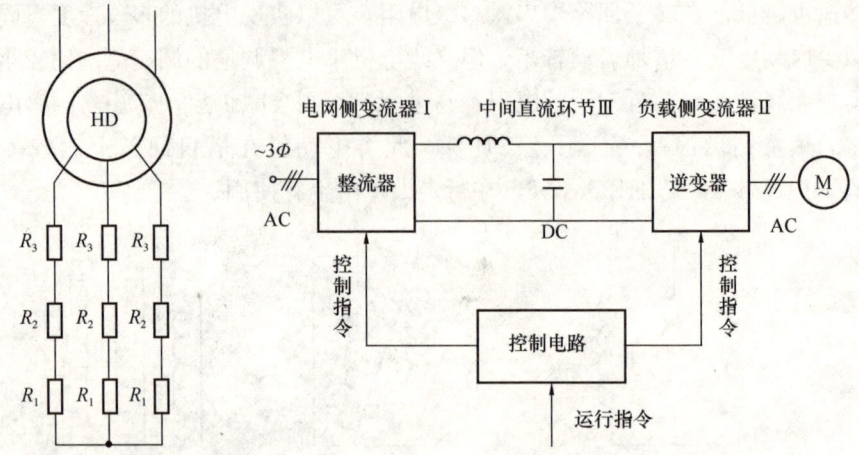

图 2-61 变频器的基本构成

塔机的起升电机一般通过电机增加编码器,闭环带 PG 矢量控制方式,其型号如 YZTPF250M-6;变幅电机一般采用无 PG 矢量控制方式,其型号如 YZ-PE160M-4、YPBE112M-6;而回转由于回转惯性较大,一般采用变频调速加涡流制动的方式来实现回转的快速平稳停止,其型号如 YHPEW112M-6。

5)力矩电机调压调速

调压调速是通过改变电动机的定子电压而实现电机转速的改变。人为改变异步电动机定子电压的机械特性,如图 2-62 所示。

当 $T_Z = T_N$ 时,电动机定子电压由 U_1 减到 U_1',转速由 n_1 降到 n_3,因转速低于 n_m 的机械特性部分对恒转矩负载不能稳定运行,因此不能用以调速,所以电压调速的调速范围很小。调压调速的效率较低,特别是在低速时消耗于转子电路的功率很大,电动机发热严重。调压调速适用于高转差笼型异步电动机,即力矩电动机。

图 2-62 改变异步电动机定子电压的人为机械特性

在塔机上,经常采用 RCV 回转控制器＋力矩电机＋涡流制动方式来控制回转的转速,型号如 YLEW132M-4/145。RCV 回转控制器是一种采用三相交流调压调速和涡流调速相结合的塔机回转控制系统,通过操作塔机操作手柄,带动电位器,向 RCV 控制器输出一个模拟信号,控制三相交流电压的触发导通角以及涡流电压的触发导通角,触发各组晶体管模块输出不同的电压。其中,三相输出电压的一相电压反馈回控制器形成闭环控制,提高系统的稳定性,使得回转机构工作平稳、可靠。RCV 的工作原理图如图 2-63 所示。

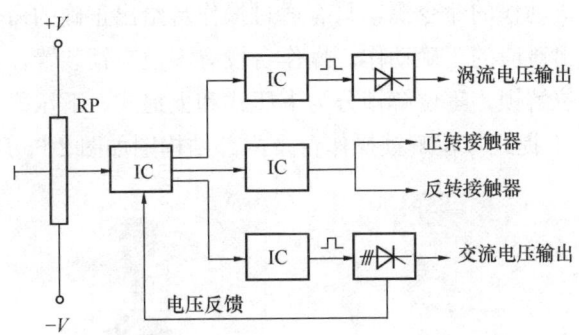

图 2-63　RCV 工作原理

（4）电动机的检查

电机好坏鉴别方法：

1）闻电机气味，没有糊臭味；

2）用 500～1000V 兆欧表测量绝缘电阻，一定要在 0.5MΩ 以上；

3）星形连接状态下测量三相线圈电阻，应该都通或电阻基本一致。

3. 塔机的控制方式

塔机上常用的控制方式有两种：一种为继电-接触器控制方式；一种为可控制编程器（PLC）控制方式。

继电-接触器控制方式采用中间继电器、时间继电器，接触器等实现设备动作的逻辑控制，采用继电-接触器控制方式，其成本价格低，但线路复杂，特别是要做一些逻辑关系比较复杂的控制时，比较难以实现，而且会使得电控箱的体积比较庞大，出现故障的频率也较多，所以继电控制方式用于控制简单、逻辑关系不复杂的场合。在小吨位塔机上，如 QTZ63 常采用继电控制方式。

PLC 控制方式实际上是将继电器控制的简单易懂、使用方便、价格低的优点与计算机的功能完善、灵活性、通用性好的优点结合起来，将继电-接触器控制的硬线连接逻辑转变为计算机的软件逻辑编程。它从很大程度上简化了继电接触器控制的硬线连接线路，实现逻辑关系的简单可变性，可以通过与计算机的连接，修改程序，改变控制逻辑，优化控制方案。使用 PLC 控制方式可以减少设备的故障率，设备的维护、检查，故障的判断更加方便。

塔机的控制方式通过相应的电气元器件组搭而成，形成相应的逻辑控制，从而实现塔机的控制。其主要的部件和电气元器件如下。

（1）操作台

操作台是塔机动作的命令源，只有通过操作台给出正确的命令指令，塔机的各个机构才能做出对应的正确动作。操作台设有零位自锁装置，在对操作手柄操作前，需进行零位解锁，零位解锁分为下压式和上提式，下压式零位解锁操作台如图 2-64 所示，上提式零位解锁操作台及内部结构图如图 2-65 所示。

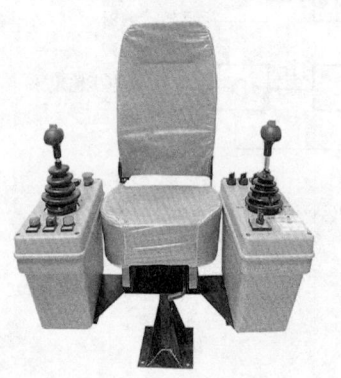　　　　

图 2-64　操作台　　　　　　　　图 2-65　内部结构

（2）控制箱

电气箱是整个起重机械设备正常运行的中间枢纽，它通过接收操作控制系统的命令及安全保护装置的信号指令，并根据设计好的逻辑关系，确保动作执行机构正确、安全运行。电控箱内由各种不同的电气元器件组搭实现塔机逻辑控制。电控箱如图 2-66 所示，电控箱内部图如图 2-67 所示。

图 2-66　电控箱　　　　　　　　图 2-67　电控箱内部

（3）常用元器件

1）断路器

断路器主要用于动力回路和控制回路中，起到短路和过载保护作用，如图2-68所示。

2）欠压、过压、错断及相序保护

欠压、过压、错断相序保护是一种对电压进行检测的保护装置，当工地供给的电压出现欠压、过压、错断、缺相、相序不正确等不正常情况时，保护器动作，切断设备电源，保护设备的安全，见图2-69。

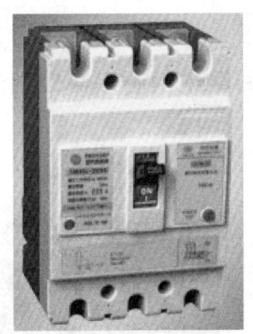
图 2-68　断路器

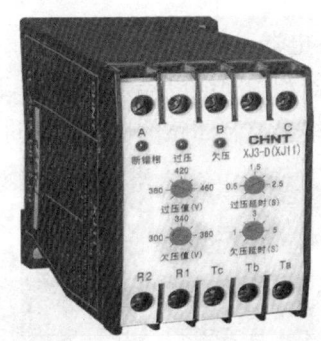
图 2-69　欠压、过压、错断及相序保护

3）可编程控制器

可编程控制器又称 PLC，是将控制逻辑通过软件编程进行集中控制的电气元件，通过 PLC 可以减少大批量的中间继电器和时间继电器的使用，减小电控箱的外观尺寸，见图2-70。

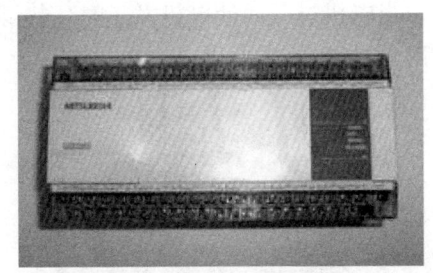
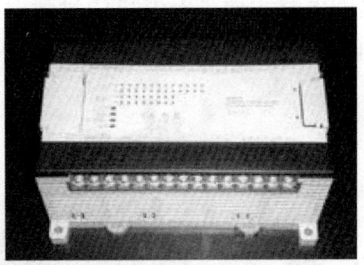
图 2-70　可编程控制器

4）接触器

接触器是用于动力回路中，对电机的正、反转及档位切换等进行控制，见图2-71。

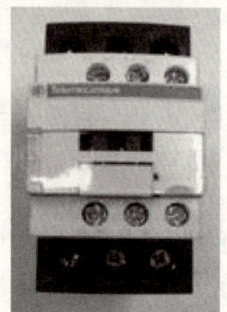 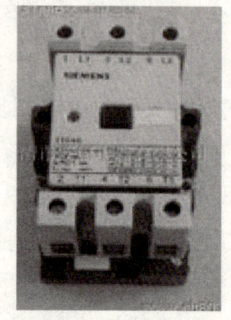

图 2-71　接触器

5) 时间继电器、中间继电器

时间继电器和中间继电器是在接触-继电控制回路中用于组搭控制逻辑的电气元器件，对整个控制回路的逻辑关系进行控制，见图 2-72。

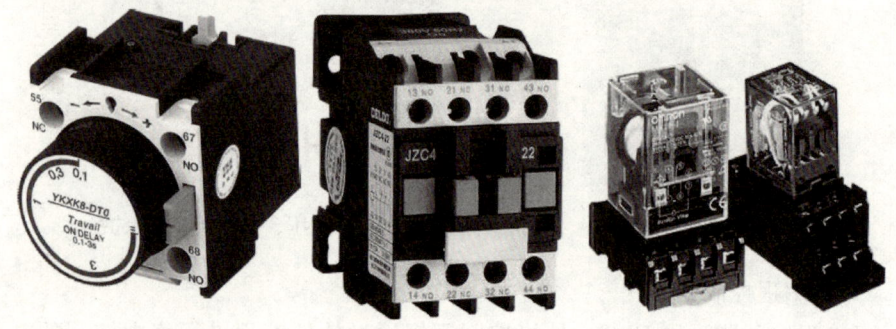

图 2-72　时间继电器、中间继电器

6) 热继电器

热继电器主要是对电机的过载保护，当电机过载而使电机发热时，热继电器动作切断电动机工作，从而起到保护作用，见图 2-73。

 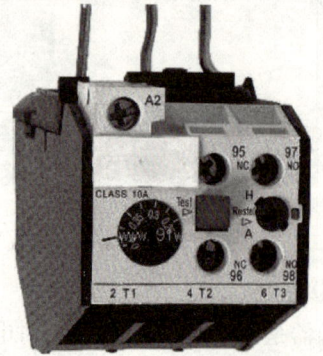

图 2-73　热继电器

7）变频器、制动单元

变频器是用于对变频电动机的调速使用，使用变频器调速可以实现电动机的低速就位和起制动的平稳，减少冲击，同时还可以实现电机的无级调速。制动单元是在电动机减速或重载下放时，将电动机产生的电能进行释放的电气元器件，见图2-74。

图 2-74 变频器、制动单元

8）二极管

二极管在控制系统中有两种功能，一是作为整流使用，通过整流桥将交流电转化成直流电；二是在直流刹车系统中作为续流使用，见图2-75。

图 2-75 二极管

9）变压器

变压器是将380V电压转换成所需要的控制电压或安全电压的电气元件，在塔机控制回路中的控制电压必须经过隔离变压器取得，见图 2-76。

图 2-76　变压器

10）熔断器

熔断器是借熔体在电流超出限定值而熔化、分断电路的一种用于过载和短路保护的电器元件。当用电设备发生过载或短路时，熔体能自身熔化分断电路，避免由于过电流热效应及电动力引起对用电设备的损坏，并阻止事故蔓延，见图 2-77。

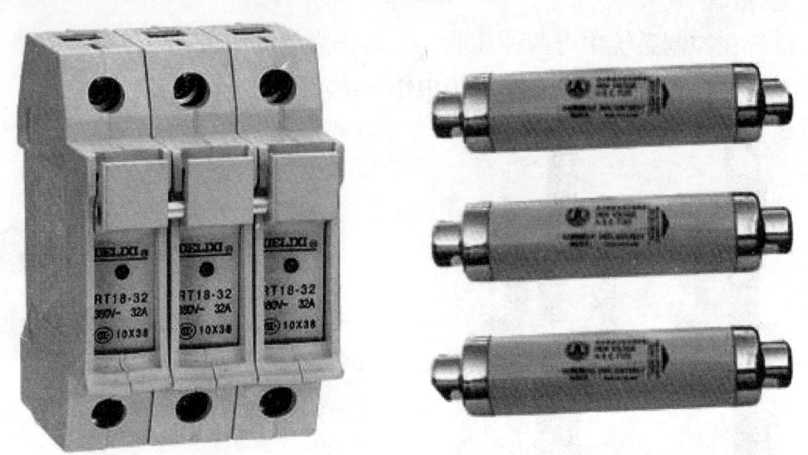

图 2-77　熔断器

11）电缆卷筒

电缆卷筒是轨道式塔机必须装备的，外界电源首先要经由电缆卷筒引到塔机控制柜再分送到各个用电部位。电缆的一端由卷筒引出经由导缆盒架引至工地配电柜，而电缆的另一端则经过电缆卷筒中心处橡胶衬套伸入中空的轴再接至集电环处。必要时，可以刮去电缆外抱的橡胶绝缘套，以利伸入橡胶套管中。必须注意，引入集电环的电线揭发，一定要对号入座，特别要注意不要接错地线。电缆的张紧力可通过调整摩擦滑轮传递的扭矩进行调定，见图 2-78。

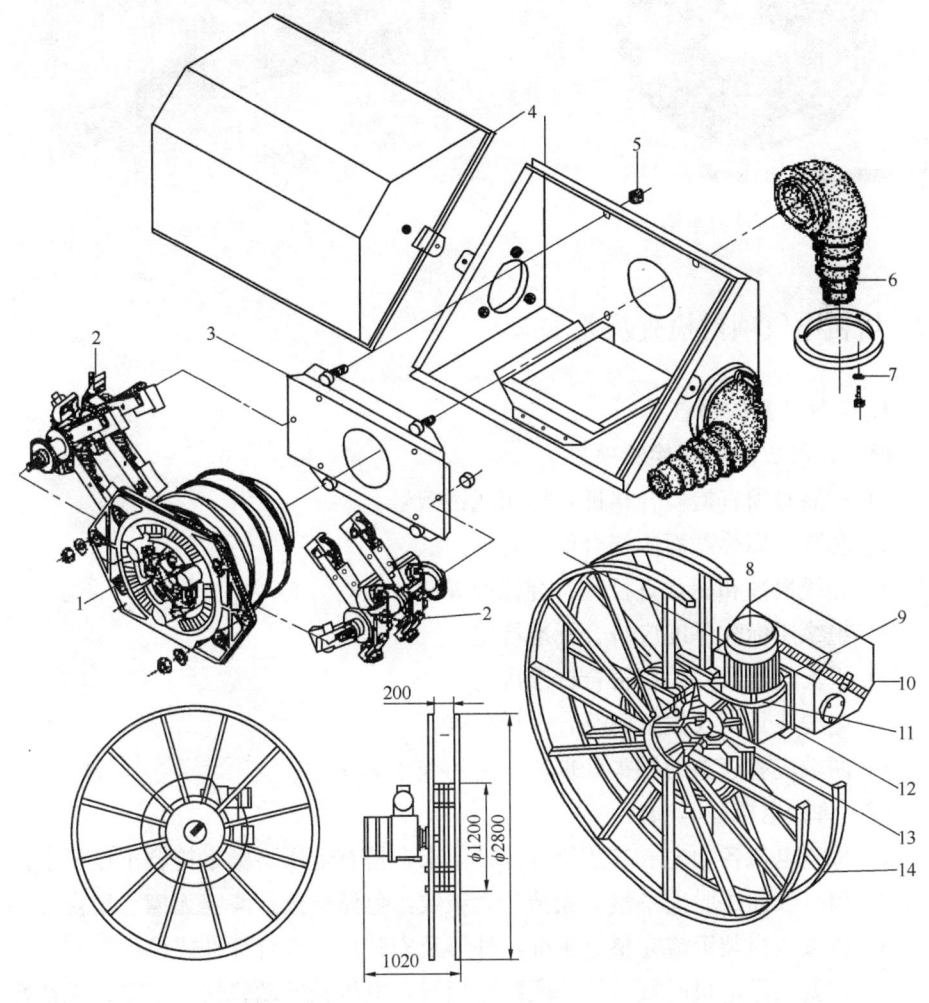

图 2-78　电缆卷筒

1—集电环组件；2—电刷；3—支座；4—集电环罩盖；5—螺母；6—套管；7—环座及
螺栓；8—电动机；9—集电环组件；10—集电环部件；11—螺栓及垫圈；
12—摩擦传动部件；13—电缆扣；14—电缆卷筒法兰盘端板

12）电缆

电缆是连接电源、操作台、电控箱、电动机的中间连接件，通过电缆塔机电控系统的各个部分有机地联系在一起，确保塔机的运行。电缆分为动力电缆（橡套电缆）和控制电缆（多芯电缆），动力电缆见图 2-79，控制的电缆见图 2-80。

图 2-79　动力电缆

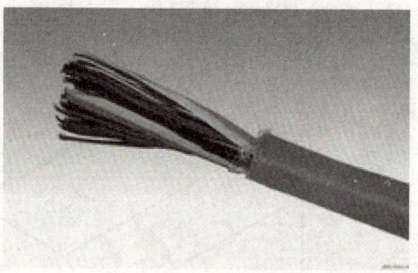

图 2-80　控制电缆

六、塔机电气项目检查及要求

1. 电气设备的检查

（1）每种成品电缆检验项目

1）产品必须有检验合格证，标明规格型号。

2）芯数×标称截面应符合设计要求。

3）导线根数和标称直径应符合标准规定。

4）绝缘层标称厚度应符合标准规定。

5）平均外径及偏差应符合标准规定。

6）电缆线长度及偏差应符合设计要求。

7）两端应有完整的端头处理和清楚的线号标注。

（2）每台电机检验项目

1）检查电机各项电气参数符合设计要求，检查电压、频率符合工作要求。

2）检查表面漆膜应平整、光洁、无皱纹，色泽一致；漆膜无撞、划伤痕。

3）检查电机装置应完整、正确，外形及安装尺寸符合标准或设计规定。

4）按要求做电机的额定转速或超速运行，电机轴转动轻快、平稳，无杂音，无停滞现象，无异常振动。

5）绕线电机的电刷与滑环接触面积不应小于 80%，且压力均匀，接触良好可靠。

6）采用热敏电阻方式保护的电动机应检查其阻值是否符合设计要求。常温下热敏电阻其阻值为 200～300Ω。

7）检查电机定子、转子绕组对机壳的绝缘电阻，用 500V 兆欧表遥测其阻值，应大于 1MΩ。

8）电机附带制动器的，其制动力矩及通电持续率应符合产品设计要求，与机壳的绝缘电阻应大于 1MΩ 在额定电压下应能正常地断开和制动，而无任何卡阻现象和明显杂音。

（3）控制箱内检验项目

1）检查电压、频率符合工作要求。

2）遥测各个电路的绝缘电阻应符合设计要求，大于 1MΩ。

3）检查电器元件和配线应标有耐久性的文字符号，字迹清晰，图物一致。

4）检验接触器、继电器动作应灵敏。触点接触牢固，延时继电器定时正确。

5）检查表面漆膜应平整、光洁，无皱纹，色泽一致，有产品检验合格证，出厂编号，制造日期。

（4）每组联动台检验项目

1）检查操作机构应灵敏，自锁装置可靠，档位明显，紧急开关的固定和动作必须可靠。

2）检查各动作开关触点接线正确，接触牢固可靠，按钮标志与所要求的动作方向一致。

3）检查配套座椅应转动灵活，高度舒适。

4）检查表面漆膜应平整，无皱纹，色泽一致，无划痕。

5）遥测各个电路的绝缘电阻应符合设计要求，大于 1MΩ。

（5）每台电器柜检查项目

1）检查外形和安装尺寸应符合设计要求，箱体必须有接地及标志牌。

2）检查导线接头应压接正确、牢固、无松动现象，接线端子应标有与设计图样一致的永久性固定符号。接线标准件齐全。

3）检查表面漆膜应平整、光洁、色泽一致。

4）测各个电路的绝缘电阻应符合设计要求，大于 1MΩ。

（6）每台电缆卷筒检验项目（如有需检查）

1）导线接头应压接牢固、无松动现象。

2）电刷与滑环接触应可靠、灵活。

3）刷架弹簧压力应平衡，接触应均匀。

4）遥测绝缘电阻值应符合设计要求，大于 1.5MΩ。

（7）每个安全开关检查项目

1）所用产品符合设计要求，安装尺寸符合产品样本。

2）检查开关机构应灵活、无卡阻现象，变速比符合工作性质要求。

3）检查开关的电气开点、闭点的接触面应良好。

4）检查元件表面漆膜应平滑、光亮。

5）遥测各个电路的绝缘电阻应符合设计要求，大于1MΩ。

（8）每个制动器检查项目

1）检测制动器的型号是否与制动器架匹配，制动力矩及通电持续率应符合产品设计要求，制动轮表面不得有油污，制动架铰接部位应转动灵活。

2）液压推杆制动器运行前应注油，油液应干净不得有杂物及水分。

3）制动器绕组每伏工作电压与机壳的绝缘电阻阻值不能小于1000Ω。

4）制动器在额定电压下，应能正常地断开和制动，而无任何卡阻现象和明显杂音。

2. 电气接线要求

电缆线一般分为电源、电机、控制、安全等，应按下列要求去做。

（1）按电气布线图、电气安装工艺对塔机各部分进行电气接线。按要求固定，不得受力。布线要排列整齐，不得有扭、绞现象。

（2）电缆导线凡经有油浸或易磨损的地方，要穿相应塑料管并用塑料袋包扎好。

（3）导线电缆两端按工艺要求进行处理，并穿线号管。

（4）遥测电控设备中各电路的绝缘电阻不低于1MΩ。

（5）塔机电缆随线应按要求穿用电缆并相应固定。

（6）由于季节原因，电缆线冬季要注意防雪、防冰；夏季要注意防雨、防潮。

（7）决不允许安全控制线不接就试运行。

3. 试运行

详细阅读《塔机使用说明书》，然后按下列顺序操作：

（1）仔细检查全部电缆接线，确认无误后，按联动台SB1启动按钮，接触器KM将吸合，塔机正常供电，否则需要检查主磁接触器KM及有关回路。

（2）检查安全保护回路继电器是否正常，正常则所有保护继电器KA2、KA3、KA4、KA5、KA6、KA7都吸合动作，否则检查不正常回路，直到继电器吸合动作，说明正常。

（3）检查提醒电笛是否正常。

（4）若报警电铃常响，则力矩限制器（SA42，SA42A）断开，起重量限制器（SA53）断开，起升高度限制器（SA6）断开。

4. 常用的保护措施的检查

（1）供电

塔机电气的现场安装，在实施中必须依据国家有关标准，并与厂家的安装使用说明书相一致。塔机所需供电容量、技术参数，一般是最低下限值，根据供电质量应增容。

（2）接地

由于塔机不容易采取防雷措施，所以塔机必须进行重复接地，重复接地连接导线必须有足够的截面尺寸，大小取决于导线形式，至少应等于连接导线的截面尺寸。由于塔机是臂架、标准节之间由销轴、螺栓连接的，因此各结构件之间还需用导线连接起来，以减少电阻。重复接地电阻必须小于等于 4Ω。

（3）零位保护

塔机开始工作时，左、右操作手柄应置于零位，按下启动按钮，主接触器方能吸合，塔机各机构才能开始工作。若操作台手柄没有置于零位，即使按下启动按钮，也不能进行启动，各机构不能开始工作，这样，可以防止塔机的误动作。

（4）电笛

为了加强司机与现场操作人员的信号联系，特设置电笛，可由司机控制鸣笛，通知现场人员，必须注意起重吊钩。

（5）障碍灯

设置 3 个障碍灯，1 个装在塔顶，1 个装在臂架头部，1 个装在平衡臂上，由开关控制。夜晚障碍灯可指示塔机位置，防止外来物撞击塔机。障碍灯也有采用太阳能的，到夜间自动发光，不需要开关控制。

七、QTZ63 塔机电路图分析

塔机上所使用的电气元件不是很多，但各机构的动作都是通过这些电气元件的作用来实现的，每个元件本身的作用和相互间的关系，又都是通过电路图来表示的。所以电路图是每个操作和维修人员必须掌握弄懂的，这样才能迅速、准确地进行维护、保养、减少停机的时间。塔机电路一般按其作用可以分为三部分，即照明信号电路、动力电路和控制电路。

1. 照明信号电路

塔机的照明信号电路是塔机重要的一部分，它有司机室照明、报警指示灯、电铃报警和电笛提示。

（1）作用

1）驾驶室照明：供操作人员在驾驶室内照明观察用。

2）报警指示灯和电铃报警：提醒操作人员塔机的当前工作状态，确保司机准确操作，塔机能安全运行。

3）电笛提示：供操作人员与地面人员联系，提醒地面操作人员，塔机开始动作。

（2）工作原理

图 2-81 是塔机的照明信号电路图，L12、N 为相线和中性线（俗称火线、零线），其相电压为 AC220V，FU3 安装在所有使用元件的前端，起到短路保护作用。控制开关 SA1、SA3、SA5 为分别控制司机室照明灯（EL）、塔机障碍灯（EL1、EL2、EL3）、司机室风扇（FS）的手动开关；SB3 是控制电笛的按钮开关；XS1 为插座，作为检修时临时电源用。

HA1 为报警电铃，当塔机的力矩、重量、高度等超过其设定值时，自动地发出声音进行提醒报警。HL1、HL2、HL3、HL4、HL5 为各类报警指示灯，

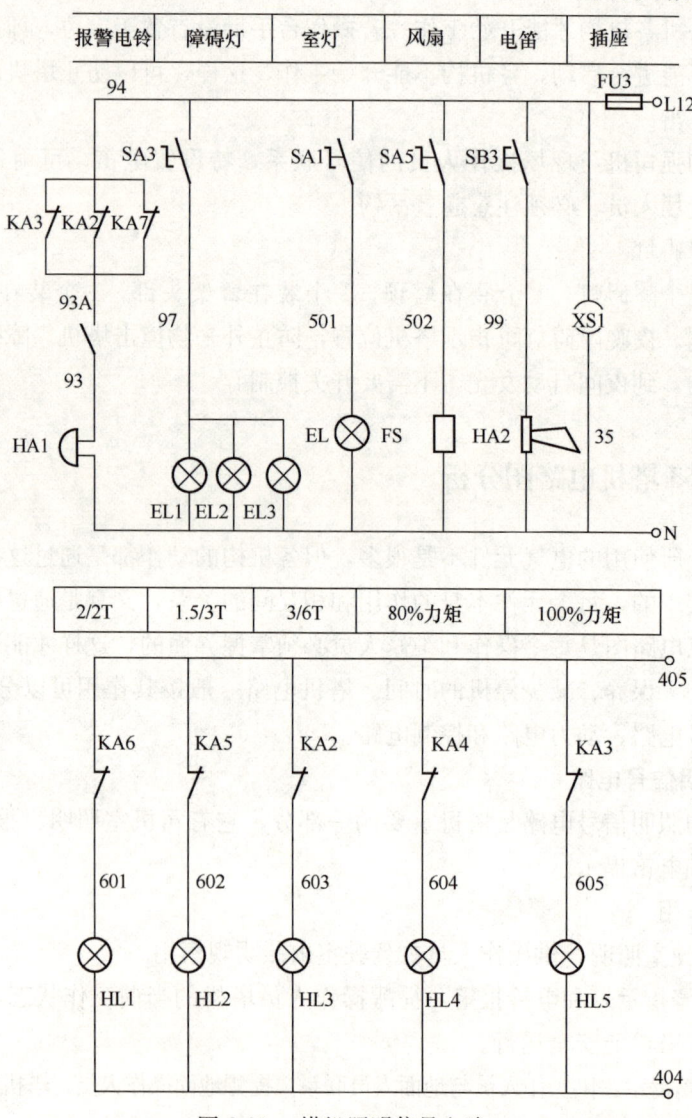

图 2-81　塔机照明信号电路

它通过变压器 TC（图 2-82）得到 AC12V 的安全电压，同时在变压器副绕组侧装有 FU2 熔断器作为短路保护。

2. 动力电路

动力电路是用来驱动电动机工作的电路，图 2-83 所示为起升、回转、变幅三个机构电机及顶升液压站电机的动力电路图。其中起升采用变级调速——三速电机，型号 YZTD225L$_1$-4/8/32，这类电动机不带制动器，尾部装有自冷却风扇；回转采用能耗转差调速——绕线电机转子串电阻调速，型号 YZR132M$_1$-6，这类电机不带刹车，通过与液力耦合器的配合使用，实现回转的平稳运行，液力耦合器上带有电磁制动器；变幅也采用变级调速——二速电机，型号 YDEJ132S-4/8，该系列电动机是在变级多速电动机的后端与冷却风扇之间加设电磁制动器而成，具有快速制动和准确安装就位的特点；液压顶升电机采用一般的 Y 系列电机。

（1）配电电路

Q1、Q1′安装在配电主电路中，对整个主电路起短路、过载、欠压保护作用。HL 为电源上电指示灯，SK、V 为电压换相开关和电压表，SJ 为相序和欠过电压保护器，保护电动机的安全运行。KM 为总起接触器。

（2）起升主电路

Q2 安装在起升电动机的主电路中，是起升主电路与电源接通和断开的总开关，并对起升电动机起短路、过载、欠压保护作用。FR2 为保护电动机的热继电器，当电动机过载或因某些原因，电动机过热时，热继电器动作，切断电动机主电路，防止电动机过热运行而烧毁电动机。KM11，KM12 为起升正、反转接触器，控制吊钩的上升、下降。KM13，KM14 和 KM14′，KM15 三别组成三个档位的速度，它们之间设置有互锁触点，确保能有一个档位的速度动作，防止几档速度同时输入而影响电动机使用寿命。KM16 控制液压推杆制动器 YB4 的动作，控制制动器刹车的开闸和抱闸。

（3）回转主电路

FR3、FR4 过电流继电器，当回转电动机因过载或某些原因使得电动机的电流增大时，过电流继电器动作，停止电动机的动作，保护电动机的安全运行。KM6、KM7 为电动机正反转接触器，控制回转的左行和右行。回转电动机为绕线电机，通过切割电阻 RH1、RH1′实现调速功能，接触器 KM8、KM9、KM10、KM18、KM19、KM20 为切割电阻接触器，控制电动机转子回路中电阻的大小。YB2、YB3 为常开电磁制动器。

（4）变幅主电路

变幅主电路与起升主电路类似，FR1 为保护电动机的热继电器，当电动机过

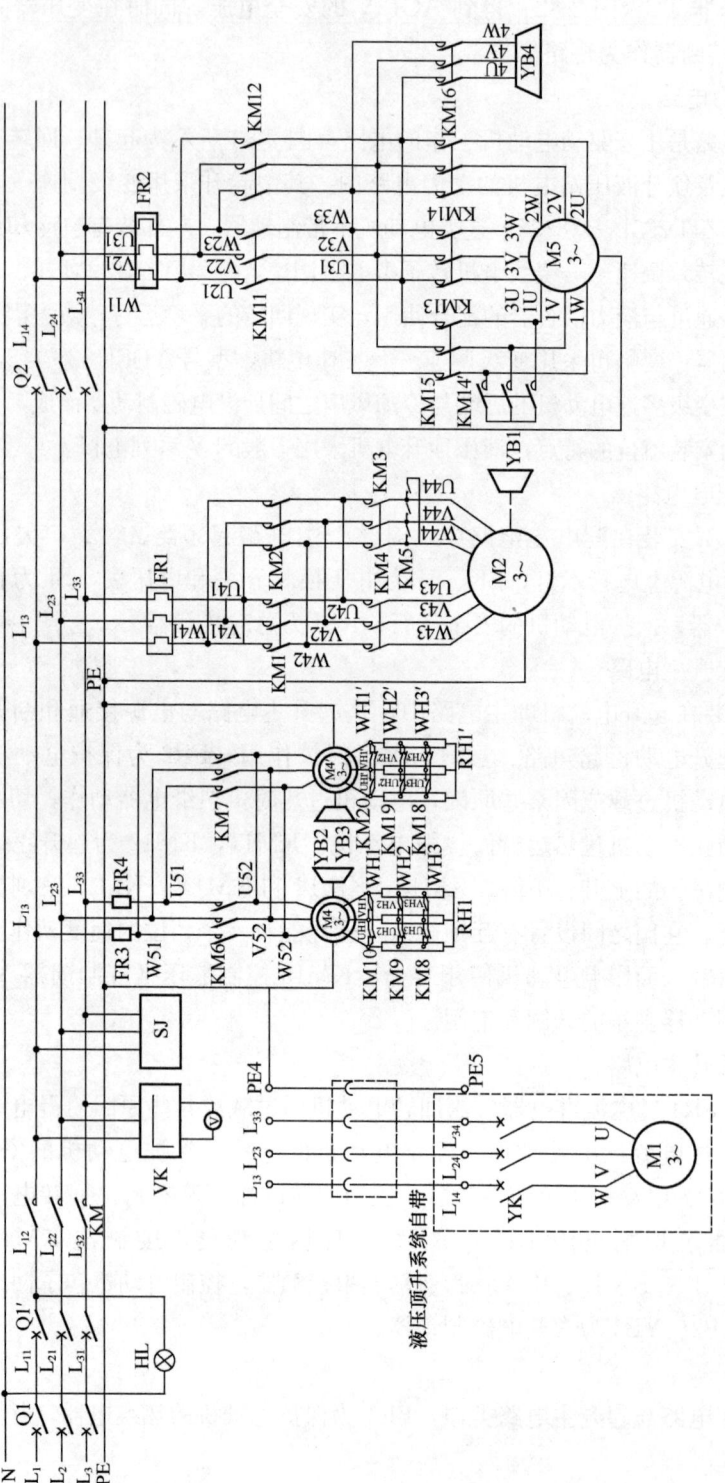

图 2-82 主电路

载或因某些原因，电动机过热时，热继电器动作，切断电动机主电路，防止电动机过热运行而烧毁电动机。KM1、KM2 为正、反转接触器，控制小车的向内、向外运动。KM3 为变幅一档速度，电动机为三角形连接，二档速度由 KM4、KM5 组成的星形连接方式实现。YB1 为盘式常闭电磁制动器。

（5）顶升主电路

顶升系统采用液压方式实现，所以主电路为电源回路，液压站电源通过三相四线插座、插头来实现给液压站供电。

3. 控制电路

塔机控制电路是通过继电-接触器的组成，实现不同的逻辑控制，完成塔机各个动作。控制回路通过微型断路器 QF1、QF2 实现回路的短路、过载保护控制。在起动回路中，SB1、SA11、SA21、SA31、KM 辅助常开触点组成零位保护，防止控制器手柄不在零位时，起动总起回路而使塔机动作，防止意外动作发生。按下起动按钮 SB1，通过 KM 辅助常开触点形成自锁，保证控制回路电源的畅通。紧急停止按钮 SB2 供在紧急情况下迅速切断电源用，SB2 为非自动复位按钮，按下后，需通过顺时针旋转后才能弹出。在控制回路中，装设有行程保护开关，限制变幅、回转、起升机构在所规定的行程范围、额定起重量、起重力矩内工作。图 2-83 为起动、变幅、回转、保护控制回路原理图，图 2-84 为起升控制回路原理图。下面就针对起升控制回路原理图对其工作原理进行说明。

合上微型断路器 QF1、QF2，在起升、变幅、回转操作手柄都在零位时，按下起动按钮 SB1，KM 接触器线圈得电吸合，主接触器 KM 主触头闭合接通主回路电源，辅助触点 KM 实现自锁，接通控制回路电源。SA12、SA13、SA14、SA15、SA16 为起升联动台操作档位，操作起升手柄至上升一档位置时，一路经 SA12、KM12 常闭触点，保护继电器 KA2、KA3、KA7、FR2 使得 KM11 得电吸合，KM11 为上升接触器，KM12 常闭触点与 KM11 形成互锁，确保上升、下降接触器不能同时得电吸合。一路经 SA14、KM11 常开触点，使得 KT13 通电延时继电器吸合动作，KT13 通电延时继电器作为档位延时之用，确保电机在低速运行稳定后才能转至二档速度，同时该路还通过 KT14、KM14、KM15 使得 KM13 得电吸合，KM13 主触头动作使电动机通电旋转，起升运行于一档速度。当手柄推至二档速度时，经 SA15、KT13，使 KT14 时间继电器得电吸合，KM13 因 KT14 常闭触点的断开而断电释放，同时 KM14、KM14′经 KT14、KM15、KA、KM13 得电吸合，形成二档速度，其中 KT14 的作用与 KT13 相同。当手柄推至三档速度时，经 SA16、KT14，使中间继电器 KA 得电吸合，KM14、KM14′因 KA 常闭触点的断开而断电释放，同时 KM15′经 KA、KM14

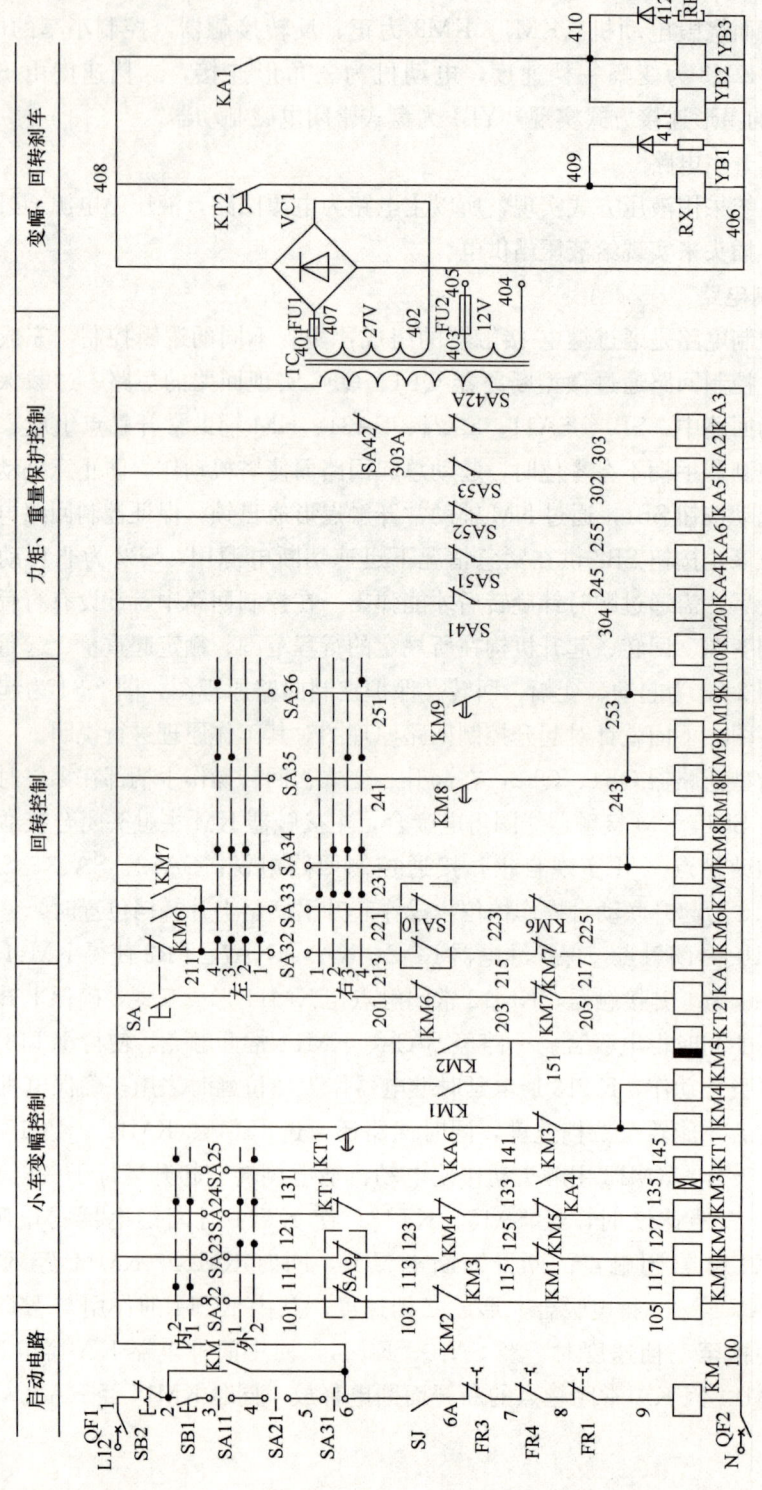

图 2-83　起动、变幅、回转、保护控制回路

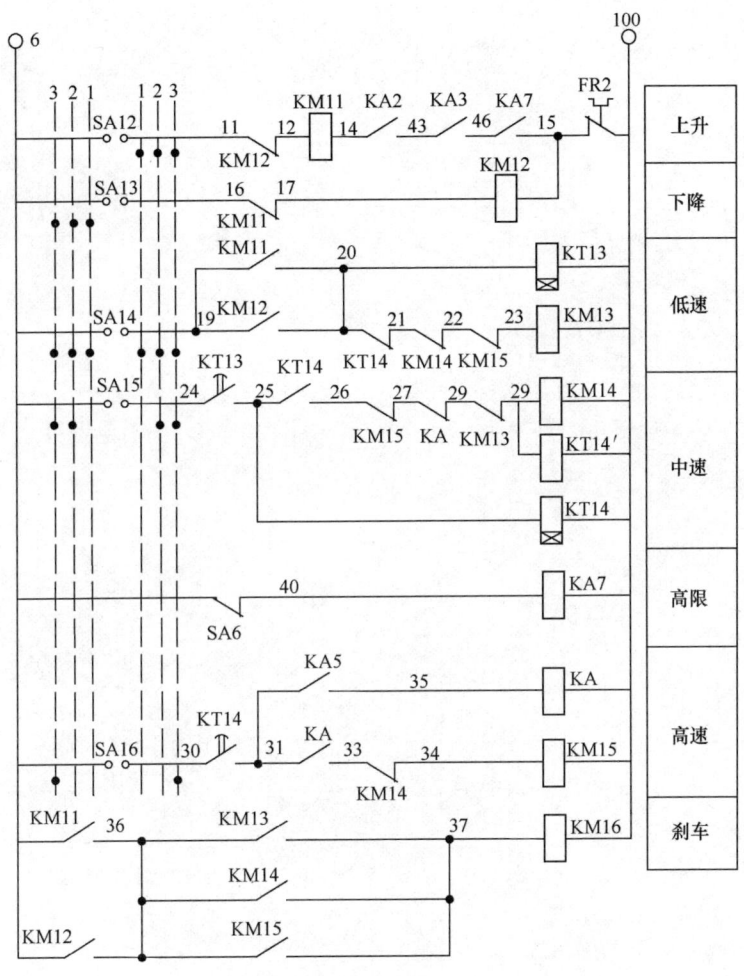

图 2-84 起升控制回路

得电吸合，形成三档速度，KM13 也因 KM15 常闭触电的断开而不会得电动作。刹车接触器 KM16 经过 KM11、KM12 常开触点并联块与 KM13、KM14、KM15 常开触点并联块的串联来实现，通过这样的连接方式，可以保证在电动机正常的情况下，只有电动机定子线圈通电后，起升制动器才能开闸，防止溜钩情况的发生。当起重量限制器 KA2、起重力矩限制器 KA3、起升高度限制器 KA7 起作用时，中间继电器 KA2、KA3、KA7 失电释放，从而使上升接触器 KM11 断电断开，停止电机动作，保护塔机的运行。当塔机吊重超重需要起升机构从高速档换成低档运行时，中间继电器 KA5 失电释放，引起 KA 继电器失电释放，同时 KM15 失电；KM14、KM14′ 得电吸合，自动转成二档运行，保证起升机构的安全运行。

　　吊钩下降和变幅、回转向两个方向运行时，工作原理与上述相似。

65

第三章

施工升降机的分类和构造

第一节　施工升降机的形式和分类

施工升降机是一种用吊笼载人、载物，沿导轨上下运输，可分层输送各种材料和人员的施工机械，因其导轨架通常附着于建筑物的外侧，故又称外用电梯。它可以方便地安装和拆卸，并能随着建筑施工高度变化而相应自行接高或降低导轨架，是建筑施工中比较理想的垂直运输机械。

1973 年，我国研制成功了第一台 1.2t 的单导轨架、双工作吊笼的 SF12 型施工升降机。经过 40 多年的发展，特别是在近 10 年，施工升降机的品种、产量都得到了突飞猛进的发展，2013 年产量占全球 50％以上。

一、施工升降机的分类及特点

施工升降机按其传动形式分可分为：齿轮齿条式（SC 型）、钢丝绳式（SS 型）和混合式（SH 型）三种，本章主要对前两种形式分别作介绍。

1. 齿轮齿条式施工升降机分类和特点

齿轮齿条式施工升降机，吊笼通过齿轮和齿条啮合的方式作升降运动，是目前国内建筑施工企业使用较多的人货两用升降机，具有安全性好、升降快捷、传动平稳、结构简单、使用方便等特点，见图 3-1，左图为带对重，右图不带对重。

（1）按驱动机构的安装位置分外置式和内置式两种。外置式即驱动机构位于吊笼顶部，机构与吊笼采用销轴连接。这种形式的机构散热效果好，维修方便，吊笼内噪声小，司乘人员较舒适，并且加装超载检测装置较方便，是国内齿轮齿条式施工升降机中最主要的机型。内置式即驱动机构位于吊笼内部，机构与吊笼采用螺栓固定。这种形式的升降机生产成本较低，但与外置式相比较缺点明显，目前使用量正逐渐减少。

（2）按吊笼数量分单笼式和双笼式两种。单笼式即仅在升降机导轨架的单侧布置一个吊笼，这种形式的导轨架横截面可以设计成矩形、三角形和片式，附墙架也灵活多变，生产成本较低，适用于垂直运输的空间狭小、输送量较小的场合，例如塔式起重机、港口机械、电视塔架以及烟囱、水塔等高耸建筑物的施工人员、司机、维修人员及小型物料的输送。双笼式即升降机导轨架双侧各有一个吊笼，这种

图 3-1　齿轮齿条式施工升降机

形式适用于运输量较大的场合，性价比高，建筑施工中一般均采用此机型。

（3）按驱动机构数量分为单传动、双传动和三传动三种。单传动的动力较小，适用于运输量较小的小机型，一般额定载重量 1000kg 以下。双传动的动力适中，适用的范围大，在国内以双传动且带对重的施工升降机居多，也有三传动带对重的形式；由于对重起到平衡吊笼质量的作用，使用时驱动机构克服吊笼自重所需的能耗较少，节能效果明显，在高速施工升降机中，为了在较少增加电机功率的同时大幅提高运行速度，通常使用带对重的形式；利用对重可以改善结构受力情况和增加吊笼的载重。三传动施工升降机通常是载重量 2000kg 左右且不带对重的形式，由于没有对重可以省去对重钢丝绳、天轮及对重轨道，导轨架越高降低的生产成本就越多，而且导轨架接高也非常方便。但该机型最大的缺点是能耗高，在提倡节能的当今，不具有推广的意义，目前在能源丰富的中东国家具有较大的市场。

（4）按额定提升速度分低速升降机、中速升降机和高速升降机三类。额定提升速度在 38m/min（含）以下称为低速升降机，该机的最大提升高度一般为150m。额定提升速度在 38～60m/min 称为中速升降机，该机的最大提升高度一般为 250m。额定提升速度大于 60m/min 称为高速升降机，该机的最大提升高度一般在 250m 以上，目前国内机型中额定提升速度最高可达 120m/min，最大提

图 3-2　倾斜式施工升降机

升高度可达 450m。

国内单导轨架式施工升降机的额定载重量最大的可达 3200kg，为了适应一些特殊场合，如立体停车场、超大体积设备垂直运输、大重量货物垂直运输等，有厂家开发了双导轨架式施工升降机，额定载重量可达 6～8t。四导轨架式升降机最大载重量可达 30t，用于超大体积设备和特重量货物垂直运输。

除以上类型外还有一种倾斜式的施工升降机（图 3-2），适用于外立面倾斜的建筑物施工，如上海徐浦大桥、江阴长江大桥、广东虎门大桥等著名大桥，以及杭州西湖文化广场主塔楼的施工中，均采用了该类型升降机。其主要特点是无对重，导架按施工需要而倾斜安装（导架轴线与铅垂线夹角≤10°），但吊笼地板始终与水平面平行。

2. 钢丝绳式施工升降机分类和特点

钢丝绳式施工升降机，吊笼由钢丝绳牵引的方式作升降运动，结构简单、使用方便，适用的建筑物高度一般在 60m 以下。早期的升降机多采用此形式，现在已逐渐减少，尤其在人货两用的机型上已较少采用。

（1）按驱动机构形式分曳引驱动式和卷扬机驱动式。

1）曳引式：

曳引机（图 3-3）主要是利用钢丝绳在曳引轮槽中的摩擦力驱动吊笼和对重上下运行的装置。它是由电动机、制动器、联轴器、减速器、曳引轮、机架等机件组成。

曳引机安装在架体旁侧，曳引钢丝绳通过曳引轮，一端穿过天梁上的两组导向滑轮，再垂直向下连接到吊笼顶上的多股曳引绳曳引力自动平衡装置上，另一端穿过天梁上的另两组导向滑轮连接对重装置。曳引机牵引，钢丝绳的两端必须受到拉力，一旦升

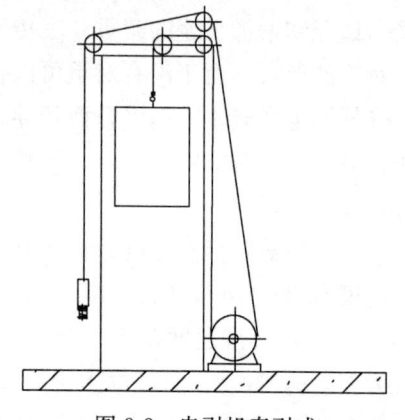

图 3-3　曳引机牵引式

降机的对重落地，即钢丝绳的受力很小接近于零时，钢丝绳在曳引轮上将会打滑，不能提升吊笼。由于龙门架和立柱式升降机存在只能采用附墙安装并需分次升节，且不易设置安全网等缺点，在使用中越来越少；此外，卷扬机作为牵引动力的方式其牵引钢丝绳只有一根，断绳、冲顶的情况时有发生，安全性不高，所以近年来曳引机式的井架货用升降机的利用率得到了大大的降低。

曳引驱动式优点是：

① 由多根钢丝绳独立并行曳引，因而同时发生钢丝绳断裂造成吊笼坠落的概率很小。

② 一旦对重落地，牵引力将很快减小，钢丝绳将在曳引轮上打滑，吊笼一般不可能发生冲顶。

③ 吊笼有部分重力可以由对重物平衡，故曳引机的电机容量可减小，节省电能。

曳引驱动式缺点是：必须要有对重物，升降机还应加装对重导轨，要用4～5根钢丝绳，相应成本较高，钢丝绳的磨损比卷扬机牵引式大，架设时比较麻烦。

2）卷扬式：

卷扬机（图3-4）是由机械动力驱动卷筒、卷绕钢丝绳来完成牵引工作的装置。可以垂直提升、水平或倾斜拽引重物。卷扬机分为手动卷扬机和电动卷扬机两种。货用施工升降机以电动卷扬机为主。电动卷扬机由电动机、联轴节、制动器、齿轮箱和卷筒组成，共同安装在机架上，如图3-5所示。将牵引主钢丝绳头用压板固定在卷扬机的卷筒侧面，钢丝绳盘绕在卷筒上，钢丝绳绳尾穿过导轨架天梁上的导向滑轮，再垂直穿过吊笼顶上的动滑轮回到天梁上的绳尾固定座，用3个或4个绳卡固定。卷扬机开动时，利用收、放钢丝绳使吊笼作上升或下降运动。

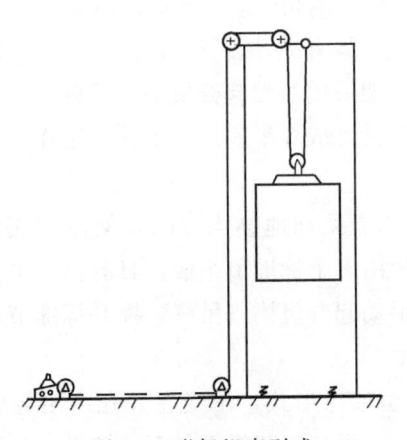

图3-4　卷扬机牵引式

图3-5　单导轨架式施工升降机

卷扬机驱动式机的优点是：结构简单，成本低廉，因而得到广泛的应用。

卷扬机驱动式缺点是：

① 在升降机上应用很难做到两根钢丝绳独立牵引，如果一根钢丝绳断裂，吊笼坠落事故将难以避免。

② 卷扬机驱动属于强制牵引提升，在电气上限位装置失效时会发生冲顶事故。

③ 钢丝绳在卷筒上多圈缠绕容易发生排列不整齐，各圈钢丝绳互相挤压而产生损伤，而大大降低其传动的可靠性。

（2）按导轨架的结构形式分单导轨架式或立柱式、双导轨架式或门式和井架式三种。

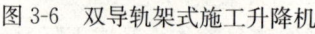
图 3-6　双导轨架式施工升降机　　　图 3-7　井架式施工升降机

1）单导轨架式（图 3-5）由型钢组成立柱型标准节架体式，吊笼在立柱外沿导轨作垂直运动。架体由多个标准节组成，具有提升装置，能随建筑物升高而随时加节。加节、拆架安全可靠，加节或拆架采用手动起升机构（吊杆）提升标准节，可大大减轻工人劳动强度；该结构可设计成双吊笼同时工作，工作效率可提高一倍。

2）双导轨架式（图 3-6）由两根立柱与天梁和地梁构成门式架体型式，吊笼在两立柱中间沿导轨作垂直运动。导轨架由多个标准节组成，具有自升平台及吊杆，能随建筑物升高而随时加节。采用手动起升机构（吊杆）提升标准节，加节、拆架安全可靠，大大减轻工人劳动强度。

3）井架式（图 3-7）由型钢组成井字型架体形式，吊笼在井孔内沿导轨作垂直运动。导轨架的标准节未制作成整体式，而是由四根立角钢、长横杆、短横杆、斜杆和连接板组成一个框架结构体，这一结构整机运输时可节省较大空间，降低运输成本，但会给搭设和拆卸作业带来不安全因素。

双轨架式或门式升降机，在实际使用时由于其整体吊架无围护，以及安装时是独立安装，难以确保安全，危险性较大，建议不宜提倡使用。

3. 混合式施工升降机分类及特点

混合式施工升降机，即一个吊笼由齿轮齿条驱动，另一个吊笼由钢丝绳牵引。这种升降机结构复杂、制造成本高、使用不方便，现已很少采用。故在此不作详细介绍。

二、施工升降机的型号说明

施工升降机型号编制由组、型、特性、主参数和变型更新等代号组成（图3-8）。

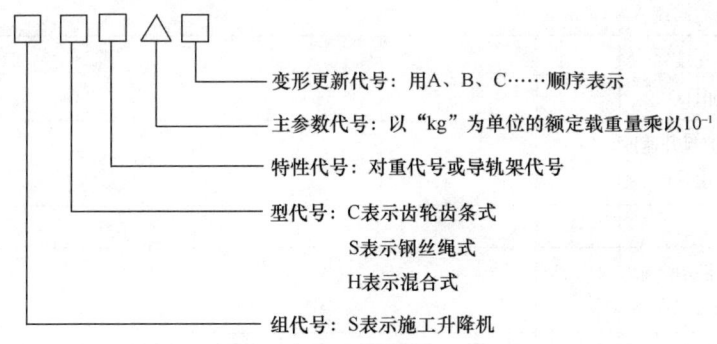

变形更新代号：用A、B、C……顺序表示

主参数代号：以"kg"为单位的额定载重量乘以10^{-1}

特性代号：对重代号或导轨架代号

型代号：C表示齿轮齿条式

S表示钢丝绳式

H表示混合式

组代号：S表示施工升降机

图3-8　施工升降机的型号说明

特性代号：表示施工升降机两个主要特性有符号。

（1）对重代号：有对重时标注 D，无对重时省略。

（2）导轨架代号：对于 SC 型施工升降机，三角形截面标注 T，矩形或片式截面省略；倾斜式或曲线式导轨架则不论何种截面均标注 Q。对于 SS 型施工升降机，导轨架为两柱时标注 E，单柱导轨架内包容吊笼时标注 B，不包容时省略。

标记示例一：SCD200/250 表示，齿轮齿条式施工升降机，双笼带有对重，一个吊笼的额定载重量为 2000kg，另一个吊笼的额定载重量 2500kg，导轨架横截面为矩形，不带对重。

标记示例二：SSBD320A 表示，钢丝绳式施工升降机，单柱导轨架横截面为矩形，导轨架内包容一个吊笼，额定载重量 3200kg，第一次变型更新。

三、部分施工升降机机型技术性能介绍

见表 3-1 和表 3-2。

普通施工升降机性能参数　　　　　　　　　　表 3-1

性能参数		单位	SCD200/200A	SCD200/200B	SC200/200A	SC200/200B
每只吊笼	额定载重量	kg/人	2000/24	2000/24	2000/19	2000/19
	安装/拆卸载重量	kg/人	800/4	1000/4		
吊杆额定载重量		kg		240		
吊笼内部尺寸（长×宽×高）		m	3.2×1.5×2.5	3×1.3×2.25	3.2×1.5×2.5	3×1.3×2.25
最大提升高度		m		150		
最大允许独立高度		m		6		
额定起升速度（380V、50Hz）		m/min	33	33	33	33
安装/拆卸/维护起升速度（380V、50Hz）		m/min	33	33	33	33
每只吊笼配电动机	数量	只		2		3
	额定功率（S3，25%）	kW		2×11		3×11
	制动力矩	N·m		2×120		3×120
每只吊笼	启动电流（380V、50Hz）	A		240		360
	能耗	kV·A		28		42
防坠安全器	型号		SAJ30-1.2A		SAJ40-1.2A	
	制动载荷	kN		30		40
	标定动作速度	m/s	0.95	0.95	0.95	0.95
标准节/基础节尺寸		mm		800×800×1508		
底笼重量（含底架）		kg	1708	1608	1708	1588
吊笼重量		kg	2×1600	2×1285	2×1440	2×1270
对重重量		kg	2×1550	2×1550		
驱动系统重量		kg	2×535	2×535	2×750	2×750

续表

性能参数	单位	SCD200/200A	SCD200/200B	SC200/200A	SC200/200B
天轮架重量	kg	470	470		
对重钢丝绳直径	mm	12	12		
公称抗拉强度	MPa	1770	1770		
工作状态下最大风速	m/s	12			
工作温度	℃	—20～50			

变频调速施工升降机性能参数　　　　　　表 3-2

性能参数		单位	SCD200/200C	SCD200/200D	SC200/200C 斜齿伞齿传动	SC200/200D 斜齿伞齿传动
每只吊笼	额定载重量	kg/人	2000/24	2000/24	2000/24	2000/24
	安装/拆卸载重量	kg/人	800/4	1000/4	1000/4	1000/4
吊杆额定载重量		kg	240			
吊笼内部尺寸（长×宽×高）		m	3.2×1.5×2.5	3.2×1.5×2.5	3.2×1.5×2.5	3.2×1.5×2.5
最大提升高度		m	150	250	150	250
最大允许独立高度		m	6			
额定起升速度（380V、50Hz）		m/min	0～33	0～60	0～33	0～42
安装/拆卸/维护起升速度（380V、50Hz）		m/min	0～33	0～30	0～33	0～33
每只吊笼配电动机	数量	只	2			
	额定功率（S3，40%）	kW	2×11	2×13	2×13	2×15
	制动力矩	N·m	2×120	2×180	2×180	2×180
变频器功率		kW	2×30	2×37	2×30	2×37
每只吊笼	启动电流（380V、50Hz）	A	0～50	0～65	0～70	0～120
	能耗	kV·A	33	42	44	
防坠安全器	型号		SAJ30-1.2A	SAJ40-1.2A	SAJ40-1.2A	
	制动载荷	kN	30		40	
	标定动作速度	m/s	0.95	0.95	1.4	

续表

性能参数	单位	SCD200/200C	SCD200/200D	SC200/200C 斜齿伞齿传动	SC200/200D 斜齿伞齿传动
标准节/基础节尺寸	mm	800×800×1508			
底笼重量（含底架）	kg	1708	1708	1708	1708
吊笼重量	kg	2×1600	2×1660	2×1440	2×1440
对重重量	kg	2×1550	2×1800	—	—
驱动系统重量	kg	2×535	2×535	2×535	2×535
天轮架重量	kg	470	470		
对重钢丝绳直径	mm	12	13		
公称抗拉强度	MPa	1770	1670		
工作状态下最大风速	m/s	12			
工作温度	℃	−20～50			

从以上表中可以发现：

1）有对重和无对重相比，在相同的额定载重量和提升速度下，有对重施工升降机所需的电机功率更小，即对重可以起到节能作用。但是日常使用中对重安装和维护有较高的要求，未达到要求容易产生安全事故，故目前国内带对重和不带对重都占有一定比例。

2）变频调速启动电流小于额定电流（从零开始增加）减轻供电压降，启制动平稳无冲击，提升速度从零开始增加，升降速度可根据需要控制，是目前比较好的一种机型，但成本相对较高。

3）斜齿伞齿传动减速器与蜗轮蜗杆减速器比，相同的额定载重量和提升速度下斜齿伞齿传动减速器所需的电机功率较小，即斜齿伞齿传动减速器传动效率较高。

第二节　齿轮齿条式施工升降机综合介绍

施工升降机由钢结构、驱动机构、电气控制系统及电缆导向装置等组成。本节主要对齿轮齿条式进行介绍。

一、齿轮齿条式施工升降机的主要结构

1. 整机结构

图 3-9 为带对重齿轮齿条式施工升降机，图 3-10 为不带对重齿轮齿条式施工升降机。

2. 主要钢结构

齿轮齿条式施工升降机钢结构主要由吊笼、围栏（或底笼）、导轨架和附墙架等组成。

（1）吊笼：吊笼（图 3-11）是用型钢、钢丝编织网及钢板等焊接而成的全封闭式结构，上下底面均为花纹钢板，顶部设有出口门，供人员上下出入使用。吊笼进料门及出料门均为抽拉门，吊笼门上装有电气联锁装置，当笼门开启时吊笼将停止工作，只有吊笼在地面站时门才能打开，确保吊笼内人员的安全。在吊笼一侧装有司机室，供司机操作时用。全部操作开关均设在司机室内。在吊笼上有 12 或 14 个导向滚轮沿导轨架运行。吊笼上设有安全钩以防止吊笼脱离导轨架。

在安装时，由安全栏杆围住的吊笼顶部可作为工作平台，吊笼顶上有一天窗，此天窗为紧急出口，装有电气联锁装置。天窗盖上有三角锁，从吊笼内部只有使用三角钥匙才可打开天窗，吊笼外部（即吊笼笼顶处）可自由打开天窗盖。打开天窗时，吊笼停止工作，只有天窗锁上时，吊笼才可工作。紧急出口通过配备的专用梯子，可方便地攀登到吊笼顶上进行安装和维修。

（2）围栏：也称为底笼，底笼由安装标准节的底架和防护围栏组成。底笼门设有机电联锁装置，只有当吊笼在地面站时，底笼门才能打开，如果底笼门未关，吊笼将不能启动。底架上装有缓冲弹簧，在吊笼下滑超过下极限限位时，可起缓冲作用。

（3）导轨架：导轨架（图 3-12）由标准节拼接而成，是升降机的运行轨道，由长度为 1508mm 的标准节通过 M24 高强度螺栓连接组成，螺栓拧紧力不小于 700N·M。标准节由 20 号无缝钢管、角钢、钢管等焊接而成，其上装有齿条，通过 3 个内六角螺钉紧固，齿条可拆换。标准节四根主弦杆下端焊有锥套，齿条下端设有定位销，以便标准节安装时准确定位。标准节截面尺寸为 650mm×650mm 或 800mm×800mm 的正方形截面，导轨架通过附着架与建筑物连接。另外导轨架的顶部和底部装有限位装置。它们与吊笼上的限位开关相碰时，会使吊笼自动停车，一旦常用的上、下限位开关发生故障，三相极限开关就会切断总电

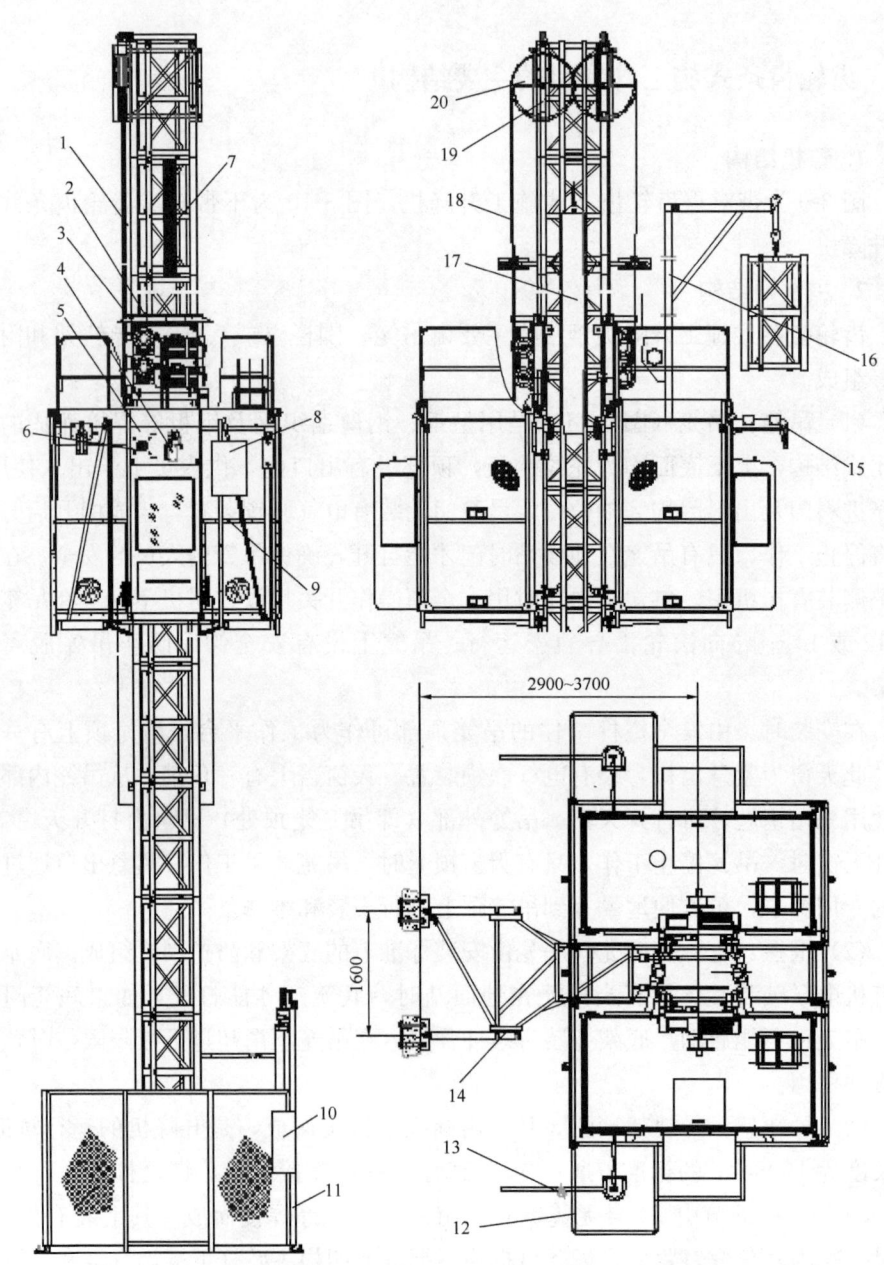

图 3-9　齿轮齿条式施工升降机外形结构（带对重）

1—导轨架；2—驱动体；3—驱动单元（两传动）；4—电气系统；5—安全器座板；6—防坠安全器；

7—限位装置；8—上电气箱；9—吊笼；10—下电气箱；11—底架护栏；12—电缆护栏；

13—电缆防护环；14—附着装置；15—电缆导架；16—安装吊杆；17—对重；18—钢丝绳；

19—天轮装置；20—滑轮

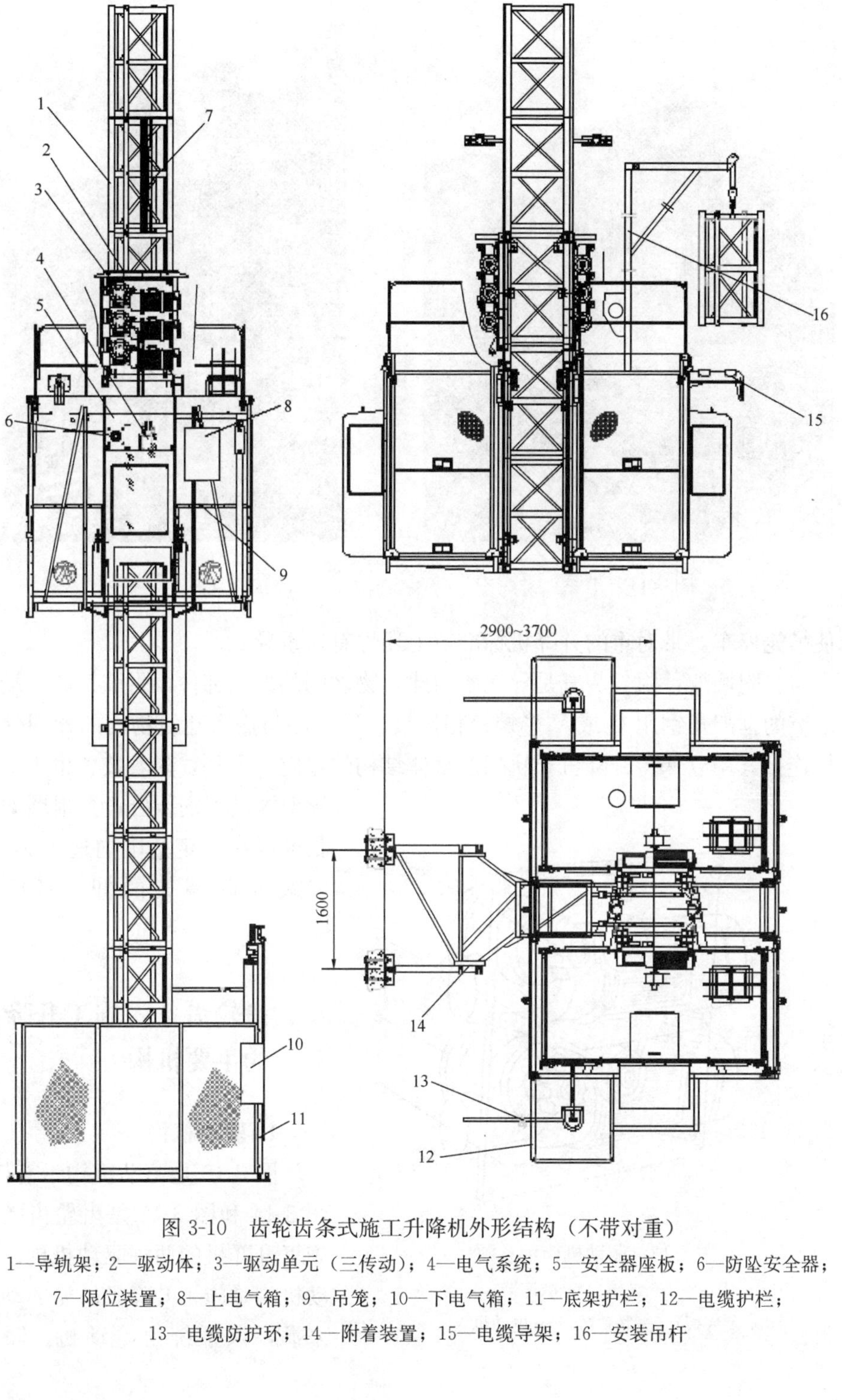

图 3-10 齿轮齿条式施工升降机外形结构（不带对重）

1—导轨架；2—驱动体；3—驱动单元（三传动）；4—电气系统；5—安全器座板；6—防坠安全器；
7—限位装置；8—上电气箱；9—吊笼；10—下电气箱；11—底架护栏；12—电缆护栏；
13—电缆防护环；14—附着装置；15—电缆导架；16—安装吊杆

图 3-11　吊笼

图 3-12　导轨架

源使吊笼停车。带对重的升降机标准节上还焊有对重导轨。

（4）附墙架：附着装置是导轨架与建筑物之间的连接部件，附墙架的一端与标准节的框架角钢用 U 或 V 形螺栓相连接，另一端与嵌入建筑物内的预埋件用螺栓连接，用以保持升降机导轨架及整体结构的稳定。另外，附着装置也为电缆导架提供了安装位置。附墙架其长度可在一定范围内适当调节；安装时附墙架的仰、俯角度 ≤8°。

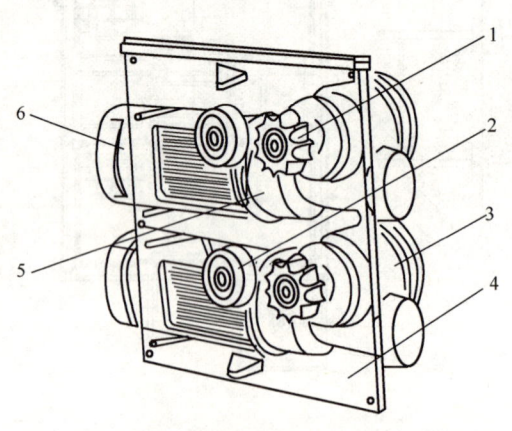

图 3-13　驱动机构示意图

1—小齿轮；2—导轮；3—减速器；4—安装底板；5—联轴器；6—电动机

二、齿轮齿条式施工升降机的主要机构

1. 驱动机构

图 3-13 是驱动机构示意图，图 3-14 和图 3-15 是齿轮齿条式施工升降机的两种驱动机构。驱动机构是施工升降机吊笼的动力来源，该系统由电动机、联轴

器、减速器、小齿轮和安装支架等组成。驱动机构安装在吊笼顶部或吊笼内，通过齿轮与导轨架上的齿条相啮合，使吊笼上、下运行。为达到高速、平稳，采用变频调速、液压泵和液压马达等先进技术，升降速度可从 0～100m/min，并实现无级变速，达到了平稳启动和制动的要求。

图 3-14　蜗轮减速器驱动机构　　　　　图 3-15　斜齿伞齿减速器驱动机构

上述两种驱动机构主要区别是减速器，蜗轮蜗杆减速器具有结构紧凑，传动比大，运转平稳、噪声低、使用寿命长的优点，用在施工升降机上有 40 多年的历史。蜗轮蜗杆减速器，根据齿形的不同又可分为圆弧圆柱减速器、平面包络环面蜗杆减速器，其中平面包络环面蜗杆减速器承载能力大、传动效率高，是一种比较理想的减速器。

斜齿伞齿传动的齿轮减速器，采用高精度齿面斜齿轮与螺旋弧齿的完美结合，具有更高的传动效率；在同等载荷的情况下，比普通的 SC 系列蜗轮减速器平均节电 25％以上，有效达到节能减排降耗的目的。这种减速器最近几年才研发成功，目前得到广泛应用。

电动机绝大部分采用起重用电磁制动三相异步电动机，它由电动机和电磁制动器组成一体，型号为 YZEJ 型。该制动器是一种常闭式制动器（图 3-16），当电磁铁线圈不通电时，制动器施加制动力矩，制动弹簧通过可轴向移动的衔铁将制动盘压向固定制动盘上，当电磁铁通电时制动器松闸。随着制动盘的石棉材料被磨损，衔铁和电磁铁框架向制动盘靠近进行自动调节，电磁铁与衔铁之间的距离保持恒定，使用中无须调整。制动盘为易损件，当制动盘表面的石棉材料的磨损到厚度接近 0.5mm 时，必须予以更换。该电动机与锥形转子电机、傍磁式电动机或交流抱闸式电动机相比具有起制动平缓的优点，因而对设备的冲击力小。

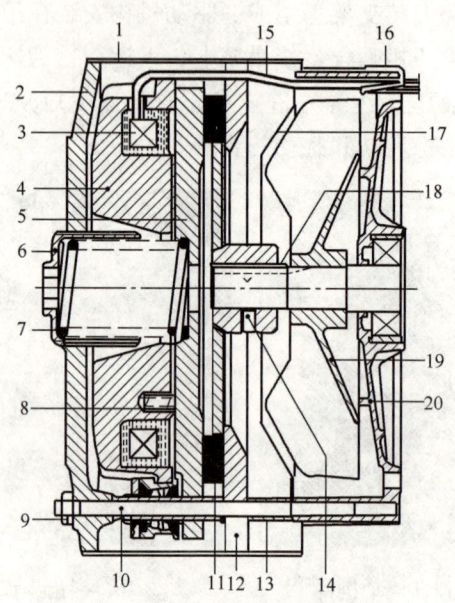

图 3-16　电机的电磁制动器

1—防护罩；2—端盖；3—电磁铁线圈；4—电磁铁；5—衔铁；6—调整套；

7—制动器弹簧；8—压缩弹簧；9— 螺母；10— 螺栓；11— 制动盘；

12— 固定制动盘；13—垫圈；14—紧定螺钉15—线圈电缆；

16—电缆夹子；17—风扇罩；18—键；19— 风扇；20—端罩

2. 吊杆卷扬机

吊杆卷扬机（图 3-17）是一种全封闭的微型卷扬机，电机采用盘式制动电机，轴向尺寸极小，制动盘制动力大，断电时无须担心重物下落；机械传动装置

图 3-17　吊杆卷扬机

采用谐波齿轮传动，具有体积小、重量轻、承载能力大、传动平稳的特点。

三、齿轮齿条式施工升降机的主要安全装置

1. SC 型渐进式防坠安全器

安全器是重要的安全装置，它的作用是限制吊笼的超速运行，防止坠落事故发生，保障司乘人员的生命安全。目前国产的施工升降机上大多使用仿制 ALI-MAK 公司的第二代产品——锥鼓形摩擦式防坠安全器。其作用过程是当吊笼以额定速度运行时，防坠安全器的轴端小齿轮在导轨架的齿条上处于随动状态；当吊笼由于某种原因而超速运行时，装在齿轮轴上的离心块，在离心力的作用下，克服弹簧力而向外甩出与外锥体内侧的凸齿相啮合，带动摩擦锥体转动，在蝶簧组的作用下，逐渐增大内、外锥体之间的摩擦阻力，直至使吊笼停止运行。制动时吊笼的滑移行程为 0.25～1.2m，所以制动平稳，没有明显的冲击力，延长吊笼、钢结构等的寿命。安全器的激发速度在出厂时都已调整正确并打好铅封，用户不得擅自打开安全器，否则容易发生安全事故。在安全器铭牌上标有使用期限，当达到使用期限后应送交厂家或检验机构进行重新校验标定。目前国内安全器寿命规定为 5 年。

施工升降机每只吊笼都安装有一件防坠安全器，安全器安装在吊笼内的安装板上。安全器座板上还装有上、下限位开关和三相极限开关。当吊笼的驱动装置失效而坠落时，限制吊笼的运行速度并使其停止坠落。工作原理，见图 3-18。

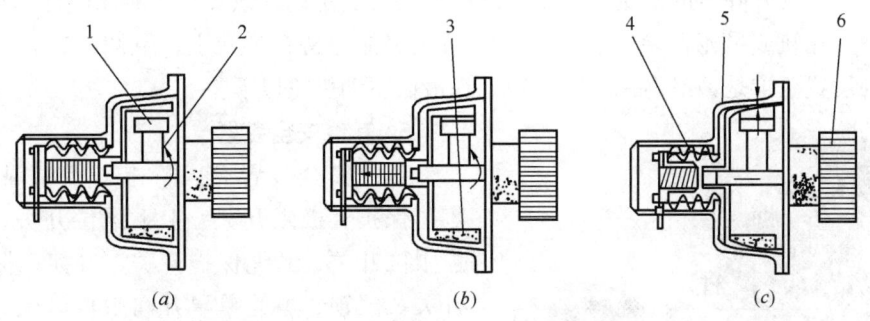

图 3-18　防坠安全器工作原理

(a) 吊笼正常工作时安全器不动作；(b) 吊笼超速下滑时安全器动作；

(c) 制动锥鼓随着螺杆旋进与外壳逐渐压紧外壳直到制动

1—离心块；2—弹簧；3—制动锥鼓；4—碟形弹簧；5—外壳；6—齿轮

2. 对重防脱轨装置

对于有对重的施工升降机，对重防脱轨装置是一种非常重要的安全装置。它起到保证对重不脱离轨道，在确定的通道内运行的作用。

3. 超载检测装置

超载检测装置也称起重量限制器，《吊笼有垂直导向的人货两用施工升降机》GB 26557—2011 规定了施工升降机应配备超载检测装置，同时规定"如果动力中断，超载检测装置的所有数据和检测刻度应能保留"。该装置目前的最常见形式是将销轴传感器安装在驱动机构和吊笼连接处，传感器检测到信号经过仪表处理，达到控制吊笼的载重量的目的，见图 3-19。

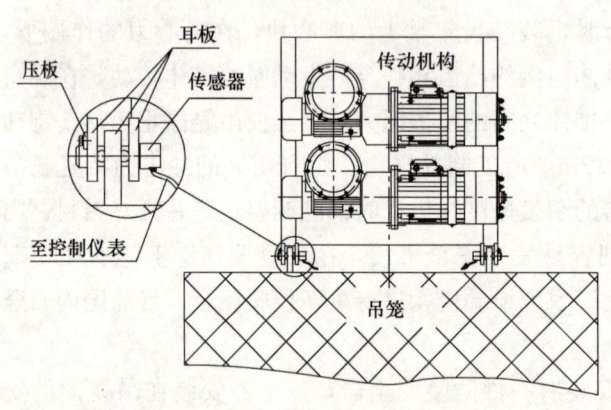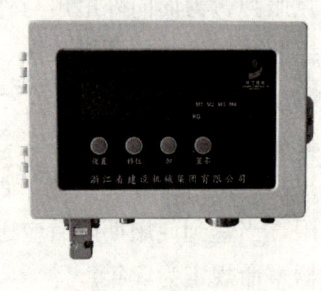

图 3-19　超载检测装置

4. 安全钩

在施工升降机的吊笼和传动架部位均装有安全钩，该安全钩能保证传动小齿轮驶出导轨或吊笼在导向装置失效时吊笼仍能保持在导轨上，见图 3-20。安全钩的设置要求是，最高一对安全钩处在最低驱动齿轮以下。

图 3-20　安全钩

5. 其他安全装置

其他安全装置有：断相与相序保护、零位保护、极限开关、上下限位开关、天窗限位开关、断绳保护开关、底笼门限位开关及门锁、吊笼单双开门限位开关、急停开关、缓冲器等。

断相与相序保护（图 2-69）：安装在电源箱内，能对三相电路中的与原认定相序错相接线，任一相供电线路缺相，或三相

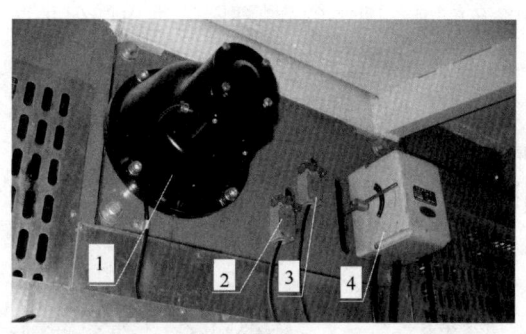

图 3-21　防坠器、上下限位开关和极限开关

1—防坠器；2—上限位开关；3—下限位开关；4—极限开关

电压不对称度≥13％时，该装置动作。

极限开关（图 3-21）：安装在吊笼内是双向越程保护装置。如果吊笼运行超出限位开关和越程后仍不停车，极限开关将切断总电源迫使吊笼停车，动作后只能手动复位才能使吊笼重新启动。

上、下限位开关（图 3-21）：安装在吊笼内，在正常运行状态下，吊笼触发极限开关之前触发的越程保护装置，能自动切断控制回路，并具有反向运行自动复位功能。即吊笼运行到允许到达的导轨架最高处时，上限位开关动作，此时吊笼只允许向下运行；在吊笼向下运行后，上限位开关自动复位。下限位开关作用与此相反。

天窗限位开关（图 3-22）：升降机吊笼正常运行时应将天窗关闭，否则此开关发生作用，切断控制回路使升降机停车。

断绳保护开关（图 3-23）：当对重钢丝绳断开或松弛时，该开关触发后切断控制回路使升降机停车。

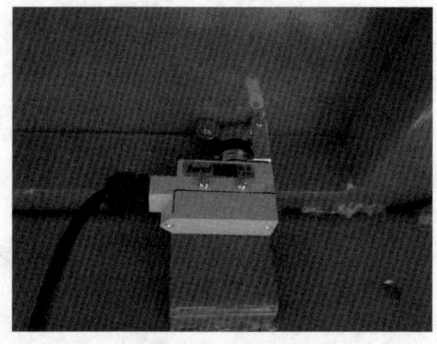

图 3-22　天窗限位开关

图 3-23　断绳保护开关

底笼门限位开关及门锁（图 3-24）：是底笼进出门保护装置，当这些门不关闭时升降机不能启动，运行时若门打开则自动停机。底笼门锁与吊笼是一套机械联锁装置，只有吊笼底板与底笼门槛等高时，底笼门才能打开，也只有在这一位置才能开启吊笼的单开门。

吊笼单双开门限位开关（图 3-25）：吊笼的进出门保护装置，当这些门不关闭时升降机不能启动，运行时若门打开则自动停机。

图 3-24　底笼门限位开关及门锁　　　　　图 3-25　吊笼单双开门限位开关

急停开关（图 3-26）：在吊笼和便携式控制盒中均设有自锁式急停开关，按下后能切断控制电路停止吊笼运行，且只有解除自锁后才能恢复供电，故具有双重保护功能。

缓冲器（图 3-27）：施工升降机上的缓冲器（图中黑色橡胶物体）是吊笼的最后一道安全防线，能承受升降机吊笼加额定载荷的非正常冲击力，起到缓冲的作用，每件弹簧的弹力可达 60～80kN。升降机正常使用时，该缓冲器不接触吊

图 3-26　操作台上的急停开关（红色）　　　图 3-27　施工升降机缓冲器

笼底部，而当吊笼下滑超过下极限开关时缓冲器马上起作用，迅速缓解吊笼下滑的冲击力。

6. 智能预警系统

施工升降机安全监控系统（图 3-28）由植入式硬件设备和专业设计分析管理软件共同组成。通过采用传感、智能识别、无线射频、嵌入式微控制、无线通信等先进科技手段实现对司机的智能管理，设备运行状况的实时检测、预警，多方主体参与设备远程监管，从而有效控制、减少施工安全事故的发生，切实保障了施工人员的人身安全，为施工企业带来安全效益。

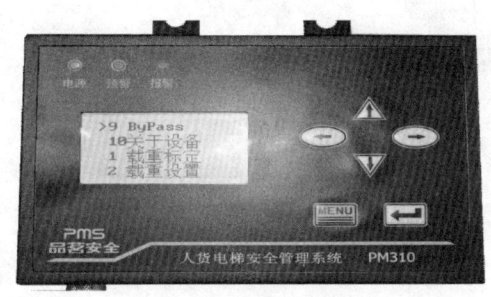

图 3-28 施工升降机安全监控系统

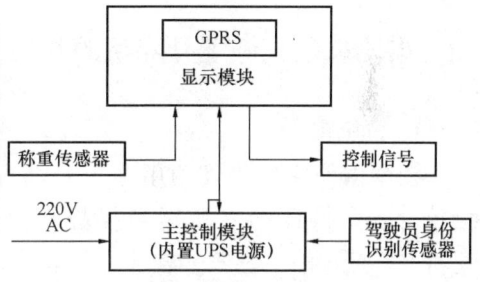

图 3-29 智能预警系统的架构系统配置

（1）系统架构

见图 3-29。

（2）系统配置

见表 3-3。

表 3-3

显示器	实时显示施工升降机作业状态
黑匣子主机	危险作业状态预警及截断控制
司机身份识别设备	视频、指纹或 RFID 设备，用于识别司机的身份信息
GPRS 无线传输	工作状态数据信息无线传输

（3）系统显示器

功能：显示施工升降机当前的起重量、起重百分比、当前时间以及远程监控的状态。

（4）系统主控制器

功能：采集司机的信息、驾驶手柄的操作信号，并做相应的截断控制图

图 3-30　系统主控制器

3-30。

（5）系统身份识别仪

身份识别仪按照识别对象可分为人脸识别和指纹识别。两种采集方式均根据人独特的生理特征应用生物识别技术对人的特征进行识别，确保升降机实际司机与证件一致，也在一定程度上大幅减少了非司机本人操作升降机的可能。

四、齿轮齿条式施工升降机的其他主要零部件

1. 司机室

在国内使用的人货两用施工升降机吊笼上大多带有司机室，司机室内有操控台，由持证的专职司机操控。而在国外以不带司机室居多，没有专职司机。

2. 天轮

有对重施工升降机必须配置天轮，对重钢丝绳一端挂住对重，另一端穿过天轮上的滑轮与吊笼相连，起到平衡吊笼自重的作用。目前较常见的天轮结构有两种，图 3-31 为分体式天轮结构（也称自顶升式），这种结构的优点是加装标准节比较方便，无须拆除天轮和钢丝绳，但结构较复杂，成本相对要高；图 3-32 为整体式天轮结构，优点是结构简单紧凑，成本较低，但在加装标准节时需拆除天轮和钢丝绳。

图 3-31　分体式（自顶升）天轮

图 3-32　整体式天轮

3. 吊杆

吊杆（图 3-33）是实现升降机自助接高和自助拆卸不可缺少的部件，当升降机的基础部分安装就位后，就可以用安装吊杆将吊笼顶的标准节吊到已安装好的导轨架顶部进行接高作业，反之，当进行拆卸作业时，安装吊杆可以将导轨架标准节由上至下顺序拆下。使用时，装配在吊笼顶上的吊杆插孔座中。吊笼顶上的吊杆插孔座，装有吊杆行程开关，当吊杆脱离插孔座一定距离时，吊笼停止动作。

吊杆是装在右吊笼笼顶，用于起吊标准节等重物的设备。吊

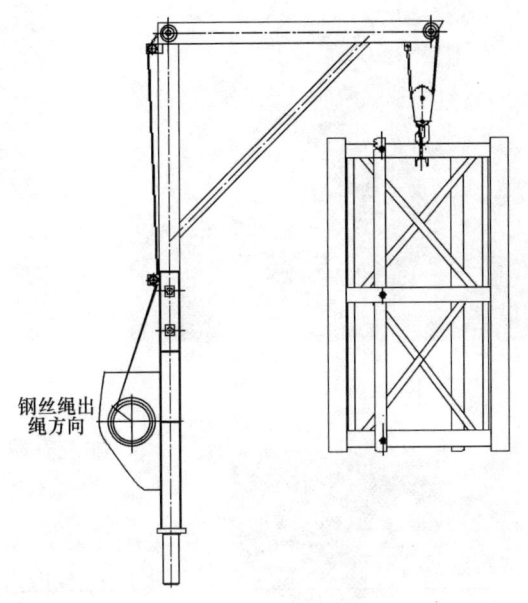

钢丝绳出绳方向

图 3-33 吊杆

杆的控制面板上有"上"和"下"两个控制按钮，用来控制吊杆的动作。

吊杆在施工升降机加高完毕后，应卸下妥善保管，有利于吊笼载重，但吊杆插孔座必须安装吊杆待用插杆，否则吊笼停止运行。

五、齿轮齿条式施工升降机电控系统

施工升降机电控系统由操作台、电控箱、电动机及相应电缆组成。在塔机电控系统，对一部分施工升降机上通用的电气元器件等已经作介绍，这里主要针对施工升降机特有或有区别于塔机的部分作介绍说明。

1. 操作台

施工升降机操作台可分为自动复位式、非自动复位式和自动平层式，通过人工操作，实现人工停层和自动平层。自动复位式操作台如图 3-34 所示，非自动复位式操作台如图 3-35 所示，自动平层式操作台如图 3-36 所示。

2. 楼层呼叫器

楼层呼叫器是为了方便司机知道哪个楼层召唤需要吊笼停站的一种装置。楼层呼叫器一般采用无线方式，可分为呼叫按钮模块和呼叫提示模块。楼层呼叫器如图 3-37 所示。

图 3-34　自动复位式操作台

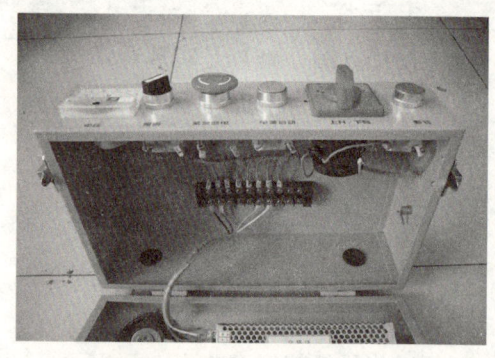

图 3-35　非自动复位式操作台

图 3-36　自动平层操作台

3. 施工升降机专用滑线

施工升降机专用滑线代替了传统的施工升降机电缆，避免了电缆易被偷盗和易拉断等问题，特别适用于高层和超高层的施工升降机和有较大风力的海边和江边施工。施工升降机专用滑线如图 3-38 所示。

4. SCD200/200P 施工升降机电路分析

施工升降机作为垂直运输的工具，只有一个运行机构，保证其上、下运动，控制线路也比较得简单，控制逻辑清晰，下面介绍通过变频器，实现多段速度的中、高速施工升降机的电气线路图。

施工升降机的电控系统由以下四部分组成。

（1）底笼电控箱

底笼电控箱安装在底笼小门上，它是施工升降机的进线电源柜，一个吊笼对应一只底笼电控箱。底笼电控箱里安装有进线断路器（QM1），控制回路空气开

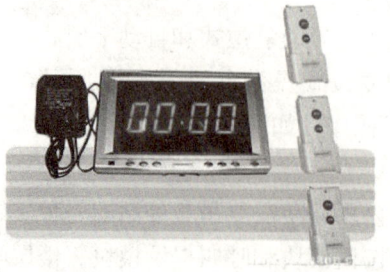

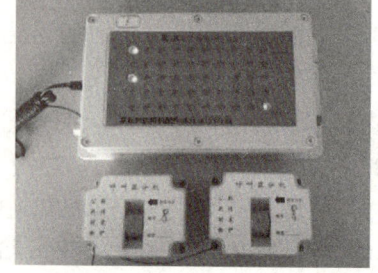

图 3-37　楼层呼叫器

关（QF1），相序、欠、过电压保护器（DBX）、接触器及底笼门（SK1）、层门保护开关接点见图 3-39。

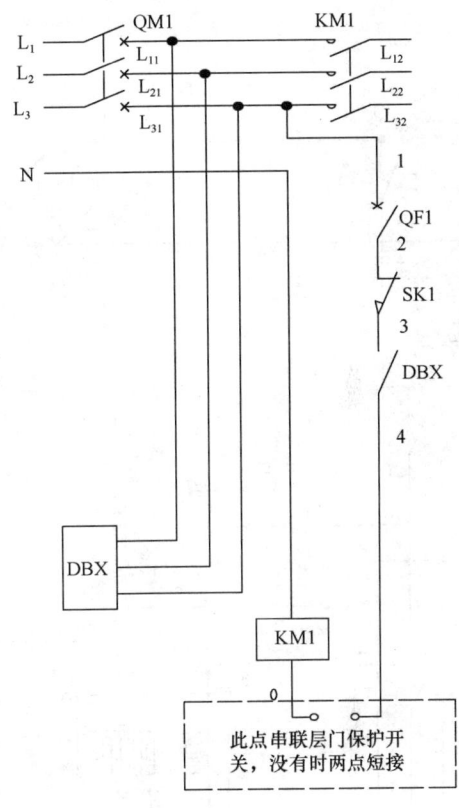

图 3-38　施工升降机专用滑线

图 3-39　底笼电控箱

当 QM1、QF1 断路器合上，相序、欠、过电压保护器，底笼门保护开关，各层门开关正常时，KM1 得电吸合，KM1 主触点闭合给吊笼供电。

（2）吊笼电控箱

吊笼主电路见图 3-40，控制回路见图 3-41，超载保护见图 3-42。

电源电缆经过极限开关 SK2 后进入吊笼电控箱对吊笼供电。QM2 为吊笼总的断路器，有短路保护和过载保护作用。吊笼电控箱控制回路电源取至变压器，通过变压器，由 380V 线电压得到 220V 的控制电压。提升电机 M1、M2 不同转速通过变频器来得到，电机刹车经由整流桥路后得到 200V 直流电压，刹车回路设置有空气开关 QF3、熔断器 FU1 作为线路保护装置，又有 D1、R1 组成的制动线圈放电回路保护刹车线圈。当吊笼下降时，电机倒拖产生的直流经过制动单

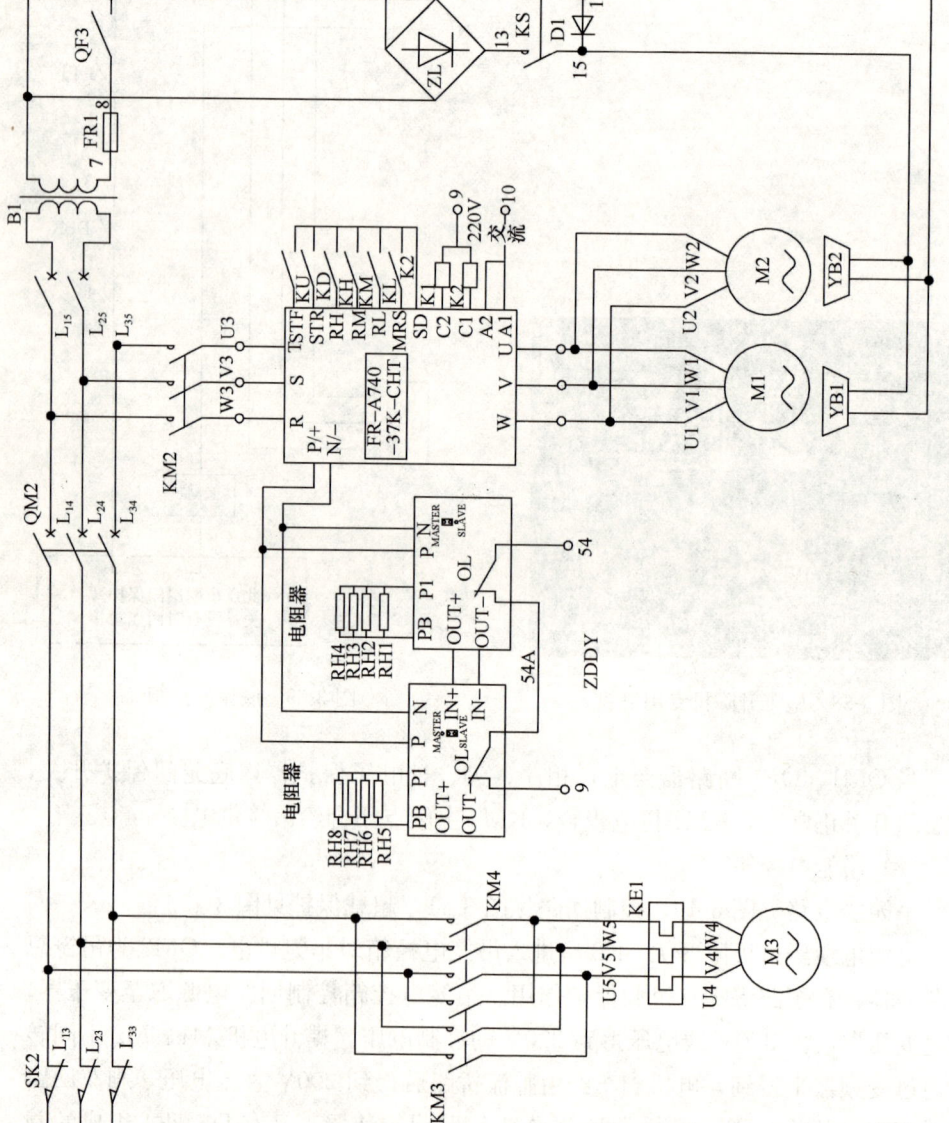

图 3-40 主电路图

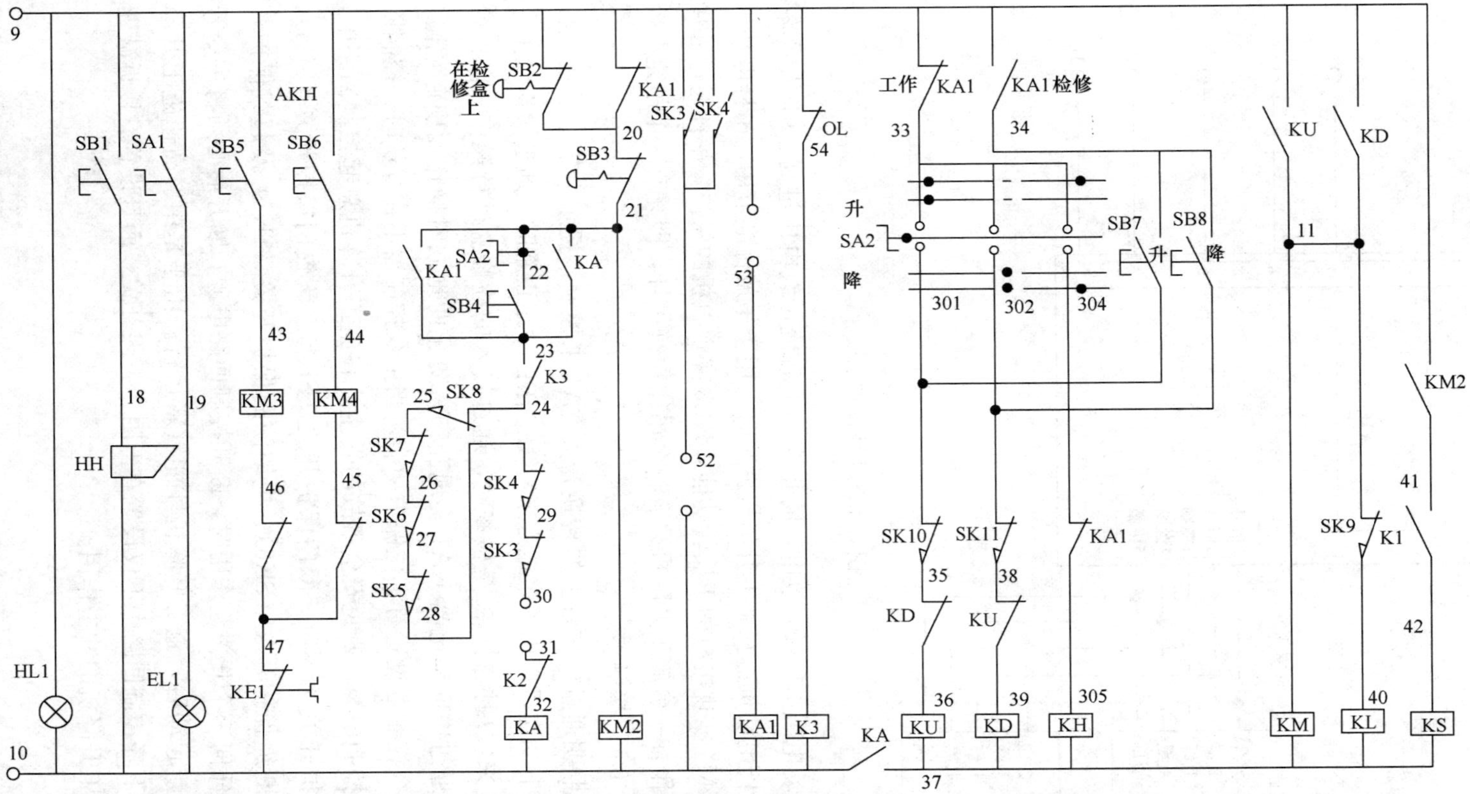

图 3-41　控制回路图

注：SK3—单门；SK4—双门；SK5—天窗；SK6—断绳保护；SK7—电缆防断；SK8—防坠限速；SK9—接近减速；SK10—上限；SK11—下限；
OL—电阻过热；30、31、52号线接超载保护装置。
KA1检修；K1—变频器频率检测；K2—变频器频率故障；

93

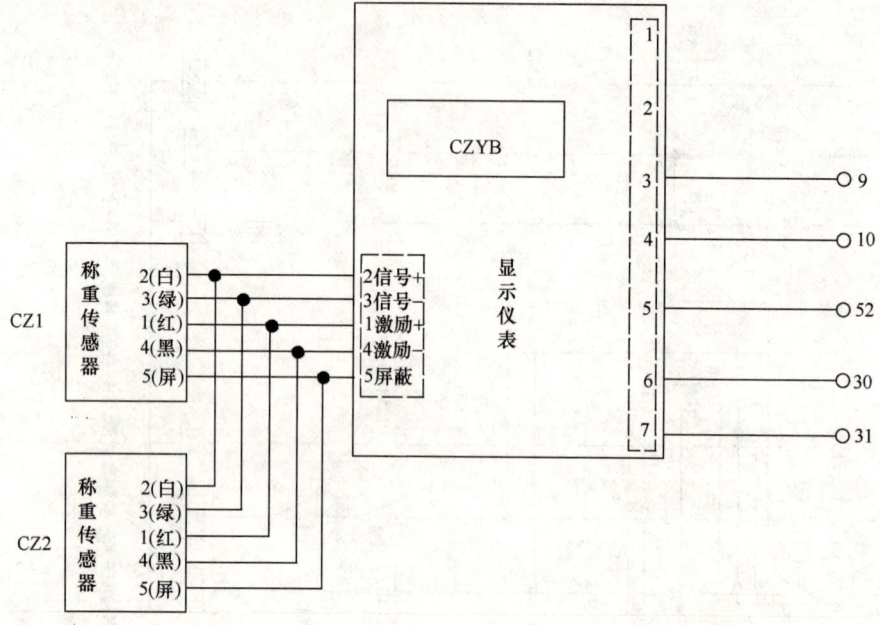

图 3-42　超载保护

元 ZDDY，制动电阻 R1～R8 放电，防止变频器直流母线电压过高。M3 锥形制动电动机为吊杆电动机，在施工升降机拆装时，用于吊放标准节用，吊杆电动机通过 KM3、KM4 实现电机的正反转功能，KE3 实现电机的保护。吊杆通过外接操作盒进行操作，一台施工升降机只有一个吊笼配有吊杆，即只有一个吊笼电控箱内有 KM3、KM4 接触器。

　　吊笼里的照明通过操作台上的转换开关 SA1 来控制，提示电笛通过按钮控制。吊笼的上下动作可以由两个地方来实现操作：一是正常时，通过操作台主令控制开关 SA2 来实现控制；二是检修时，通过接入的检修盒进行操作。操作台和检修盒之间通过中间继电器 KA1 实现互锁，防止两地同时操作而引起危险。操作台上的主令控制器设置有零位保护功能，当主令控制器不在零位时，控制回路的起动获得控制电源，避免安全事故的发生。在施工升降机总起控制回路中，串联有单门保护开关（SK3）、双门保护开关（SK4）、天窗门保护开关（SK5）、对重钢丝绳防断绳保护开关（SK6）、电缆防断保护开关（SK7）及超载保护开关，当其中的任何一个开关起作用时，断开控制回路电源，断开后必须将主令开关拨回零位重新起动后，施工升降机才能重新运行。由于是中、高速施工升降机，在上升、下降控制回路中不仅设置有上限、下限开关，而且设置有接近减速开关，减少施工升降机的冲击作用。

第三节　钢丝绳式施工升降机综合介绍

一、钢丝绳式施工升降机的主要结构

1. 整机结构

如图 3-43～图 3-45 所示，分别为单导轨架式、井架式和单导轨架式施工升降机外形结构。

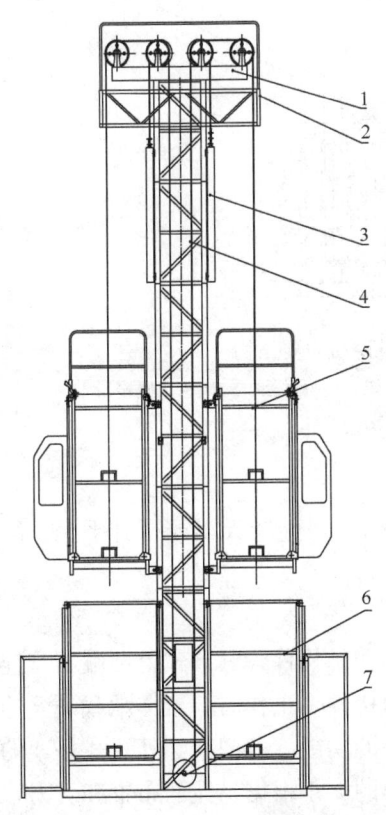

图 3-43　单导轨架式施工升降机主要结构

1—天梁；2—安装架；3—对重；4—导轨架；5—吊笼；6—围栏（底笼）；7—曳引机

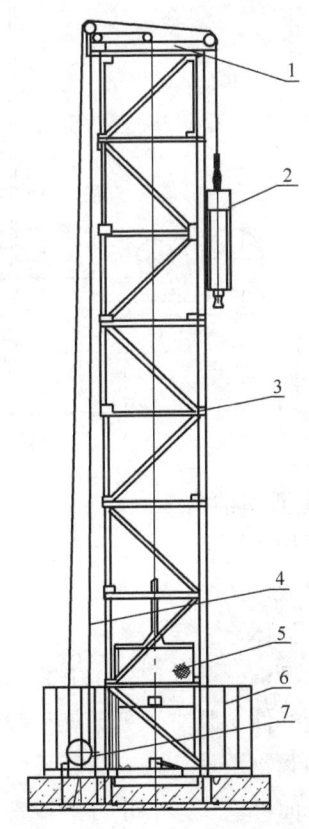

图 3-44　井架式施工升降机主要结构

1—天梁；2—对重；3—导轨架；4—钢丝绳；5—吊笼；6—围栏（底笼）；7—曳引机

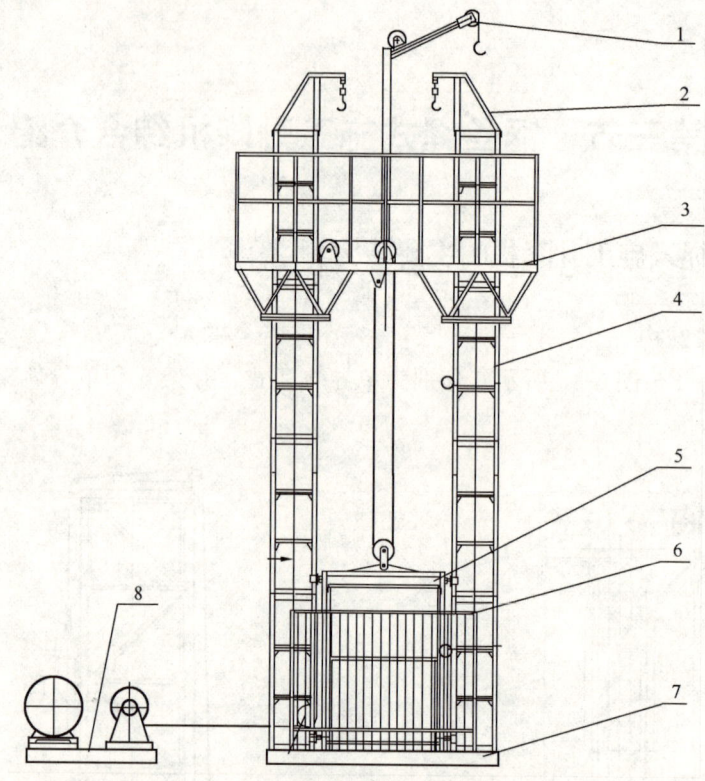

图 3-45　单导轨架式施工升降机主要结构

1—吊杆；2—提升架；3—滑升平台；4—导轨架；5—吊笼；6—围栏（底笼）；
7—底架机；8—卷扬机

2. 主要钢结构

钢结构主要由架体、导轨、围栏（或底笼）、吊笼、天梁或自升平台、附墙装置等组成。

（1）架体

架体是钢丝绳式用施工升降机上最重要的钢结构件，其形式上两端制有连接孔的角钢杆件，是支承天梁架荷载的空间受力构件。工作时，架体承载吊笼的垂直荷载和载物重量，兼有运行导向和整体稳定的功能。龙门架和外置式井架的立柱，其截面可呈矩形、正方形或三角形，截面的大小根据吊笼的布置和受力，经设计计算确定。常采用角钢或其他型钢，制作成具有互换性的可拼装杆件，在施工现场再以螺栓或销轴连接成一体，也常焊接成格构式标准节，标准节之间用螺栓或销轴连接。

采用标准节连接方式的架体，其断面小、用钢量少、安装方便，安装质量容易得到保证，但加工难度和运输成本略高，适合大批量生产。使用角钢拼装连接方式的架体，其安装较为复杂，安装的质量控制难度也较高，但加工难度和运输成本较低，适合单机或小批量生产，适用于内置吊笼的机型。

井架式施工升降机导轨架的标准节未制作成整体式，而是由四根立角钢、长横杆、短横杆、斜杆和连接板用螺栓组成一个框架结构体，内侧有四根吊笼导轨（一般为 $\phi48$ 的钢管），标准节之间通过连接板用高强度螺栓相连；由于它们都是杆件，所以运输、存放方便，架设时无须大型的起重机械。除井架式施工升降机外的导轨架均由多节整体式标准节组成，标准节之间用高强度螺栓直接相连。导轨架是吊笼和对重上下运行的轨道。

架体的底部设有底架（地梁），用于架体（立柱）与基础的连接。一般由槽钢、型钢焊接或通过螺栓固定连成框架结构，并与基础通过预埋螺栓连接成一体。

（2）围栏

围栏安装在地面上，将升降机的导轨架和吊笼、对重均包围在内，防止无关人员进入。围栏门与吊笼设有机电联锁装置，只有当吊笼在地面站时，围栏门才能打开，如果围栏门未完全关闭，吊笼将不能启动。

（3）导轨架

导轨架由型钢焊成或由几种长度标准的型钢通过螺栓连接而成的若干标准单元组成，承受吊笼和货物传递的力，并用作支撑和固定导轨的金属构架。适用于龙门架机型。

（4）导轨

导轨为吊笼和对重运行提供导向的部件。导轨按滑道的数量和位置，可分为单滑道、双滑道及四角滑道。一般均与架体制在一起。

（5）吊笼

笼是升降机的核心部件，为钢结构体，由横梁、立柱、顶板（钢板网）、底板、两侧挡板（钢板网）、滚轮导靴和进出料安全门等组成。常见以型钢和钢板焊接成框架，用作盛放运输物件，沿导轨作升降运行的笼状结构件。钢丝绳式人货两用施工升降机与齿轮齿条式一样，前后分别安装单、双开吊笼门，单、双开门均设有机电联锁装置，吊笼顶部开有天窗，顶上安装有防护栏杆。同

图 3-46 司机室内的自救拉环

时钢丝绳式人货两用施工升降机的吊笼内设有应急自救拉环（图 3-46），在电气控制无法使吊笼停止下降时，司乘人员可拉下拉环制动吊笼实施自救，是司乘人员生命安全的一道防线。

（6）天梁或自升平台

天梁安装在导轨架的顶部，一般由槽钢或工字钢焊接而成，对强度和刚性要求较高，主要用来承载吊笼自重和载重（对重的还包括对重的重量）。上面装有多个滑轮，牵引钢丝绳通过这些滑轮将吊笼、曳引机或卷扬机、对重连接起来，构成相互传动的关系。

井架式升降机较为常见，它直接承受吊笼和货物重量，通过其与井架连接将力传递到井架的各个杆件。天梁常用型钢制作，其构件形状和断面大小须经计算确定。当使用槽钢作天梁时，宜使用 2 根，其规格不得小于 ⌈14。天梁的中间装有滑轮和固定钢丝绳尾端的销轴。

自升平台主要用于龙门架式升降机，它用于导轨架标准节的安装、拆卸，通过辅助设施可沿导轨架垂直升降的作业平台。

（7）附墙装置

附墙架是施工升降机加高附着的重要装置，利用附墙架将导轨架与建筑物附着连接，保证导轨架整体稳定性。

附墙架与导轨架的架体应采用螺栓或销轴连接，不得采用焊接；连墙杆与建筑物宜采用螺栓或销轴连接。连墙杆要求连接牢固并形成可调节的稳定结构，材质应与架体相同，具体结构应符合相关技术资料和规范要求。连墙杆不得连在脚手架上。

货用施工升降机的附墙装置即导轨架与建筑物的连接，保证导轨架整体稳定性的连接物，可分为刚性连接和缆风绳连接两种形式。安装时导轨架独立高度不得大于 15m，第一道附着架从地面起高度为 9m，往上每隔 6～9m 设置一道附着架，自由端高度不得大于 6m。

当升降机架设需在建筑物施工前或由于各种原因无法设置附着架时可采用缆风绳，一般情况下应当设置刚性附着架。

货用施工升降机采用缆风绳固定导轨架架体的，应满足以下要求：

1）缆风绳必须采用直径大于 9.3mm 的圆股钢丝绳，升降机架体高度在 20m 以下时 1 组（四根），20～30m 设 2 组。

2）缆风绳应在架体四角同一水平面上对称设置，与地面夹角在 45°～60°，其下端应采用与钢丝绳拉力相适应的花篮螺丝与地锚拉紧连接，不得拴在树木、电杆等其他物体上。

3）地锚应采用不少于 2 根钢管（$\phi 48 \sim \phi 53$）并排设置（与钢丝绳受力方向垂直），间距不小于 0.5m。打入深度不小于 1.7m，桩顶部应有缆风绳防滑措施。

4）缆风绳不得有接头。端部应设置保险环并用不少于 3 个与绳径匹配的绳卡固定，绳卡间距不小于钢丝绳直径的 6 倍，绳卡滑鞍应放在受力绳一侧，不得正反交错设置绳卡。

（8）对重系统

采用曳引机作驱动机构的升降机，一般均配有对重。使吊笼上的钢丝绳产生张紧力，紧压在曳引轮上，它的重量可以起平衡吊笼及载荷的重量，减小电动机功率和改善曳引性能。对重用以平衡吊笼的自重，从而提高电动机功率的利用率和吊笼载重，并可改善结构受力情况。

二、钢丝绳式施工升降机的主要机构

钢丝绳式施工升降机的驱动机构为卷扬机或曳引机。

（1）卷扬机（图 3-47）和曳引机（图 3-48）是钢丝绳式（SS 型）施工升降机的两种动力设备，又称电梯主机，功能是输送与传递动力使电梯运行。两种机构均利用预埋螺栓安装在地面基础上，机构的优缺点在本章第一节施工升降机的分类中已有详细说明，这里不再复述。

图 3-47 卷扬机外形结构

1—底架；2—电动机；3—制动器；

4—钢丝绳卷筒；5—减速器

图 3-48 曳引机外形结构

1—机架；2—双向限速防坠安全器；

3—电动机；4—制动器；5—减速器

卷扬机由电机、减速器、钢丝绳卷筒、制动器和底架组成。电动机通过减速器驱动卷筒运转，通过卷筒运转来收放钢丝绳并拉动重物。在减速器输入轴的前端或后端装有电磁或液压制动器，卷扬机工作时制动器打开，不工作时，制动器始终处在制动位置。卷扬机不但可用来垂直起吊，还可平拉和斜拉，无论用于哪种场合都可以用滑轮来改变牵拉方向。

（2）曳引机一般由电动机、制动器、联轴器、减速箱、曳引轮、防坠器、机架和导向轮等组成。导向轮一般装在机架或机架下的承重梁上，它可以分为以下两类。

有齿轮曳引机：拖动装置的动力，通过中间减速器传递到曳引轮上的曳引机，其中的减速箱通常采用斜齿轮传动（也有采用蜗轮蜗杆传动），这种曳引机用的电动机有交流的，也有直流的，一般用于低中速电梯。

无齿轮曳引机：拖动装置的动力，不用中间的减速器而是直接传递到曳引轮上的曳引机。过去这种曳引机大多是直流电动机为动力，现在国内已经研发出来有自主知识产权的交流永磁同步无齿轮曳引机。无齿轮曳引机结构紧凑，造价较高，一般用于 2.5m/s 以上的高速电梯和超高速的室内电梯，建筑起重升降机上极少应用。

无论哪种曳引机，吊笼与对重作相对运动都是靠曳引绳和曳引轮间的摩擦力来实现的。这种摩擦力就叫曳引力或驱动力。

三、钢丝绳式施工升降机主要安全装置

1. 双向限速防坠安全器

双向限速防坠安全器与曳引机配套使用，安装在曳引轮轴上，其结构如图 3-49 所示，它由安装在曳引轮内腔中的两只正反棘爪（包括调节螺母、弹簧和支承板）构成转动部件，转动部件随曳引轮的转动而转动，棘爪在离心力的作用下会产生向外甩的动作。安全器的静止部分由制动圈和将其抱持的制动带、制动块，并通过两个制动固定销轴装在支座上组成。制动带对制动圈的抱持摩擦力大小，由制动带上的紧固螺栓和蝶形弹簧片调节。制动圈内有凸出的挡块。

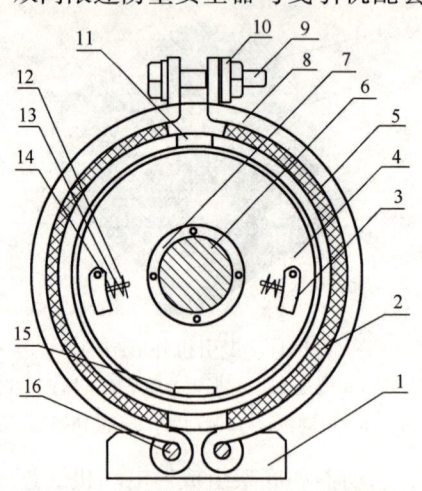

图 3-49　双向限速防坠安全器原理图

1—支座；2—制动带；3—棘爪；4—曳引轮内腔；5—制动块；6—曳引机轴；7—曳引轮轴座；8—制动圈；9—螺栓；10—蝶形弹簧垫片；11—限位开关压块；12—调节螺母；13—弹簧；14—支承板；15—挡块；16—销轴

当曳引轮的转速超过了安全器的标定动作速度，两只棘爪中的一只将克服弹簧的拉力甩出，卡在制动圈的挡块上，此时曳引轮带动制动圈转动，

制动圈受到强大的摩擦阻力，使曳引轮减速并停住，同时限位开关压块松开切断曳引机控制回路，防止吊笼和对重坠落事故的发生。

2. 瞬间防坠安全器

瞬间防坠安全器也称瞬时防坠安全器，其结构如图 3-50 和图 3-51 所示，安装在施工升降机吊笼两侧，当吊笼突然下坠时，改变了原先的运动速度或方向，瞬间防坠器的齿条会在弹簧力的作用下与小齿轮产生一个相对运动，偏心轮夹紧导轨，达到使吊笼制动的目的。在故障排除后，吊笼重新上升一段距离后防坠安全器即可复位。

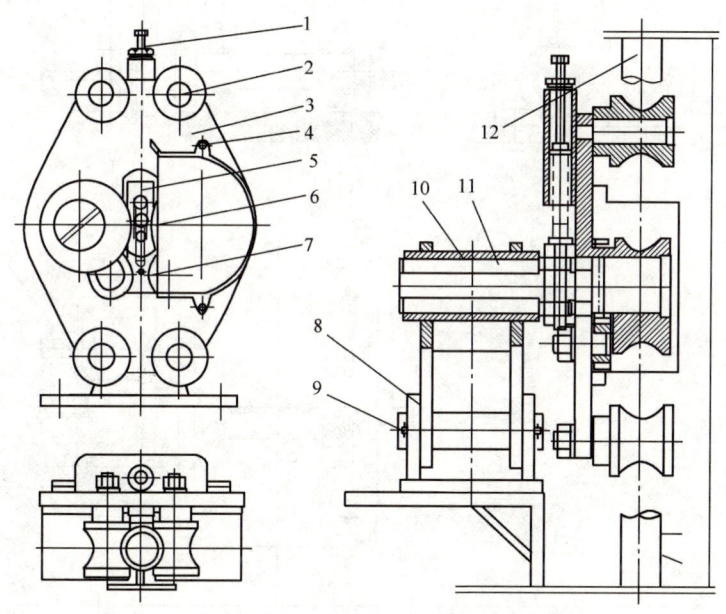

图 3-50 偏心轮式防坠装置结构图

1—调节螺栓；2—导轮；3—支承板；4—防尘罩；5—齿条；6—偏心轮；
7—小齿轮；8—支承轴；9—活动环；10—支座；11—轴销；12—导轨

（1）偏心轮式防坠装置

防坠装置主要由偏心夹紧轮、导向轮、小齿轮、齿条、送力弹簧、阻尼弹簧、支承轴、调节支座组成（图 3-50）。其工作原理是：当升降机吊笼在提升钢丝绳突然破断，吊笼失重下坠作自由落体运动时，防坠器内齿条在助力弹簧作用下，带动小齿轮，驱动偏心夹紧轮动作，抱紧并夹住导轮，达到防止吊笼坠落事故的发生。

（2）惯性楔块式防坠装置

防坠装置主要由斜度滑座、钢质楔块、滑板重块、导向轮、柱销、压簧、调

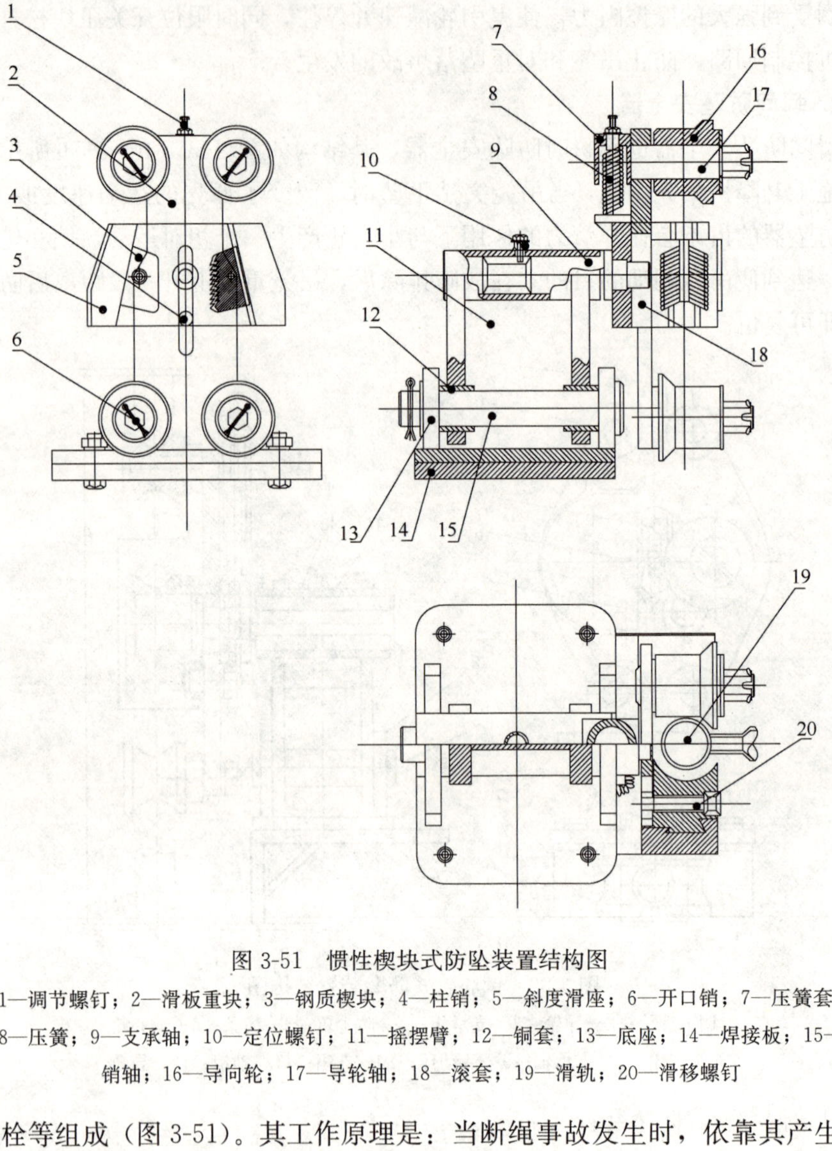

图 3-51　惯性楔块式防坠装置结构图

1—调节螺钉；2—滑板重块；3—钢质楔块；4—柱销；5—斜度滑座；6—开口销；7—压簧套；
8—压簧；9—支承轴；10—定位螺钉；11—摇摆臂；12—铜套；13—底座；14—焊接板；15—
销轴；16—导向轮；17—导轮轴；18—滚套；19—滑轨；20—滑移螺钉

节螺栓等组成（图 3-51）。其工作原理是：当断绳事故发生时，依靠其产生的重力加速度促使两部分机构在压簧的作用下作反向分离运动，从而带动对称的钢质楔块在斜度滑座内横向移位，利用所产生的强大侧向力钳制滑轨来达到瞬间防坠落目的（图 3-52）。

（3）双钢丝绳棘轮式防坠装置

井架天梁上固定两根下垂的安全钢丝绳，经过在吊笼上的安全绳轮缠绕3～4卷后绳尾悬坠对重，两侧的安全绳轮由安全绳轮轴相连，轴上有块棘轮板。平时

图 3-52 惯性楔块式防坠装置实物图

吊笼由牵引绳作上下运动时，安全绳轮在安全钢丝绳上转动，不影响牵引系统的工作。一旦发生坠落时，设法卡主棘轮，吊笼在两侧安全绳轮和安全钢丝绳的摩擦作用下，能将吊笼悬停，防止坠落发生（图 3-53）。

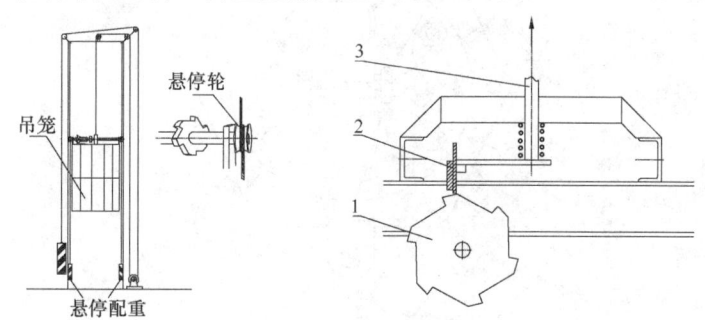

图 3-53 棘轮式防坠装置

1—棘轮；2—卡盘；3—卡盘牵引装置

3. 超载限制器

超载限制器是货用施工升降机重要的安全装置之一，主要有电阻应变片式超载限制器和机械传感式超载限制器两种（图 3-54、图 3-55）。

（1）电阻应变片式超载限制器

主要由电阻应变片、受力变形拉棒、外壳、引线插座等组成。

（2）机械传感式超载限制器

主要由变形放大钢片、微动开关、触发螺钉、外壳、引线插座等组成。

以上两种超载限制器通过销轴一端挂在吊笼顶部，另一端挂在牵引钢丝绳上。当起升载荷超过额定载荷时，能输出电信号，一个开关作超载延时报警、断电；另一个开关调节成严重超载时的瞬即断电，以减少吊笼运动意外受阻时井架、吊笼的损坏。切断控制回路，吊笼不能起动。

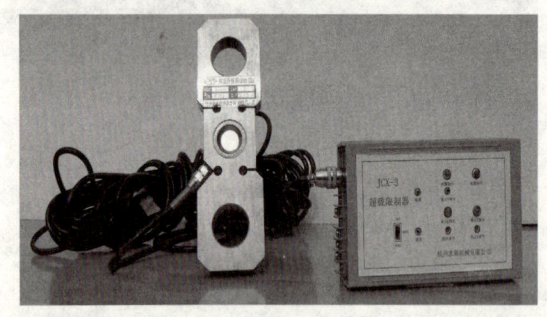

图 3-54　电阻应变片式超载限制器

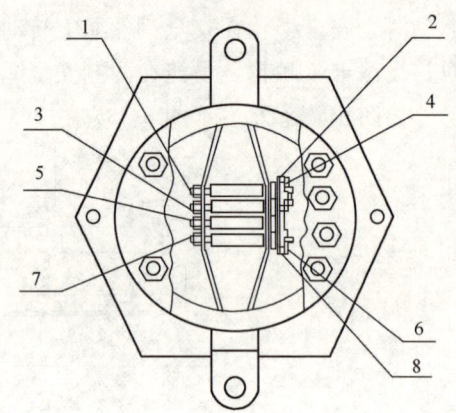

图 3-55　机械传感式

1、3、5、7—调节螺钉；2、4、6、8—微动开关

4. 其他安全装置

（1）钢丝绳防松、断绳装置

驱动吊笼的钢丝绳一般不少于 2 根，常用的有 4～5 根，每根钢丝绳都安装有防松、断绳装置，结构如图 3-56 所示。当曳引绳中的任何一根断绳或松弛超过设定值时，它马上切断主回路，吊笼立即停车。

（2）司乘人员的应急自救装置

图 3-57 为应急自救装置的原理图，应急拉环上的钢丝绳通过滑轮与杠杆相连，杠杆的另一端与瞬间防坠安全器的触发件连接。当司乘人员发现吊笼非正常下坠时，拉下自救拉环，触发瞬间防坠安全器，制止吊笼继续下坠，同时通过限

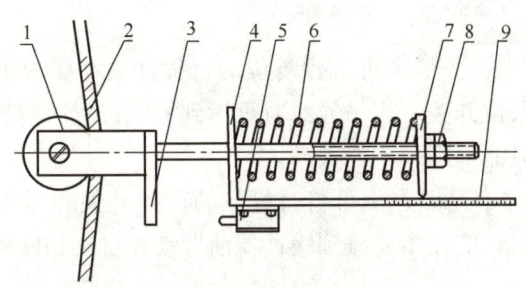

图 3-56　钢丝绳防松断绳装置

1—拉绳滑轮；2—曳引钢丝绳；3—行程开关压板；4—支
座；5—弹簧；6—行程开关；7—指针；8—调节螺母；9—
刻度板

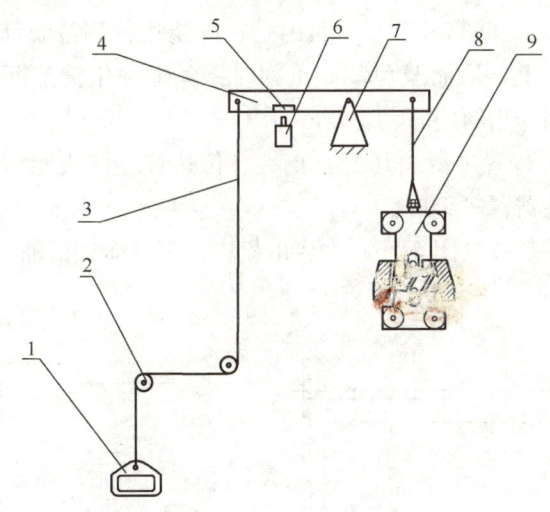

图 3-57　司乘人员应急自救装置的原理图

1—应急拉环；2—滑轮；3—拉绳；4—杠杆；5—碰块；
6—限位开关；7—支座；8—钢丝绳；9—防坠安全器触发件

位开关切断电源，保证吊笼安全停住。

停层保护装置：当吊笼停层时，一旦卸料门打开停层装置就动作，可防止人员进出吊笼时，吊笼意外下滑或坠落造成人员伤亡。

可视安全监控系统：采用探头和电视，能随时监控吊笼的运行状态和所处位置，常用于钢丝绳式货用施工升降机。

吊笼门及底笼（围栏）门联锁装置和上、下高度限位开关及上、下极限开关：这些开关的功能与齿轮齿条式施工升降机相同，不再介绍。

（3）限位器

1）上限位限制器：一般由可自行复位的行程开关和碰板组成，也可以在钢丝绳卷筒轴端设置限位开关，当吊笼或对重达到极限位置时触发限位开关自动切断电源，此时吊笼只能下降，不能上升。

2）下限位限制器：一般也由可自行复位的行程开关和碰板组成，当吊笼或对重达到极限位置时，应在吊笼碰到缓冲器前即动作自动切断电源，此时吊笼只能上升，不能下降。

3）上限位极限开关：由不可自行复位的行程开关和碰板组成。

4）紧急断电开关：应采用非自动复位的红色开关，在紧急情况下，能及时切断电源，排除故障后必须进行人工复位。

5）楼层停层装置：停层装置的种类很多，施工现场在井架上最常见的有两种：杠杆式和板块式（图3-58）。其目的是在吊笼运行到位装卸重物时，将吊笼可靠地悬挂在架体上，从而避免装卸重物时钢丝绳发生突然断裂，致使吊笼坠落。停层装置必须与出料门联动。

①杠杆式停层装置主要由压杆、挡块、传达杆、柱头螺栓、复位弹簧、支座、连杆、托防坠器臂等组成。

②板块式停层装置（图5-59）主要由板块、钢丝绳、销轴等组成。

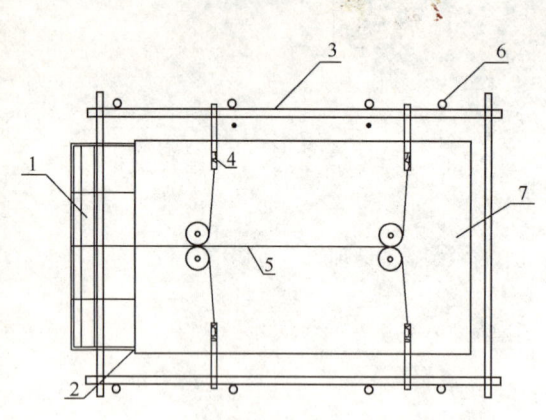

图3-58　杠杆式和板块式井架

1—翻板门；2—新增设行程开关；3—搁置横杆；
4—带弹簧安全销；5—牵引弹簧销钢丝绳；
6—井架立柱；7—井架吊笼

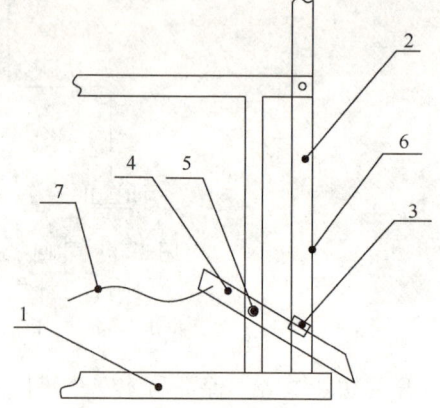

图3-59　板块式停层装置

1—吊笼底板；2—门立柱；3—停靠压板；
4—停靠跳板；5—固定螺栓；6—吊笼出料门；
7—跳板链接钢丝绳

第四章

建筑起重机械的基础

基础的施工直接影响到塔机的安全使用，万不可掉以轻心，否则会造成重大设备和人身伤亡事故，带来不必要的损失和麻烦。

第一节　塔机基础的基本形式

用户和安装单位在安装塔机之前，应根据所购塔机形式，对塔机的混凝土固定基础强度、地基承压力预先计算，并确定施工方法。下面介绍两种形式的基础：一种是整体式基础，第二种是钢格构柱与混凝土（型钢平台）承台组合式基础，目前第二种中的钢格构柱与型钢平台组合式基础使用得较为普遍。

一、整体式基础

固定式塔式起重机的整体式基础采用钢筋混凝土，由 C35 混凝土与钢筋浇筑而成，整体式基础是指整体钢筋混凝土基础。图 4-1 是一般生产厂家使用说明书中介绍的形式。

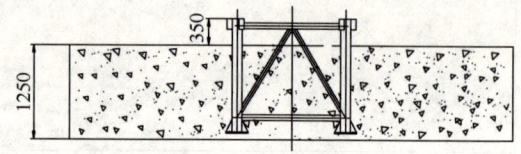

图 4-1　钢筋混凝土基础

1. 采用整体钢筋混凝土基础，对基础的基本规定

（1）混凝土强度等级≥C35；

（2）混凝土基础的厚度、边长不小于规定值；

（3）预埋的地下节应与基础内钢筋网可靠连成一体。地下节主弦杆周围的钢筋数量不得减少和切断，主筋通过主弦杆有困难时，允许主筋避让；

（4）铺设混凝土基础的地基应能承受 0.2MPa（2kg/cm²）的压力。如达不到该承受力，应由有资质的设计单位，根据混凝土基础所承受的载荷另行设计混凝土基础；可采用打桩等措施，使其达到塔机对基础的抗倾覆稳定性要求，确保安全使用；

（5）混凝土基础应能承受 20MPa 的压力；

（6）地下节埋设后，露出端面的 4 根主弦杆与水平面垂直度不大于 1/1000，可在第一个标准节与地下节连接好并在两个方向中心线上挂垂线，保证埋设后标准节的中心线与水平面的垂直度不大于 1/1000）（可参考的施工方法：在钢筋笼扎好后，先在地面浇四个边长 500mm、高 100mm 的钢筋混凝土矮柱，注意矮柱钢筋及混凝土应与基础连成一体，柱子中心与地下节主弦杆中心相同，再将地下节放到矮柱上，找正上平面的水平小于 1/1000，固定，再浇筑整个混凝土基础）；

（7）必须保证地下节主弦杆上端面露出混凝土基础上露出平面的尺寸；

（8）地下节周围的混凝土充填率必须达到 95％以上。

2. 整体式基础的施工要点

（1）按国家有关规定混凝土强度应达到 C35 以上，并达到应有的保养时间；

（2）桩的间距布置与桩的受力强度应符合设计要求；

（3）预埋的地下节或基础螺栓应在未浇筑混凝土时找平；

（4）预埋螺栓或预埋地下节应充分露出螺栓连接空间。

二、钢格构柱与混凝土（型钢平台）承台组合式基础

1. 钢格构柱与混凝土（型钢平台）承台组合式基础简介

当前建筑工程多为大型地下室，塔机基础的形式如整体式、桩基承台式等，当上述基础形式无法适应施工场地条件，特别是基础位置选择困难时，可采用组合式基础。选用组合式基础一要考虑安装位置需避开建筑结构的承台、梁、柱等结点，二要考虑塔机上部附墙的安装和使用，常规的基础形式很难满足需要，因此采用组合式（钢格构柱与型钢平台、钢格构柱与钢筋混凝土承台）作为塔机基础来满足现场施工需要。钢格构柱组合基础特点：占地位置小，选点方便，很少占工期（逆作施工）。

该基础的施工过程分为三个阶段：第一，钻孔灌注桩锚入钢格构柱，制作混凝土承台或制作钢平台，安装塔机；第二，挖土分阶段制作钢构支撑（水平支撑、垂直支撑）；第三，挖土完成后在地下室板底下方制作构造承台。

一般常规情况第一步完成塔机可使用，因此，检查、维护至关重要，必须每天进行桩的沉降观测、并作记录，测量承重钢板的水平误差、塔机塔身的垂直度误差。

2. 钢格构柱（钻孔灌注桩）制作要求

（1）钻孔灌注桩直径不宜小于 ϕ800，桩钢筋笼需全长配置（抗拔要求），桩

根数不少于 4 根，桩间距符合要求，桩身混凝土强度 C30，桩配筋不少于 12 根 ϕ16mm。

（2）钢格构柱截面尺寸不应小于 450mm×450mm，分肢采用等边角钢，（等边角钢要求）钢格构柱工作长度 5m 以内，不宜小于∠120mm×120mm×12mm，工作长度 5～10m，不宜小于∠140mm×140mm×12mm，工作长度 10m 以上，不宜小于∠160mm×160mm×14 mm。

（3）钢格构柱锚入钻孔灌注桩长度不宜小于 2.5m，并且钢格构柱与桩钢筋笼的纵向钢筋采用电焊焊接，该焊接区长度不宜小于 2.5m，该焊接区钢筋笼箍筋加强加密，加强箍筋间距不应小于 100mm。

（4）钢格构柱制作应由钢结构制造单位制作，制作应符合《钢结构设计规范》GB 50017—2003，及《塔式起重机混凝土基础工程技术规程》JGJ/T 187—2009 的规定。缀板尺寸不宜小于 400mm × 260mm × 10mm，间距不宜小于 500mm。

（5）钢格构柱应采用汽车吊或其他起重机械吊装插入桩孔，确保四根钢格构柱轴线重合，四根钢格构柱的四个立面平直，并有必要的工装设备和措施。

（6）必须严格控制桩顶标高，确保钢格构柱与钻孔灌注桩搭接位置正好在构造承台下部（构造承台尺寸不宜小于 4000mm×4000mm×400mm）。

3. 钢筋混凝土承台制作要求

（1）钢筋混凝土承台基础采用的钻孔灌注桩的桩间距宜大于塔机埋入基础加强节的外包尺寸；

（2）基础加强节埋入承台深部不宜小于 1000mm，钢格构柱锚入承台的长度不宜低于承台厚度的中心，并满足抗拔要求，宜在邻近承台底面处焊接承托角钢（规格同分肢）；

（3）混凝土承台基础的计算应符合现行《混凝土结构设计规范》GB 50010—2010 和《建筑桩基技术规范》JGJ 94—2008 的规定，安装塔机时承台混凝土强度必须达到设计要求（安装塔机时基础混凝土应达到 80% 以上设计强度，塔机运行使用时基础混凝土应达到 100% 设计强度）。承台混凝土强度未满足要求时严禁安装塔机。混凝土模板、钢筋绑扎必须符合现行国家标准，混凝土浇捣前必须做好隐蔽工程验收、记录，确保模板尺寸正确，钢筋绑扎尺寸正确，预埋件位置正确，混凝土浇捣必须密实，并取样做好试块，保持同条件养护，待龄期到后，送样试压。保存试验报告，试块强度反映混凝土承台质量，也是能否安装塔机的依据（混凝土承台浇捣后必须关注混凝土的保温保湿，防止温差变化引起混凝土裂缝及失水过快造成收缩裂缝，影响混凝土承台使用质量）。

4. 型钢平台制作要求

型钢平台基础采用的钻孔灌注桩的桩间距宜与预埋基础加强节的中心距一致，型钢平台的设计应符合《钢结构设计规范》GB 50017—2003 的有关规定，由承重厚钢板和型钢主次梁焊接并加螺栓连接（每根钢格构柱不少于 4 颗 M30 螺栓）而成。型钢主次梁应连接于格构式钢柱，连接长度不小于钢格构柱宽度，宜采用焊接连接。

（1）承重厚钢板中心应与钢格构柱中心重合，每根钢格构柱与承重厚钢板用不少于四颗 M30 螺栓连接，承重厚钢板下方与每根钢格构柱每边用不少于三块加强筋板（16mm 厚钢板）焊接，承重厚钢板与塔身连接的螺栓孔宜用电磁吸力钻打孔，严禁气割成孔。孔径按《钢结构设计规范》要求，并与所配螺栓直径相符。

（2）型钢主次梁应连接于格构式钢柱，连接长度不小于钢格构柱宽度，宜采用焊接连接。型钢主次梁需做成结构形式，能承受上部结构传递的弯矩和扭矩，以保证四根钢格构柱稳定、不变型。

（3）钢格构柱周边土体开挖后，及时制作水平支撑和垂直支撑，土体严禁超挖，水平支撑间距不大于 1600mm，支撑杆件与钢格构柱连接需设置连接板，严禁支撑杆件直接焊接在钢格构柱主肢杆上，连接焊缝厚度不小于 6mm，绕角焊缝长度不小于 200mm，垂直支撑斜杆与水平面的夹角宜按 45°～60°布置。设置水平型钢剪刀撑有利于增强钢格构柱组合基础的抗扭稳定性。

（4）土体开挖到位后及时制作构造承台，承台尺寸 4000mm×4000mm×400mm。稳固四根桩及增加基础的抗弯、抗扭强度。混凝土浇捣前必须做好隐蔽工程验收、记录，确保模板尺寸正确，钢筋绑扎尺寸正确，混凝土浇捣必须密实，并取样做好试块，保持同条件养护，待龄期到后，送样试压，保存试验报告（混凝土承台浇捣后必须关注混凝土的保温保湿，防止温差变化引起混凝土裂缝及失水过快造成收缩裂缝，影响混凝土构造承台使用质量）。

（5）塔机底部与基础承重钢板连接的塔身必须为生产厂家提供的加强基础节，严禁使用其他标准节代替。承重钢板下方需加垫钢套，钢套壁厚需大于30mm。加强基础节安装前应对承重钢板进行测量，确保水平误差小于4/1000mm。

（6）塔机安装高度宜控制在整机独立高度的 65%，严格控制使用高度（该独立高度应包括钢格构自身高度）。

第二节　施工升降机的基础类型及要求

　　基础是施工升降机的根基，基础不符合要求将会导致施工升降机使用过程中导轨架发生倾斜、变形，吊笼运行不平稳，甚至发生倒塌等重大事故。

一、施工升降机基础类型

1. 地下室顶板基础

　　在地下室顶板上设置施工升降机基础应避开后浇带位置，应对顶板承载力进行验算，必要时应采取加固措施，并应征得原结构设计单位认可。

2. 自然地平基础

　　（1）混凝土基础设在地面上。优点是不需要排水。缺点是门槛较高，坡道最长（图4-2）。

　　（2）混凝土基础与地面相平。优点是排水较为方便，坡道较短。缺点是有门槛，需搭一简单坡道（图4-3）。

　　（3）混凝土基础低于地面，门槛与地面相平。优点：地面与吊笼间无门槛，不需坡道。缺点：非常容易积水，必须采取严格的排水措施以免腐蚀基础（图4-4）。

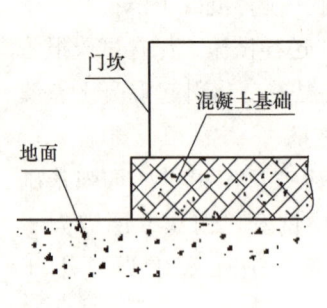
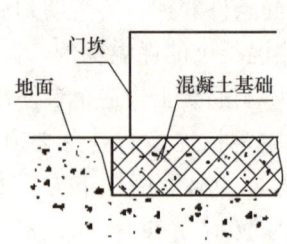
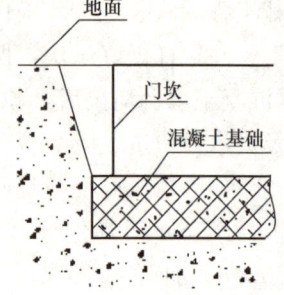

图4-2　基础设在地面上　　　　图4-3　基础与地面相平　　　　图4-4　基础低于地面

3. 在浇捣地下室顶板时埋入预埋基础螺杆

　　这种方法首先必须满足"在地下室顶板上做基础"的全部条件，其次预埋螺杆应与钢筋网连接牢固，同时还要防止预埋螺杆部件漏水。优点是将地下室顶板直接当作升降机基础，可以降低坡道和门槛的高度，同时可以节省制作基础的成本。

二、施工升降机基础要求

（1）基础应进行设计，基础应能可靠地承受作用在其上的全部荷载；基础的埋深与做法，应符合设计和升降机出厂使用规定；

（2）混凝土基础厚度不应小于 300mm，混凝土强度等级≥C20；

（3）混凝土基础下的地面应夯实，地耐力应大于 0.15MPa；

（4）钢筋网宜采用直径为 $\phi 8$ 钢筋，间距 200mm，双层双向；

（5）地脚螺钉应与钢筋网连接牢固，位置尺寸应准确；

（6）基础表面平面度偏差不大于 10mm；

（7）吊笼进出口位置两侧基础 1m 范围内不得有障碍物；

（8）应有良好的排水措施。

第三节　起重机械基础设计主要
包括的重大危险源要素

一、塔式起重机基础设计与施工主要包括的重大危险源要素

1. 未结合工程地质资料进行设计计算

未针对塔机基础所处位置的地质资料（特别是工程地质复杂及存在不良地质现象时）及产品说明书提供的载荷值按相关规范进行设计，或者套用产品说明书中的塔吊基础做法未进行相关计算，使塔机存在较大安全隐患。

2. 塔机基础构造做法不符合产品说明书要求

（1）未区分基础节与预埋节，将基础节作为预埋节直接埋入基础中。

（2）预埋节的预埋深度、基础节埋置螺栓的规格与深度不符合产品说明书要求。

3. 塔吊基础施工未采取基坑支护措施

塔吊基础基坑开挖较深时（特别是软黏土土层），未对基坑进行设计计算，也未采取任何措施，造成基坑坍塌、严重变形。

4. 基础施工质量不符合相关规范的规定

（1）未对土方开挖工程检验批进行质量验收（验槽）。

（2）存在基础混凝土强度等级不符合设计要求、预埋螺栓偏位或钢格构柱偏位扭转等质量缺陷，而且未采取技术措施进行处理，盲目安装塔吊。

5. 塔机基础未设置沉降位移观测点

二、施工升降机基础设计主要包括的重大危险源要素

（1）未对地基承载能力进行设计计算。

未按产品说明书给定的载荷对地基承载能力进行设计计算，或未明确地基基础的做法，致使地基承载能力不足，施工升降机在使用过程中发生倾斜，甚至倒塌等重大事故。

（2）未对地下室顶板结构进行承载力复验。

未按产品说明书给定的载荷对地下室顶板结构进行承载力复验，也未对地下室顶板结构进行加固，致使地下室顶板结构承载能力不足，产生重大质量和安全事故。

（3）基础及预埋件构造不符合产品说明书要求。

第五章

建筑起重机的安全使用
（安装、拆卸和操作）

第一节　塔式起重机的安全使用

一、塔式起重机使用的基本要求

（1）司机应符合的条件：

1）须经过理论学习和一般不少于 6 个月的培训，考试合格，必须了解塔机的构造、工作原理和性能，必须熟知各安全装置的原理和调整方法，熟知机械的操作保养和安全规程。

2）无色盲、视力（包括矫正后）不低于 1.0。

3）无耳聋、高血压、心脏病、癫痫病及其他不适合登高作业的疾病。

（2）塔机必须在符合设计要求的基础上工作。

（3）塔机正常工作气温为－20～50℃，风速低于 6 级（10.8m/s）。

（4）用户首次安装塔机时，制作方派员到现场指导安装，并按规定程序进行空载、额载及超载试验，并调整各安全装置，经双方验收合格后，方可投入正常使用。以后每次转移工地重新安装后，用户仍应自行按上述程序进行空载、额载、超载试验及调整安全装置，并作好记录，才能进行作业。

（5）在夜间工作时，除塔机本身备用照明外，施工现场必须备有充分的照明设备。

（6）司机室内禁止存放润滑油、油棉纱及其他易燃、易爆物品，要注意防火。

（7）塔机必须有良好的电气接地措施，防止雷击，遇有雷雨，严禁在塔身附近走动。

（8）为确保人身安全，塔机供电系统须安装三相四线漏触电保护器。

（9）塔机应定机定人，专机专人负责，非工作人员不得进入司机室和擅自操作，在处理故障时，必须有 2 人以上的专职维修人员。

二、塔式起重机的安装作业

1. 塔式起重机安装注意事项

（1）本机在三相四线制电网中使用，零线不能接塔身，接地电阻不得大于 4Ω。

（2）安装前应首先摇测各部分对地绝缘电阻，电动机的绝缘电阻值不能低于 0.5MΩ。导线间，导线对地绝缘电阻值不能低于 1MΩ。

（3）有架空输电线的场所，起重机的任何部位与输电线的安全距离，应严格按表 5-1 的规定，以避免起重机结构进入输电线的危险区。

起重机与输电线的安全距离 表 5-1

电压（kV）	<1	1~15	20~40	60~110	220
沿垂直方向安全距离（m）	1.5	3.0	4.0	5.0	6.0
沿水平方向安全距离（m）	1.0	1.5	2.0	4.0	6.0

2. 安装前的准备工作

（1）安装人员要了解现场布局和土质情况，清理障碍物。

（2）根据建筑物的布局确定塔机的安装位置，并按规定的技术要求进行地基设置。

（3）准备吊装机械及足量的铁丝、钢丝绳、绳扣等常用工具。

3. 安装步骤

塔机的安装步骤如下（以浙江省建设机械集团有限公司 ZJ 5710 型塔机为例）：

（1）按附图的有关要求浇筑混凝土基础；

（2）将基础节用 12 个 M30 高强度螺栓与地下节紧固。调整好塔身轴心线对地面的垂直度≤1/1000；

（3）装爬升架；

（4）吊装上、下支座组件；

（5）吊装塔顶；

（6）装平衡臂；

（7）装一块平衡重；

（8）装司机室；

（9）装起重臂及其拉杆系统；

（10）装其余平衡重；

（11）调整好安全装置，然后根据需要再进行顶升加节或进入工作。

下面分步介绍：

（1）先将基础节吊起，装在地下节上并拧紧它们之间的 12 个 M30 高强度螺栓（预紧力矩 2000N·m）。注意：有踏步的一面要与建筑长度方向垂直，保证塔机能方便装拆见（图 5-1）。找正塔身两个垂直面的垂直度都不大于 1/1000。

（2）在地面上将爬升架拼装成整体，并装好液压系统，然后将爬升架吊起，套在基础节的外面，平稳地放在基础上。注意：爬升架上装顶升油缸的侧面与基础节有踏步的侧面在同一边（图 5-1 和图 5-2）。

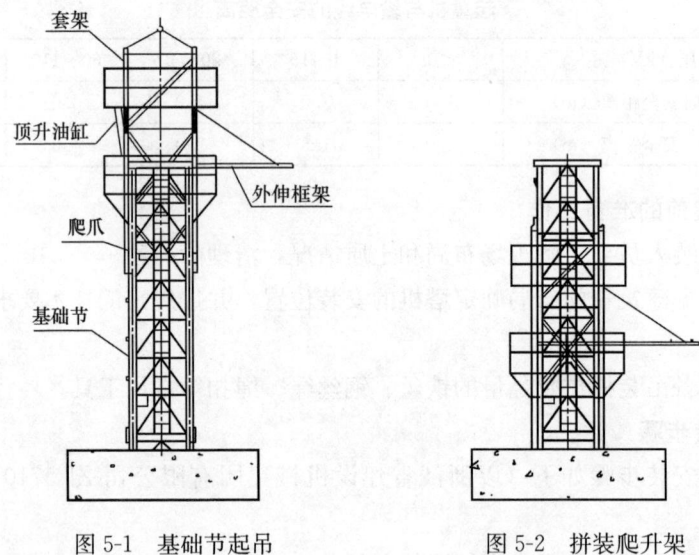

图 5-1　基础节起吊　　　　　图 5-2　拼装爬升架

（3）在地面上，检查司机室的电气设备，将司机室吊起至上支座的上面，然后用销轴将司机室与上支座连接好。

（4）将上下支座、回转支承、司机室总成吊起安装在塔身上，用 4 个销子和 8 个 M30 的高强度螺栓将下支座分别与爬升架及塔身相连，见图 5-3（先用油缸把爬升架往上稍提升一点，然后再用销子和下支座连接）。

（5）在塔顶上连好一节平衡臂拉杆，吊起塔顶用 4 个销子固定在上支座上，塔顶垂直的一面与吊臂处于同一侧，见图 5-4。

（6）在平地上将平衡臂拼装好，再将平衡臂吊起与上支座用销轴固接，抬起平衡臂成一角度至平衡臂拉杆的安装位置，安装好平衡臂拉杆，再将吊车卸载（图 5-5）。

（7）吊起重 2.3t 的平衡重一块，放在平衡臂靠塔身一侧的位置上（图 5-6 及图 5-11）。

（8）起重臂与起重臂拉杆的安装：

1）起重臂节和拉杆节的配置见图 5-7、图 5-8，次序不得混乱。

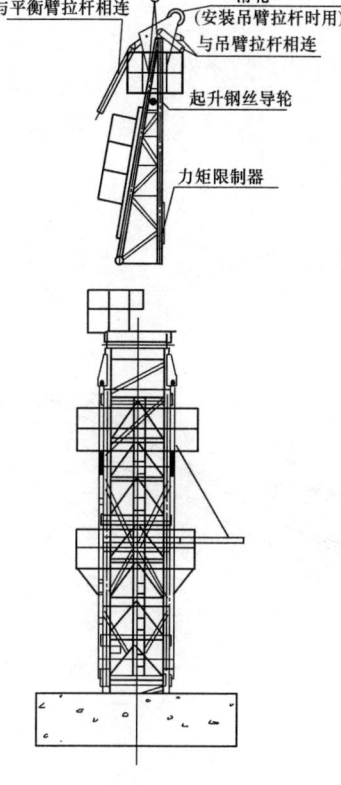

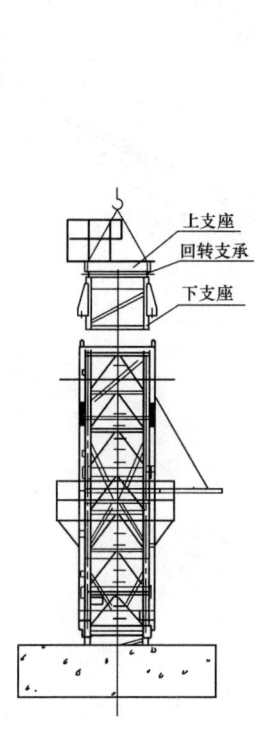

图 5-3 拼装上支座、回转支承和下支座   图 5-4 拼装塔顶

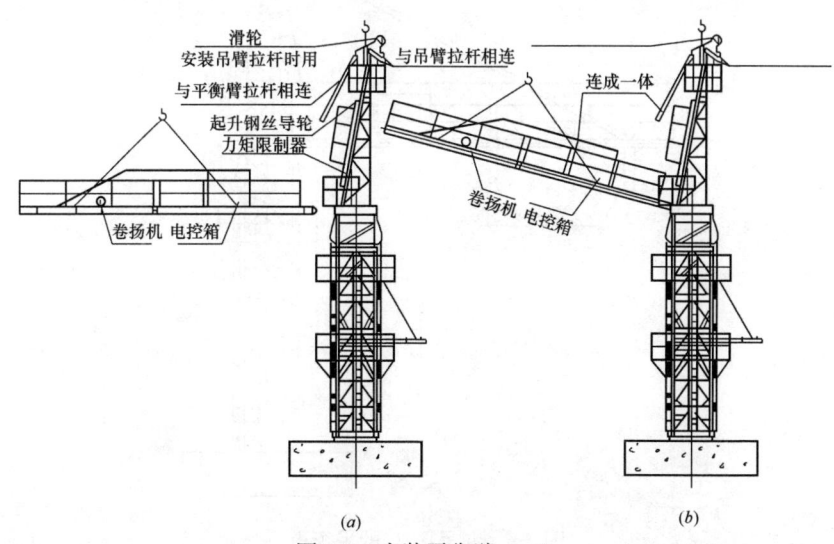

(a)   (b)

图 5-5 安装平衡臂（一）

(a) 平衡臂的起吊；(b) 平衡臂的安装

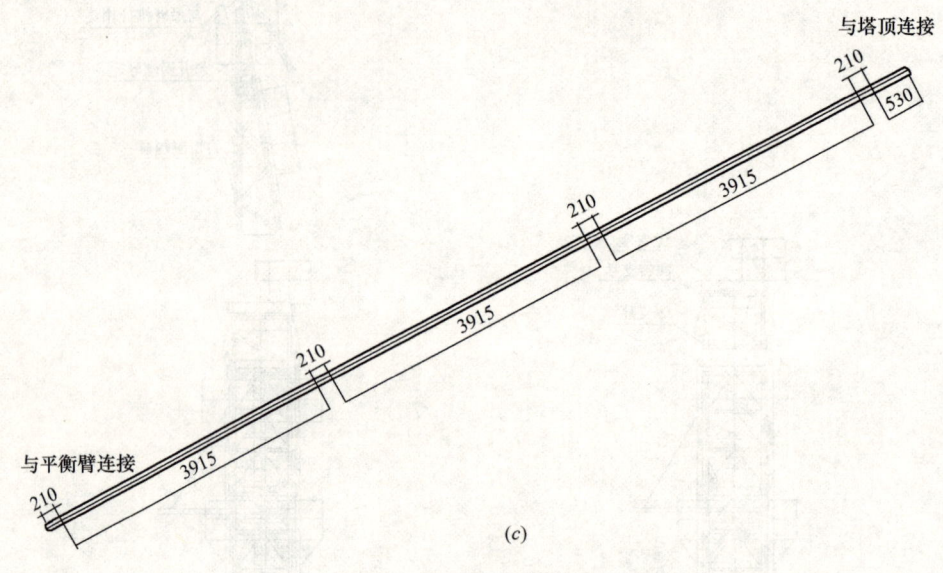

图 5-5　安装平衡臂（二）

(c) 平衡臂拉杆的组成

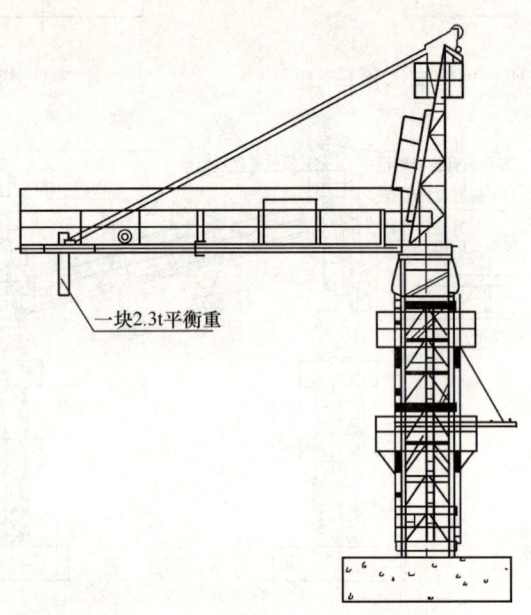

图 5-6　起吊 2.3t 的平衡重

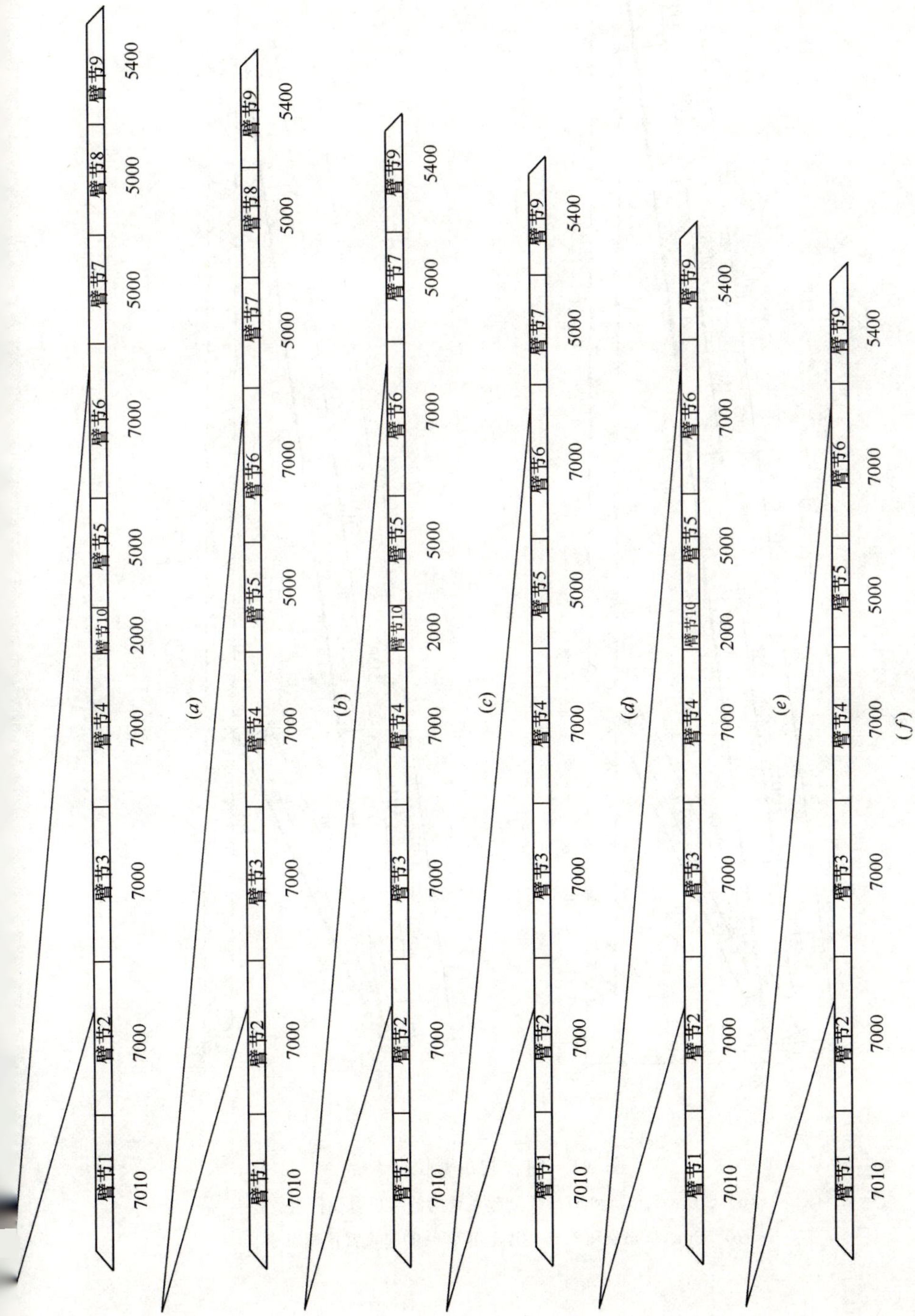

图 5-7 各幅度起重臂组成

(a)57m 臂；(b)55m 臂；(c)52m 臂；(d)50m 臂；(e)47m 臂；(f)45m 臂

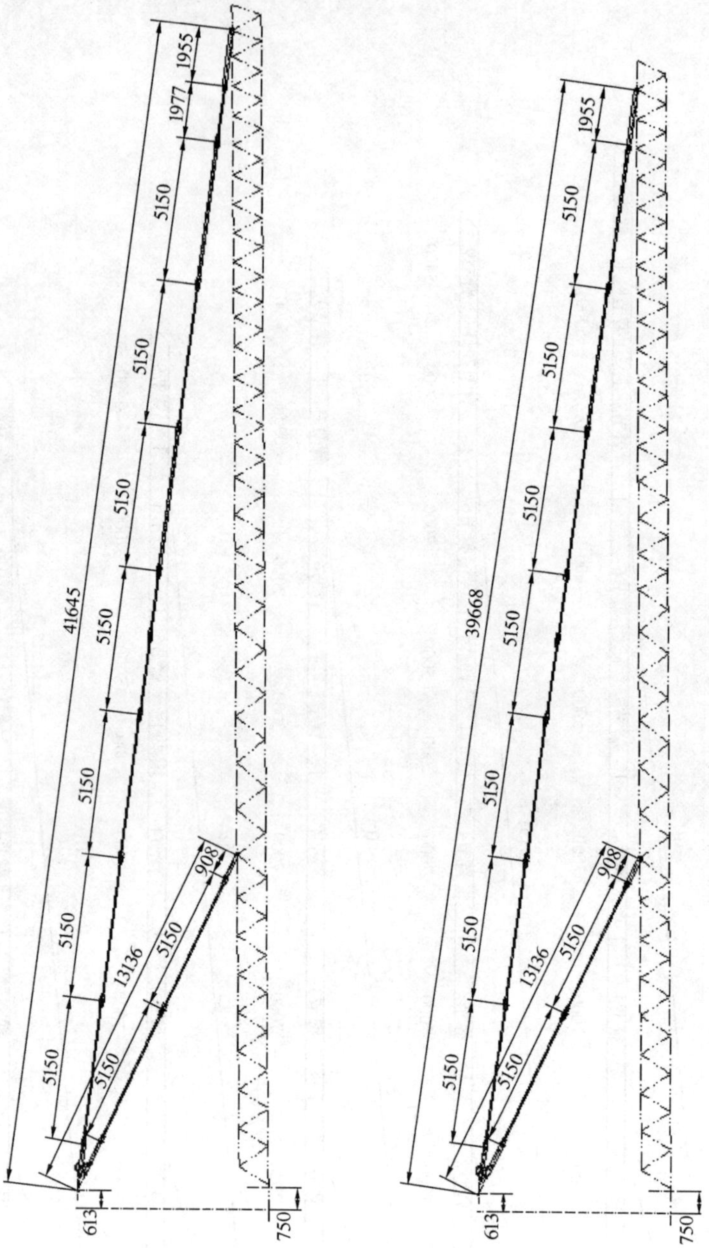

(*a*)　　　　(*b*)

图 5-8　组合起重臂拉杆

（*a*）57m、52m、和 47m 幅度起重臂时的起重臂拉杆组成；

（*b*）55m、50m、和 45m 幅度起重臂时的起重臂拉杆组成

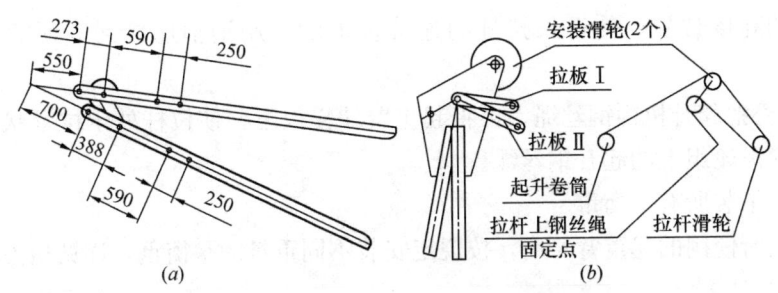

图 5-9　起重臂拉杆与塔顶的连接安装

(a) 吊臂拉杆与塔顶连接处结构；(b) 吊臂拉杆连接

2）按照起重臂编号和图 5-7 组合吊臂长度，把起重臂搁置在 0.6m 左右高的支架上，用相应销轴把它们装配在一起。安上小车和吊篮（检查吊篮与小车连接处是否正常），使小车和吊篮离开地面，并把小车和吊篮固定在起重臂根部，见图 5-10。注意：所有销轴都要装上开口销，并将开口销打开。

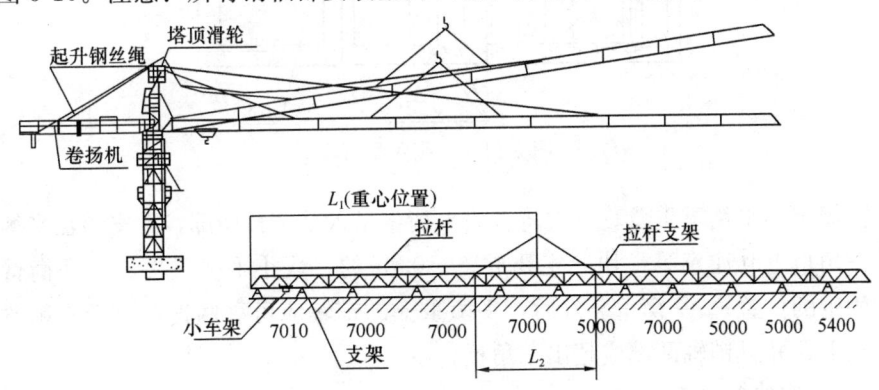

图 5-10　起重臂及拉杆系统

3）按照图 5-8 组合吊臂拉杆，并用销轴把它们连接起来固定在吊臂上弦杆的相应支架上。注意：所有销轴都要装上开口销，并将开口销打开；长短拉杆必须先往后放置再叠放长短拉杆于臂架上弦上。必要时在臂根部用绳索捆绑，起重臂拉杆与塔顶的连接安装见图 5-9。

4）检查吊臂上的电路是否完善，并穿绕小车牵引钢丝绳。

5）用汽车起重机将吊臂总成平稳提升，提升中必须保持吊臂处于水平位置，使得吊臂能够顺利地安装到上支座的吊臂铰点上。

6）在吊臂与上支座连接完毕后，继续提升吊臂，使吊臂头部稍微抬起，并用起升机构钢丝绳通过塔顶和吊臂拉杆上的一组滑轮拉起拉杆（图 5-10、图 5-9 (b)），先使短拉杆的连接板能够用销轴连接到塔顶的拉板Ⅱ上面，然后，再调整长拉杆的高度位置，使得长拉杆的连接板也能够用销轴连接到塔顶的拉板 I 上面。

7）松弛起升机构钢丝绳，再将起重臂缓慢放下，使拉杆处于拉紧状态。然后，松脱滑轮组上的起升钢丝绳。

（9）吊装所有平衡重

根据所使用的起重臂长度，按规定安装不同重量的平衡重，详见相关说明书（图 5-11）。

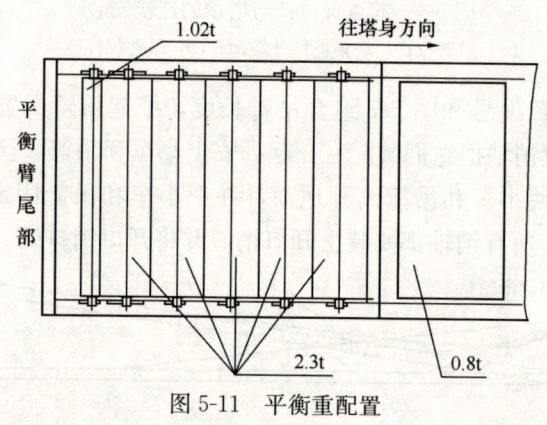

图 5-11　平衡重配置

按规定的平衡重重量，依次将各块平衡重吊入平衡臂尾部，并安装在平衡臂上的三角板上（注意第一块一定要放正，0.8t 的一块小平衡重平放在平衡臂上图示固定的位置）。平衡重装好后，平衡重上的销轴应可靠搁置在位于平衡臂的三角板上，并且销轴两端应超出三角板。

（10）穿绕起升钢丝绳

将起升钢丝绳从卷筒引出，经塔顶导向滑轮后，绕过在臂架根部的起重量限制器滑轮，再引向小车滑轮与吊钩滑轮穿绕，最后，将绳端固定在臂头上（图 2-46）。钢丝绳固定时注意，应用不少于 3 个钢丝绳夹固定，注意绳夹方向应一致，且绳夹卡口方向应按图 5-12 所示布置，绳夹间的距离应为 6～7 倍钢丝绳直径。

（11）把小车开到起重臂最根部，转动小车上带有棘轮的小储绳卷筒，把牵引绳尽力张紧。

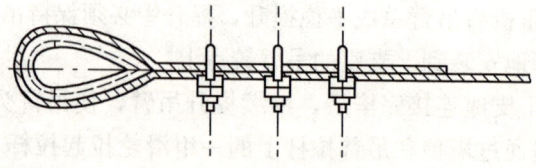

图 5-12　钢丝绳夹布置图

（12）穿绕电缆：

1）电缆线穿过上下支座中心，从下支座下部引出到套架外侧，并用铁丝固定在套架上部横腹杆上。

2）沿着套架外侧面下引到套架下平台，注意不要在有油缸和需引进标准节的那两面。

3）电缆线盘在套架下平台上，另一端引到标准节外侧，然后沿着标准节外侧面下引到地面的电源装置上。

4）随着塔身的增高，电缆线需固定在标准节的横腹杆上。一般每20m固定一次，注意电缆线不得绷直。

5）顶升前必须放松盘在套架下平台上与标准节之间的电缆，使电缆放松长度略大于总的爬升高度。

6）注意电缆线安装过程中及安装完毕后，都不得绷直。

4. 塔身标准节的安装（图5-13）

（1）将起重臂旋转至引入塔身标准节的方向。如要准备加几个标准节，则把要加的标准节一个个吊起依次排列在起重臂正下方。顶升加节前，塔机必须处于图5-13所示状态。即平衡臂位于套架上有顶升油缸一侧（即塔身上有踏步的一面）的正上方，不得有偏转。

顶升加节过程，严禁进行吊臂回转动作，回转制动器应处于制动状态。风力大于4级时，不得进行顶升操作。

（2）放松电缆长度略大于总的爬升高度，将爬升架和下支座间用4只销子联接可靠。

（3）用塔机自身吊钩吊起一个标准节，装上引进轮，并安放在引进平台的引进轨道上，并由站在套架下平台上的一人扶住该标准节，见图5-13。用塔机自

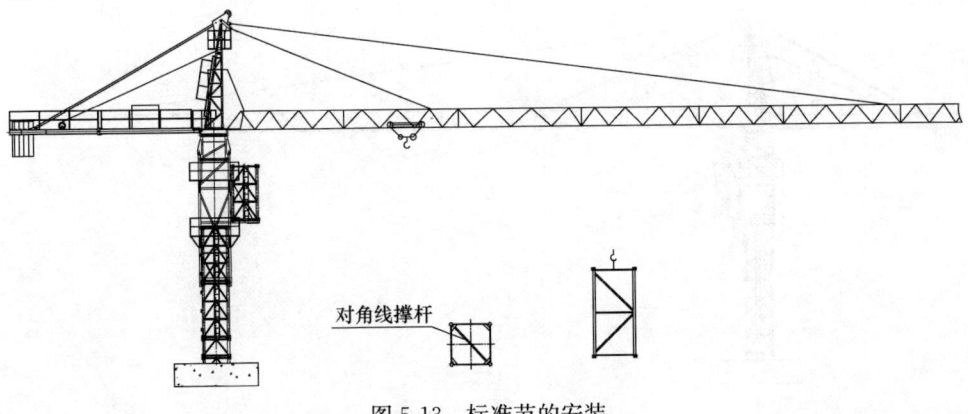

图5-13 标准节的安装

身吊钩吊起另一被加标准节，并来回跑小车，找出最佳平衡点（观察下支座与标准节连接处主弦杆的相对位置）。

（4）先检查一下导向滚轮与塔身的间隙是否适当，间隙可在 2~3mm 左右，注意 8 只滚轮处的间隙应当一致，再拆除塔身和下支座之间的 8 个高强度螺栓。

（5）开动液压顶升系统使顶升横梁搁在塔身的踏步上（要求顶升横梁上轴头充分放入踏步凹槽内，使踏步凹槽面充分接触轴头，保证油缸位于两踏步正中间，使得顶升横梁两端受力均匀），锁好闩杆，防止轴头从踏步凹槽内脱出，如图 5-15 所示，再将活塞伸出 50mm 左右后，检查上部重心是否落在顶升油缸梁的位置上。

实际操作中，可以开动小车，观察爬升架上四角 8 个导轮与塔身标准节主弦杆的间隙，基本相同时即为理想位置。继续顶升，使套架上的爬爪全部通过塔身上的踏步后，稍缩活塞杆，使套架上的爬爪可靠地搁在塔身的踏步上（图 5-14、图 5-15）。接着油缸全部缩回，按前述方法重新使顶升横梁搁在塔身踏步上，锁好闩杆，再次全部伸出油缸。这样重复动作两次，此时塔身上方恰好有能装入一个塔身标准节的空间，利用引进轮在引进平台上滚动把标准节引至塔身的正上方，对准标准节的螺栓连接孔，缩回油缸至上、下标准节接触时，取下引进轮，用 8 个 M30 高强螺栓将上、下塔身标准节连接牢靠（标准节连接处的高强螺栓必须充分拧紧，螺栓预紧力矩 2000N·m，高强度螺栓从下往上穿）。

继续缩回油缸，将下支座与塔身连接面上对角线上的至少 4 个螺栓拧紧。

（6）开动小车，将用来找平衡的标准节吊到引进平台上，装上引进轮，放在引进平台上。按前述方法，把该标准节加入后，将下支座与塔身之间的 8 个 M30 高强连接螺栓充分拧紧。

（7）顶升工作全部完成后，必要时，可以将爬升架下降到塔身底部并加以固

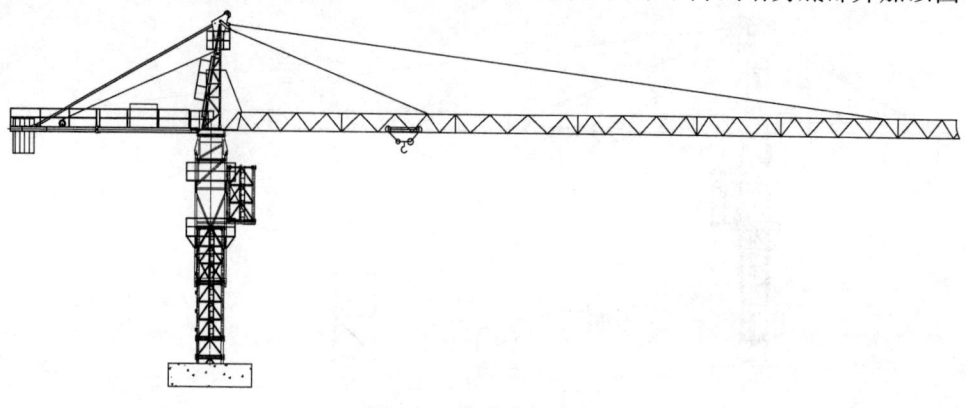

图 5-14　标准节的安装

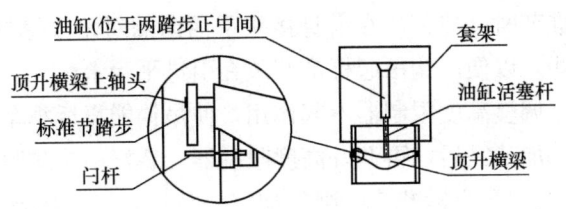

图 5-15　顶升横梁细部示意图

定，以降低整个塔机的重心和减少迎风面积。

（8）塔机加节完毕，应旋转臂架至不同的角度，检查塔身标准节各接头处高强度螺栓的拧紧情况（哪一根塔身主弦杆位于平衡臂正下方时，就把此弦杆上从下到上的所有螺栓拧紧）。

至此，塔机安装完毕，调整好安全装置后（调整方法见后），就能进入工作状态了。若还要加节，按上述方法进行即可，但必须在安全装置调整工作完成后。

顶升作业时，必须注意：

（1）在进行顶升作业过程中，必须有一名总指挥，上下两层平台必须有专人负责和观察。专人照管电源，专人操作液压系统，专人紧固螺栓，专人操作爬升架下部爬爪和油缸下部顶升横梁，非有关操作人员不得登上爬升架的操作平台，更不能擅自启动泵阀开关或其他电气设备。

（2）顶升作业应在白天进行，若遇特殊情况，需在夜间作业时，必须备有充足的照明设备。

（3）只许在 4 级风（5.5m/s）以下进行顶升作业，如在作业过程中，突然遇到风力加大，必须停止工作，并紧固螺栓。

（4）顶升前必须放松电缆，使电缆放松长度略大于总的爬升高度，并做好电缆的紧固工作。

（5）自准备加节拆除下支座和塔身之间 8 个高强度螺栓开始，到加完最后一个要加的标准节、连接好塔身和下支座之间的 8 个螺栓结束，整个过程中严禁起重臂进行回转动作及其他作业，回转制动器应紧紧刹住。

（6）自顶升横梁搁在塔身的踏步上，至油缸中的活塞杆全部伸出后，套架上的爬爪搁在踏步上这段过程中，必须认真观察套架相对顶升横梁和塔身运动情况，有异常情况应立即停止顶升。

（7）在顶升过程中，如发现故障，必须立即停车检查，非经查明真相和将故障排除，不得继续进行爬升动作。

（8）起吊标准节时，严禁吊在塔身接头平面内的对角线撑杆上，见图 5-13。起吊钢绳尽量短些，以便吊钩吊起标准节放在引进平台上。

（9）加节时，调整高度限制器不起作用，使吊钩能靠近小车架，并拆除吊钩上的防脱绳装置。加节完后，再调好高度限制器，装好吊钩防脱装置。

（10）若要连续加几个标准节，则每加完一节后，用塔机自身起吊下一个标准节前，塔身标准节和下支座之间至少要拧紧对角线上的两个高强度螺栓。

（11）所加标准节的踏步必须与已有的塔身节对准。

（12）拆装标准节时，操作人员必须站在平台栏杆内，禁止爬出栏杆外或爬上被加标准节操作。标准节引进轨道下面严禁站人。

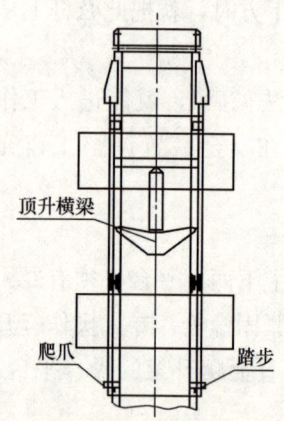

图 5-16　爬爪支撑在踏步上

（13）每次顶升前后，必须认真做好准备工作和收尾工作，特别是在顶升以后，各连接螺栓应按规定的预紧力紧固，不得松动，爬升套架滚轮与塔身标准节的间隙应调整好，操作杆应回到中间位置，液压系统的电源应切断等。

（14）套架一边的两只爬爪必须同时支撑在塔身两根主弦杆的踏步上，方可进行顶升（图 5-16）。

5. 机构及安全装置的调整要点

塔机安装完毕，开始工作之前，必须先调整好安全装置。调整时，所吊重物离地，小车能够运行即可。变幅小车以稳速运行，每次调整，都要使塔机稳定、臂架不上下晃动时再开动小车运行。

表 5-2 调整均指起升钢丝绳四倍率，两倍率时重量请对比前述起重性能表确定。

6t 机构安全保护装置调整和校核时的重量和幅度表 　　表 5-2

			起重臂安装幅度（m）	57		55	
6 t 起 升 机 构	力矩限制器调试	定幅变码	幅度（m）	57（R_0）		55（R_0）	
			重量（t）	1.00（Q_0）	1.10（$1.1Q_0$）	1.1（Q_0）	1.21（$1.1Q_0$）
			起升动作	正常	不能上升	正常	不能上升
		定码变幅	重量（t）	6（Q_m）		6（Q_m）	
			幅度（m）	14.80（$1.1R_m$）～13.45（R_m）	10.76（$0.8R_m$）	15.22（$1.1R_m$）～13.84（R_m）	11.07（$0.8R_m$）
			起升动作	不能上升	—	不能上升	—
			小车动作	不能向外变幅	自动转为低速运行	不能向外变幅	自动转为低速运行

续表

			57		55	
		起重臂安装幅度（m）	57		55	
6 t 起升机构	力矩限制器校核	定幅变码 幅度（m）	18.35 ($R_{0.7}$)		18.90 ($R_{0.7}$)	
		定幅变码 重量（t）	4.2 ($Q_{0.7}$)	4.6 ($1.1Q_{0.7}$)	4.2 ($Q_{0.7}$)	4.6 ($1.1Q_{0.7}$)
		定幅变码 起升动作	正常	不能上升	正常	不能上升
		定码变幅 重量	3 ($0.5Q_m$)		3 ($0.5Q_m$)	
		定码变幅 幅度	26.90 ($1.1R_{0.5}$) ～24.45 ($R_{0.5}$)	19.56 ($0.8R_{0.5}$)	27.71 ($1.1R_{0.5}$) ～25.19 ($R_{0.5}$)	20.15 ($0.8R_{0.5}$)
		定码变幅 起升动作	不允许上升	—	不允许上升	—
		定码变幅 小车动作	不能向外变幅	自动转为低速运行	不能向外变幅	自动转为低速运行
	起重量限制器调整	幅度（m）	10		10	
		重量（t）	3	3.3	6	6.6
		起升动作	正常	没有第三档速度	没有第三档速度	不能上升
		起重臂安装幅度（m）	52		50	
	力矩限制器调试	定幅变码 幅度（m）	52 (R_0)		50 (R_0)	
		定幅变码 重量（t）	1.40 (Q_0)	1.54 ($1.1Q_0$)	1.50 (Q_0)	1.65 ($1.1Q_0$)
		定幅变码 起升动作	正常	不能上升	正常	不能上升
		定码变幅 重量（t）	6 (Q_m)		6 (Q_m)	
		定码变幅 幅度（m）	17.04 ($1.1R_m$) ～15.49 (R_m)	12.29 ($0.8R_m$)	17.25 ($1.1R_m$) ～15.68 (R_m)	12.54 ($0.8R_m$)
		定码变幅 起升动作	不能上升	—	不能上升	—
		定码变幅 小车动作	不能向外变幅	自动转为低速运行	不能向外变幅	自动转为低速运行
	力矩限制器校核	定幅变码 幅度（m）	21.20 ($R_{0.7}$)		20.4 ($R_{0.7}$)	
		定幅变码 重量（t）	4.2 ($Q_{0.7}$)	4.6 ($1.1Q_{0.7}$)	4.2 ($Q_{0.7}$)	4.6 ($1.1Q_{0.7}$)
		定幅变码 起升动作	正常	不能上升	正常	不能上升
		定码变幅 重量	3 ($0.5Q_m$)		3 ($0.5Q_m$)	
		定码变幅 幅度	31.12 ($1.1R_{0.5}$) ～28.29 ($R_{0.5}$)	22.63 ($0.8R_{0.5}$)	31.50 ($1.1R_{0.5}$) ～28.64 ($R_{0.5}$)	22.91 ($0.8R_{0.5}$)
		定码变幅 起升动作	不允许上升	—	不允许上升	—
		定码变幅 小车动作	不能向外变幅	自动转为低速运行	不能向外变幅	自动转为低速运行
	起重量限制器调整	幅度（m）	10			
		重量（t）	2	2.2		
		变幅动作	正常	没有高速档		

起重臂安装幅度（m）				47		45	
6 t 起升机构	力矩限制器调试	定幅变码	幅度（m）	47 (R_0)		45 (R_0)	
			重量（t）	1.50 (Q_0)	1.65 $(1.1Q_0)$	1.80 (Q_0)	1.98 $(1.1Q_0)$
			起升动作	正常	不能上升	正常	不能上升
		定幅变码	重量（t）	6 (Q_m)		6 (Q_m)	
			幅度（m）	16.48 $(1.1R_m)$ ~14.98 (R_m)	11.98 $(0.8R_m)$	17.84 $(1.1R_m)$ ~16.22 (R_m)	12.98 $(0.8R_m)$
			起升动作	不能上升	—	不能上升	—
			小车动作	不能向外变幅	自动转为低速运行	不能向外变幅	自动转为低速运行
	力矩限制器校核	定幅变码	幅度（m）	20.19 $(R_{0.7})$		22.20 $(R_{0.7})$	
			重量（t）	4.2 $(Q_{0.7})$	4.6 $(1.1Q_{0.7})$	4.2 $(Q_{0.7})$	4.6 $(1.1Q_{0.7})$
			起升动作	正常	不能上升	正常	不能上升
		定码变幅	重量	3 $(0.5Q_m)$		3 $(0.5Q_m)$	
			幅度	29.68 $(1.1R_{0.5})$ ~26.94 $(R_{0.5})$	21.55 $(0.8R_{0.5})$	32.60 $(1.1R_{0.5})$ ~29.64 $(R_{0.5})$	23.71 $(0.8R_{0.5})$
			起升动作	不允许上升	—	不允许上升	—
			小车动作	不能向外变幅	自动转为低速运行	不能向外变幅	自动转为低速运行
	起重量限制器调整		幅度（m）	10			
			重量（t）	3		3.3	
				正常		没有第三档速度	

（1）起重力矩限制器调整和校核（起升钢丝绳四倍率）（结构调整方法见图 5-17）

1）起重力矩限制器调整

①定码变幅调整（开关安装在塔顶靠起重臂侧立柱的弓形架上，四个限位开关）

各种不同的臂长安上（表 5-2），在幅度 8m 处吊重 Q_m，载重小车以高速开始向外变幅，调整力矩限制器（80％力矩）上一螺杆，使达到表 5-1 中规定的 80％力矩（$0.8R_0$）的幅度时，载重小车变幅速度能由高速自动转换为低速；继续以低速向外变幅，调整力矩限制器（90％力矩）上的一根螺杆，司机室内 90％力矩蜂鸣器报警，小车继续向外，调整力矩限制器（100％力矩 R_m ～

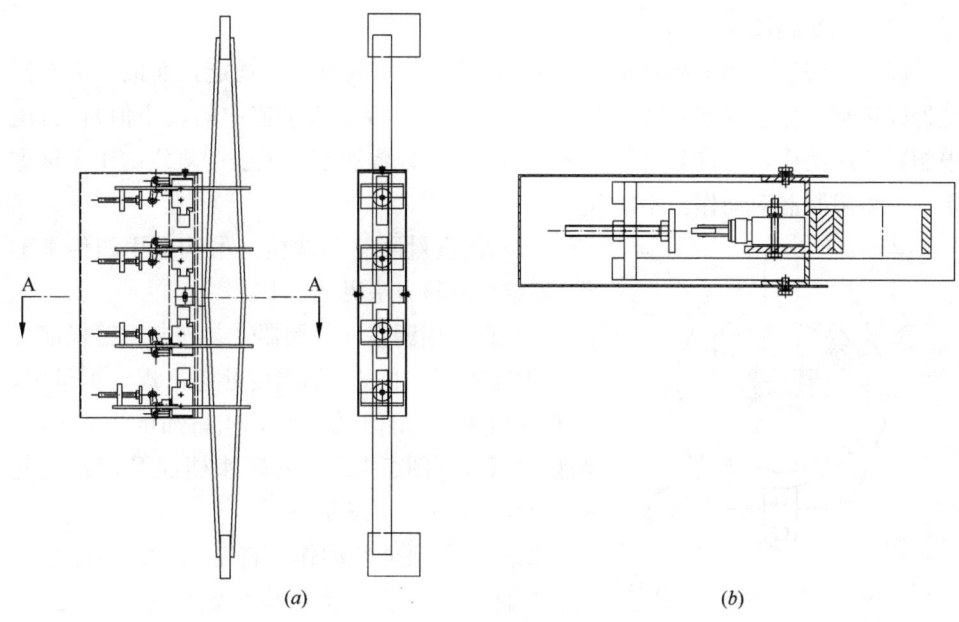

图 5-17　起重力矩限制器调整和校核

（*a*）结构形式图；（*b*）A—A

$1.1R_m$）上另一螺杆，使达到表 5-1 中规定的 100％力矩的幅度时，起升向上、变幅向外断电，同时发出超载报警声（各种幅度均以接近小值为理想）。

②定幅变码调整

安装各种不同臂长均在幅度最远处 R_0，吊相应位置最大重量 Q_0，起升机构能按正常速度上升（起重量限制器限制除外），放下吊重，幅度不变，吊重重量增值 $1.1Q_0$，缓慢上升吊钩，调整另一力矩限制器上螺杆，使起升向上断电，同时发出超载报警声。

按定码变幅和定幅变码各重复 3 次，锁紧各调整螺母，保持功能稳定。

2）起重力矩限制器校核

按定码变幅和定幅变码方式分别进行校核，各重复 3 次。

①定码变幅校核

以 0.5 倍最大额定起重量（$0.5Q_m$）校核：吊起表 5-2 中规定的重量，小车以慢速由 10m 幅度向外变幅，达到上表中规定的 80％幅度时，80％限制开关应动作，变幅小车自动减速到低速档。达到 90％幅度时，司机室内蜂鸣器发出断续声光报警。达到上表中规定的 100％幅度时，限制开关应动作，起升向上、变幅向外断电，同时发出超载连续声光报警信号（各种幅度均以接近小值为理想）。

②定幅变码校核

以 0.7 倍最大额定起重量（$0.7Q_m$）校核：按表 5-2 中规定，在最大工作幅度处以正常工作速度起升额定起重量（表 5-1 中规定重量值中的较小值），力矩限制器不应动作，允许起升。放下重物，然后以慢速起升上表中规定的 1.1 倍重量，力矩限制器应动作，不能起升。

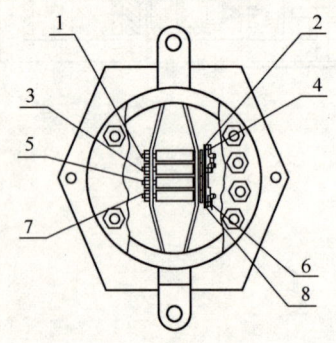

图 5-18　起重量限制器示意图

2、4、6、8—微动开关；

1、3、5、7—螺钉调整装置

（2）起重量限制器调整（吊钩采用四倍率工作）（结构调整方法见图 5-18）

1）高速档调整（限制器安装在起重臂根部）：

①在表 5-2 中规定的幅度处起吊规定重量值，起升三档速度均能正常工作，重量加重至 1.1 倍，调整螺钉 1（图 5-18），以高速档起升，若能起升，升高 10m 后再降至地面。

②重复①项全部动作，直至高速档不能起升为止，此时吊重应在上表中规定的重量值之间，接近小值较理想。

③重复②项，动作 3 次（螺钉 1 不得调动），3 次所得重量应基本一致。

2）低速档调整

①在上表中规定的幅度处起吊规定重量值，起升以除三档速度以外的速度升降一次，正常。但操作三档时，应不能动作。

②重量加重至 1.1 倍，同时调整螺钉 5（图 5-18），以一档速度起升，若能起升，升高 10m 后，再降至地面。

③重复②项全部动作，直至一档速度不能起升为止，此时吊重应在上表中规定的重量值之间，接近小值较理想。

④重复③项动作 3 次（不得调整螺钉 5），3 次所得的重量应基本一致。

3）变幅高速档调整

①在上表中规定的幅度处起吊规定重量值，变幅小车以除高速档速度向外变幅，高速档应能动作。

②重量加重至 1.1 倍，同时调整螺钉 3（图 5-18），变幅小车以高速档速度向外变幅，若能向外，则停止小车，重新调整螺钉 3。

③重复②项全部动作，直至变幅小车高速档不能动作。

④重复③项动作 3 次（不得调整螺钉 3），3 次所得的重量应基本一致。

（3）幅度限位器调整

1）吊钩空载，稳定速度运行，向外（向内）行至最大幅度处（最小幅度处）时，幅度限位器中的一个开关恰好动作（向外、向内分别由一个限位开关控制，限位开关安装在变幅机构上），小车停止运行，再启动时小车只能往臂中央运行。

2）小车运行试动作 3 次，动作效果一样即可。

（4）起升高度限位器调整

1）起升高度相同，滑轮组倍率不同时，高度限位器应重新调整；起升高度发生变化，高度限位器也应重新调整。

2）调整起升卷筒旁边的高度限位器，使吊钩达到预定的极限高度时（臂根铰点高度减去 1.45m，为预定极限高度），限位开关动作，吊钩不能再上升，再启动时只能下降。

3）吊钩升降试动作 3 次，效果一样即可。

4）调整时吊钩以中档速度升降，空钩无负载。

（5）回转限位器调整

为了防止因塔机向同一个方向回转过多，可能导致电缆线打结等安全隐患，本塔机在上支座上设置了回转限制器，调整时要保证从限制住开始向另一个方向回转最多只能回转 3 圈。调整步骤如下：

1）变幅小车开至起重臂根部，吊钩起升到最高点。

2）调整限位开关内的螺钉，限制住塔机只能向另一个方向回转。

3）向另一个方向回转塔机，转动 2.5～3 圈时，调整限位开关内的另一螺钉，限制住塔机向该方向的回转，使之只能向反方向转动。

4）来回打回转 3 次，每次效果一样。

（6）制动器调整

1）小车制动器调整（图 5-19）

调整方法：依据制动器应用的实际效果，力矩不够时，打开制动器罩（件 1），调整螺母（件 3、4、5），使弹簧（件 6）缩短，力矩过大时，使弹簧伸长。每次调整完后，试动作数次，应保证衔铁（件 2）在导向螺栓（件 7）上滑动无阻，吸合及脱开动作准确无误。

2）回转制动器调整（图 5-20）

调整方法：根据应用中实际的制动效果，制动力矩不足时，调整螺母（件 7）使制动压盖（件 8）和摩擦片（件 6）间距缩小；制动力矩过大时，则调整螺母（件 7）使制动压盖和摩擦片间距增大。每次调整后，试制动数次，应保证件 2、3、8 在导向螺栓（件 4）上滑动无阻，吸合脱开动作准确无误（注意：弹簧件 5 锈蚀严重时，应更换弹簧）。

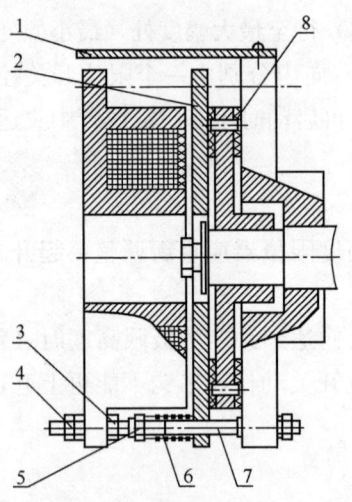

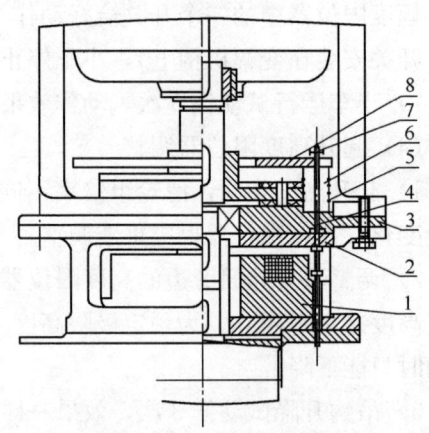

图 5-19　小车制动器示意图　　　　图 5-20　回转制动器示意图

1—制动器罩；2—衔铁；3、4、5—调　　　1—电磁铁；2—衔铁；3—中间体；4—导向螺

整螺母；6—制动弹簧；7—导向螺栓；　　栓；5—复位弹簧；6—摩擦片；7—调整螺母；

8—摩擦片　　　　　　　　　　　　　　8—制动压盖

三、塔式起重机使用操作

塔机的使用应严格按照《塔式起重机操作使用规程》JG/T 100—1999 的要求执行。

1. 安全要求

操作者必须按照《塔式起重机操作使用规程》JG/T 100—1999 使用。使用前应熟读塔式起重机说明书，按说明书要求进行检查、维修和保养。对安全装置必须每班检查。传动部分应有足够的润滑，对易损件必须经常检查、维修或更换。对机械的连接螺栓，特别是受到交变载荷和经常振动的连接螺栓等（塔身连接螺栓），如有松动则必须及时拧紧，如有损坏应及时更换。

有两台以上的塔机工作时，应该根据《塔式起重机安全规程》GB 5144—2006 第 10.5 条，采用不同标高的方法，以避免塔机的起重臂、平衡臂相互碰撞，或与建筑物碰撞。

塔机作业附近有高压线，应该根据《塔式起重机安全规程》GB 5144—2006 第 10.4 条，保证安全距离。如果不能，必须做好防护措施，以避免塔机发生安全事故。曾发生过在吊重回转时，突然停电，钢丝绳碰到高压线发生安全事故的情况。

塔机作业完毕后，回转机构松闸，吊钩升至上限位，小车收进。但如遇大风天气则建议吊钩升至上限位，小车停在臂架端部，即最大幅度处。此时臂架随风转动，塔身受不平衡力矩最小。

2. 塔式起重机的操作

（1）塔机操作必须有专人指挥，司机必须在得到指挥信号后，方可进行操作，操作前必须鸣笛，操作时要精神集中。

（2）司机必须严格按塔机性能表中规定的幅度和起重量进行工作，不允许超载使用。

（3）起升、回转等机构的操作，必须稳起、稳停、平稳运行、逐档变速，严禁快速换档，慢速档不得长时间使用。

（4）回转制动器只能在回转停稳时使用，为防止吊臂被风吹动，严禁当作制动"刹车"。

（5）工作中，吊钩不得着地或搁在物体上，防止卷筒乱绳。

（6）使用时，发现异常噪声或异常情况，应立即停车检查。

（7）紧急情况下，任何人发出停车信号，都应停车。

（8）塔机不得斜拉或斜吊物品，并禁止用于拔桩等类似的作业，吊臂上的吊篮仅供维修时使用，塔机工作中吊篮不得放在小车上，而应固定在臂架根部。

（9）发现吊重物绑挂不牢靠，指挥错误或不安全情况，应立即停止操作，并提出改进意见。

（10）工作中塔机上严禁有闲人，并不得在工作中进行调整或维修机械等作业。

（11）工作时严禁闲人走近臂架活动范围以内。

（12）液压系统安全阀的数值，电器系统保护装置的调整及其他机构、结构部件的调整值（如制动器、限位开关等），均不允许随意更动。

（13）有两台以上塔机工作时，要根据工程特点，注意相互之间的位置，并采用不同标高的方法，以避免塔机的起重臂、平衡臂相互碰撞，或与建筑物碰撞。

（14）塔机作业完毕后，回转机构松闸，吊钩升起，正常情况下小车停在臂架端部，即最大幅度处。10级以上大风时，小车停在最小幅度处。

四、塔式起重机拆卸作业

1. 拆卸注意事项

（1）上塔操作人员，必须是经过培训并拿到证书的人员。

（2）塔机拆卸之前，顶升机构由于长期停止使用，应对各机构特别是顶升机构进行保养和试运转。

（3）在试运转过程中，应有目的地对限位器、回转机构的制动器等进行可靠性检查；塔机拆卸对顶升机构来说是重载连续作业，所以应经常对顶升机构的主要受力件进行检查。

（4）拆卸时风速应低于 8m/s。由于拆卸塔机时，建筑物已建完，工作场地受限制，应注意工作程序和吊装堆放位置，不可马虎大意，否则容易发生人身安全事故。

（5）顶升机构工作时，所有操作人员应集中精力观察相对运动件的相对位置是否正常（如滚轮与主弦杆之间，爬升架与塔身之间），是否有阻碍爬升架运动（特别是下降运动时）的物件。

（6）在塔机标准节已拆出，但下支座与塔身还没有用 M30 高强度螺栓连接好之前，严禁使用回转机构、牵引机构和起升机构。

（7）塔机拆卸是一项技术性很强的工作，尤其是塔身标准节、平衡重、平衡臂、起重臂等部件的拆卸，稍有疏忽，便会导致机毁人亡。因此用户在拆除这些部件时需严格按照本说明书的规定，严禁违反操作程序。

（8）两个爬爪因一定时间内不用产生锈蚀或运输碰撞等原因，很有可能不能自动恢复到水平状态，故引进标准节或拆除标准节时，对爬爪应特别注意。爬升架的下落过程中，当爬升架上的活动爬爪通过塔身标准节主弦杆踏步时，须用人工翻转活动爬爪，同时派专人看管顶升横梁和导向轮，观察爬爪架下降时有无被障碍物卡住的现象，以便爬升架能顺利地下降。

2. 拆卸步骤

将塔机旋转至拆卸区域，保证该区域无影响拆卸作业的任何障碍。按以下顺序，进行塔机拆卸。

（1）降塔身标准节（如有附着装置，相应地拆卸）到只留一节基础节（爬升架的爬爪支承在塔身踏步上）；

（2）拆下平衡重（留一块 2.3t 的平衡重）；

（3）拆各部件间相连的电线；

（4）拆卸起重臂；

（5）拆卸一块 2.3t 的平衡重；

（6）拆卸平衡臂；

（7）拆卸司机室（亦可待与回转总成一起拆卸）；

（8）拆卸塔帽；

（9）拆卸上下支座和回转总成；

（10）拆卸爬升架与基础节。

塔机的拆卸方法与安装方法基本相同，只是工作程序与安装时相反，即后装的先拆，先装的后拆，但是，在拆卸过程中不能马虎大意，否则将发生人身及设备安全事故。

3. 塔机拆散后的注意事项

（1）塔机拆散后由工程技术人员和专业维修人员进行检查。

（2）对主要受力的结构件应检查金属疲劳，焊缝裂纹，结构变形等情况，检查塔机各零部件是否有损坏或碰伤等。

（3）检查完毕后，对缺陷、隐患进行修复后，再进行防锈、刷漆处理。

第二节 施工升降机的安全使用

一、施工升降机使用的基本要求

（1）施工升降机为特种设备，必须经国务院特种设备安全监督管理部门核准的检验检测机构检测合格，方可挂牌使用。

（2）升降机操作人员必须经过培训，熟悉各个零部件的性能及操作技术，由特种设备安全监督管理部门考核合格，并取得国家统一格式的特种作业人员证书。

（3）当升降机顶部风速超过 20m/s（8级风）时，以及其他恶劣气候下，不得开动升降机。

（4）当导轨架及电缆上结冰时，不得开动升降机。

（5）升降机在受到暴雨或强风袭击后，应由专业人员检查电器、结构件和主要机构等，在确认安全的情况下才能使用升降机。

（6）在确认吊笼和对重通道内没有任何人和障碍物之前，不得开动升降机；开动吊笼后还应经常观察吊笼运行通道有无障碍物。

（7）施工升降机安装完成后，在正式使用前应按照产品使用说明书的要求对各部件进行全面润滑。正常工作期间，应按照产品使用说明书的要求对施工升降机定期进行润滑。在进行润滑之前，应对润滑部位进行清理。

（8）人货两用施工升降机，除驾驶员外驾驶室内不允许载运其他人员或货物。

（9）升降机在正常使用时，吊笼顶上不得有人员或货物。

（10）升降机运行时，严禁开门或将手及物品伸出吊笼外，并严禁人或物进入底笼（围栏）范围内。

（11）吊笼载荷和乘员人数不得超过标牌上规定的数值，货用施工升降机严禁载人。

（12）发现故障或危及安全的情况时，应立即停车并报告现场的安全负责人。在故障和危及安全的情况解除前，不得操作升降机。

（13）正常使用时，吊笼顶上的吊杆应拆除，严禁在吊杆上挂物运行吊笼。

（14）安装工况下，升降机必须采用笼顶操作。

（15）升降机的基础不允许存有积水。

（16）保持吊笼内和吊笼顶的清洁。

（17）升降机在下班后应停靠在地面站台，将极限开关拨至"OFF（关）"处，并切断底笼电源。

（18）按要求定期进行检查、保养及做安全器坠落试验。

（19）变频调速升降机每次启动前，应检查配电箱风扇是否转动，电阻是否发热正常。

（20）变频调速升降机断主电路后，若要重新运行升降机，应在按启动按钮接通主电路至少 3 秒后，才能重新启动。

（21）变频调速升降机每次检修电路，必须切断主电路，停机 10 分钟后才能检修。

二、齿轮齿条式施工升降机安装作业

1. 安装前的注意事项

（1）在安装前必须确保地面有足够大的区域被围住、并设置了警示标志，确保所使用的起重设备适合于要起吊的载荷，而且处于良好的状态。

（2）深刻了解升降机各部件的机械、电气性能。

（3）安装前，必须将待安装的标准节、附墙架、对重系统等零部件的插口、销孔、螺孔等穿插处的锈皮、毛刺去除，并在这些部位及齿条上和对重导轨上涂上适量的润滑脂。对滚动部件应确保其润滑充分，转动灵活。

（4）在安装工地周围应加设保护栅栏。

（5）混凝土基础必须经过了规定的凝固周期，确保地基能承受所安装的升降机载荷，并符合安全规定。

（6）按照要求配备了专用电源箱以及连接电缆。

（7）根据附墙架连接方案，准备连接螺栓及预埋件。

（8）除随机配备的专用工具外，用户需准备一套安装工具，图 5-21 可供参考，以及一些 4～12mm 厚的钢垫片，用来垫入底架，调整导轨架垂直度。

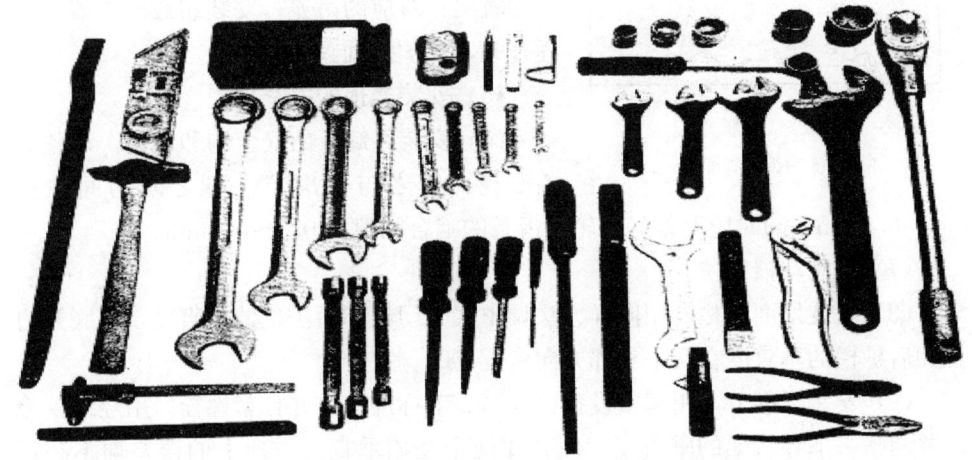

图 5-21　安装工具

2. 升降机的安装

对使用过的升降机，应首先按"定期检查"中的各项要求进行全面检查，若限速器或齿轮、齿条、滚轮等零部件即将磨损到极限尺寸，必须更换后再安装。

每次升降机安装后，各部位进行规定的试验运转，确定无问题后，方可进行施工作业。

当上述各项工作准备就绪，确认基础符合要求、设备完好后，可以进行升降机的正常安装。如遇有雨、雪、大雾及风力超过 6 级时不得进行安装作业。

（1）用辅助起重设备将升降机的基础部分和 3 节标准节（含有 2 个标准节及最下面无齿条标准节）起吊后安装就位，有齿条一面垂直于建筑物。放在事先浇筑好的混凝土基础上，此时先不要拧紧固地脚螺栓。

（2）用经纬仪检查并调整一下导轨架的垂直度，使其在两个互相垂直的方向上的误差均不超过 3mm，强度达到 70％以上并紧固地脚螺栓。垂直度调整方向可在地脚螺栓处（图 5-22 中 1～6）底架和基础间垫入不同厚度的调整钢板。

（3）用起重设备将吊笼（已连接好，将两个吊笼的靠背轮及滚轮调整至最大间隙的位置，以利于套入导轨架及安装驱动架）一道套入导轨架。

（4）安装传动架。将 2 个传动架的靠背轮及滚轮调整至最大间隙的位置，必

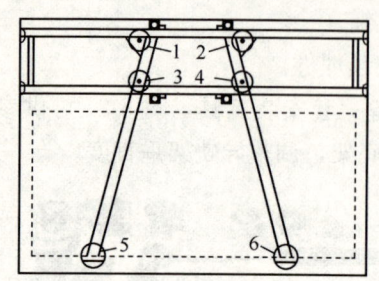

图 5-22　地脚螺栓

1～6 均为地脚螺栓

要时可以卸下部分安全钩和滚轮，松开电动机上的制动器（方法是：首先将制动器尾部的两个螺母向制动器方向旋紧，直至拉手与制动器贴合），用起重设备将左右 2 个传动架分别套入导轨架相对应的吊笼，安装超载限制器，行程开关，保护销轴。

（5）安装笼顶的安全护栏。

（6）安装好卸下的安全钩和滚轮。调整好各滚轮，使之与标准节立管之间的间隙在 0.4～0.6mm，同时应调整好齿轮与齿条的啮合间隙在 0.2～0.3mm。

（7）将制动器复位。

（8）安装地面围栏，用同样方法调整底笼门框和后护栏的垂直度，使底笼门框和后护栏的垂直度在两个相邻方向≤1/1000。

（9）安装标准节，用起重设备再加高 2 节标准节，并拧紧螺栓。用经纬仪检查并调整一下导轨架的垂直度，使其在两个互相垂直的方向上的误差均不超过 5mm，拧紧地脚螺栓。

（10）粗调整各滚轮、背轮间隙使齿轮齿条间隙相吻合。

（11）将制动器复位。

（12）用起重设备提升驱动体同时带动吊笼上升约 2.5m，或将电缆护栏就位，给升降机临时接通电源，上升约 2.5m。

（13）安装后护栏、驾驶室围栏、下电箱、电缆护栏、电缆线、下限位碰块、下极限碰块、缓冲弹簧，以防止吊笼撞底。给吊笼通电试运行，精调整各滚轮及背轮间隙。

（14）安装调节底笼门支撑杆及底笼与导轨架之间的支撑，使之最合适位置，即吊笼在底层各机械联锁正常工作，开关门灵活自如，无卡阻现象。

（15）调整好门锁（图 5-23）。

（16）下限位碰块的安装位置，应保证吊笼满载向下运行时，下限位开关触及下限位碰块后自动切断控制电路电源而停车后，

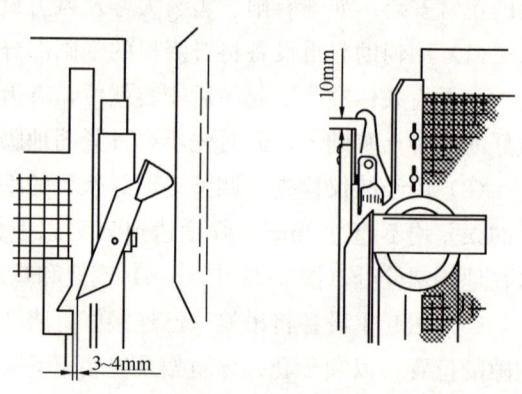

图 5-23　调整门锁

吊笼进料门与外门门槛平齐，靠近防坠安全器的为上限位行程开关，另外一只为下限位行程开关，具体尺寸以现场实际情况而定。

（17）安装好下限位碰块及下极限碰块调整合适后，便可进行导轨架接高及附着架、电缆导架的安装作业。此时应安装最下面一道附着架、电缆导架、电缆护圈，距地面 6~8m 处安装，将所有螺栓紧固可靠。

（18）继续进行升降机的接高作业，直到需要的工作高度。附着架的安装高度每隔 6~9m 一套，最上面一套附着架以上导轨架悬出高度不得超过 6m，电缆防护环与附着架同步进行。

（19）每次安装一套附着架，都要用经纬仪测量一下导轨架在两个方向的垂直度，如果超出表 5-3 要求，必须进行校正。

导轨架垂直度要求　　　　　　　　　　　　　　　　　　表 5-3

导轨架安装高度 H（m）	<70	70~100	100~150	>150
垂直度误差值 δ（mm）	<$H/1000$	70	90	110

（20）当导轨架高度达到要求高度时（最上面一节标准节无齿条），最后需将上限位碰块和上极限碰块安装好，首先是安装上极限碰块，该碰块的安装位置应保证吊笼向上运行至极限开关碰到极限碰块而停止后，驱动体上部距导轨架顶部距离不小于 2m。然后安装上限位碰块。上限位碰块的安装位置应保证吊笼向上运行至限位开关停止后，极限开关距离上极限碰块 150~200mm。

（21）限位碰块安装完毕后，应反复试验三次以校验其动作的准确性和可靠度。

（22）将所有的滚轮、背轮间隙调整好，以保证吊笼运行平稳。

（23）当所有安装工作结束后，应检查各紧固件有无松动，是否达到了规定的拧紧力矩，然后进行载荷试验及吊笼坠落试验并将安全器正确复位。

3. 吊杆安装

将吊杆放入吊笼顶部安装孔内，接通电源，即可使用。安装前应在孔内加入润滑脂。

4. 导轨架的安装

（1）整体式天轮架结构形式施工升降机的导轨架安装方法

1）将标准节两端管子接头处及齿条圆柱销处擦拭干净，并加少量润滑脂。

2）打开一扇护身栏杆，将吊杆上的吊钩放下，并钩住标准节吊具。

3）用标准节吊具钩住一节标准节，带锥套的一端向下。

4）开动卷扬机，将标准节吊至吊笼顶部，并放稳。

5）关上护身栏杆，起动升降机。当吊笼升至接近导轨架顶部时，应点动行驶，直至吊笼顶部距导轨架顶部大约为 300mm 时停止（防止冒顶）。

6）用吊杆吊起标准节，对准下面标准节立管和齿条上的销孔，放下吊钩，用螺栓紧固标准节。

7）松开吊钩，将吊杆转回，用 750N·m 的拧紧力矩紧固全部螺栓。标准节连接螺栓为高强度螺栓 M24×250，等级 8.8 级以上，符合《六角头螺栓》GB/T 5782。

8）按上述方法将标准节依次相连，直至达到所需高度为止，随着导轨架的不断加高，应同时安装附墙架，在安装每道附墙之前，均应先检查导轨架安装垂直度，达到表 5-3 要求后，方可安装该道附墙，并同时检查相连两标准节上的对重滑道的连接处前后左右阶差应≤0.5mm，如未达到要求，在安装时必须予以修整。

9）若利用现场的起重设备如塔吊等安装导轨架，可先将 4 节左右标准节在地面上连成一组，然后吊至导轨架顶部。

注意：标准节上的对重滑道，应确保接缝处的前后错位阶差≤0.5mm。

10）如预计导轨架提升高度超过 150m 时，此时需安装加强型基础节和过渡节，安装顺序自下而上依次为加强型基础节、加强标准节、过渡节、标准节。

11）在使用过程中要定期检查标准节立管的剩余厚度（可采用超声波测厚仪），当测得标准节的剩余有效厚度小于出厂厚度的 75％时，标准节应报废。

（2）分体式天轮架结构形式施工升降机的导轨架安装方法（图 5-29）

大致和整体式天轮架结构形式导轨架安装方法相同，从第 5）步开始有所改动，详细如下：

1）关上护身栏杆，起动升降机。当吊笼升至传动系统立柱顶部接近天轮架底部时，应点动行驶，直至传动系统立柱顶部贴住天轮架底部时停止，应注意防止天轮架冒顶，然后松开天轮架横梁与导轨架之间的连接螺栓，并将横梁绕销轴翻转。

2）用吊杆吊起标准节，对准下面标准节立管和齿条上的销孔，放下吊钩，用螺栓紧固标准节。

3）松开吊钩，将吊杆转回，用 750N·m 的拧紧力矩紧固全部螺栓。

4）吊笼上行。待天轮架顶部与导轨架顶部接近时，应点动行驶，直至天轮架上盖板距导轨架顶部距离接近为 50mm 时，吊笼停止运行。

注意：在顶升过程中，应时刻注意防止天轮架冲顶。

5）将天轮架横梁翻转回到闭合位置（即与导轨架连接），装好固定螺栓，防止天轮下滑。

注意：在安装过程中如需多次返回地面，则在每次吊笼下行前，必须将横梁翻转到闭合位置，装好固定螺栓，防止天轮下滑。

6）按上述方法将标准节依次相连，直至达到所需高度为止。

如采用先将标准节以 4 节左右在地面上连成一组，然后利用现场塔吊等起重设备吊至导轨架顶部达到加节，必须严格控制在安装过程中导轨架距最上方一道附墙的自由端高度不得超过 6m；且在吊笼将天轮架顶至导轨架最上端时，方可新加装附墙。

注意：为预防吊笼在使用过程中冲顶，导轨架最上一节标准节采取安装无齿条的标准节。

5. 附墙架的安装

施工升降机附墙架、电缆防护环的安装见图 5-24～图 5-26。

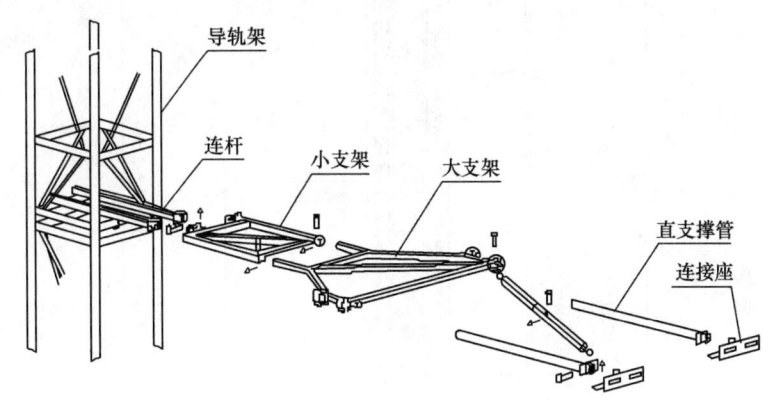

图 5-24　附墙架连接部件

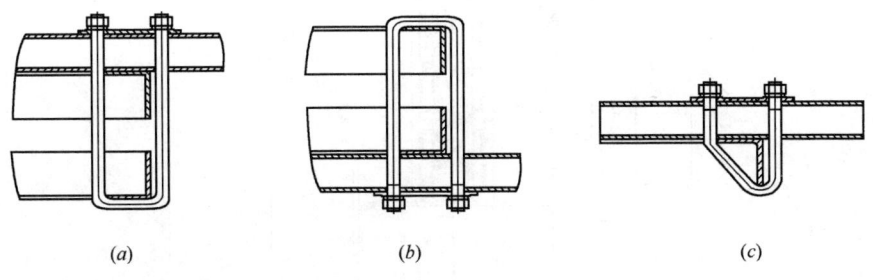

图 5-25　连杆与标准节的连接

（1）根据导轨架中心与建筑物的水平距离连接好小支架、大支架和直支撑管，大支架与直支撑管的连接螺栓先不拧紧。

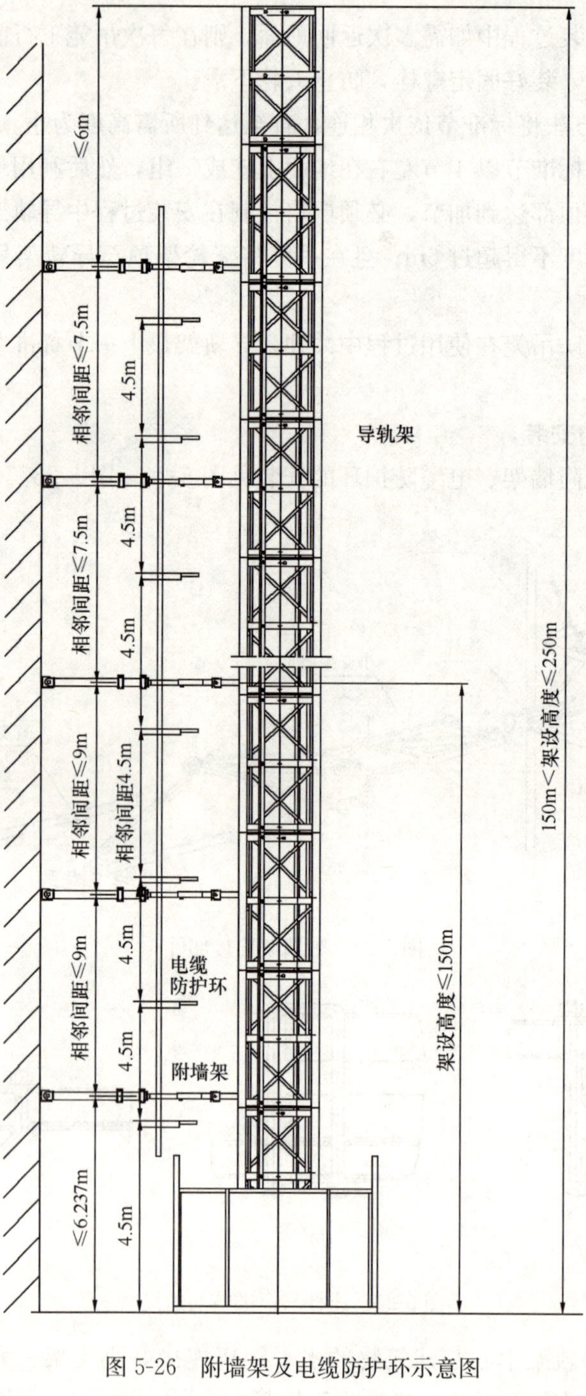

图 5-26　附墙架及电缆防护环示意图

（2）在距地面 6m 左右的导轨架上安装 2 件连杆，在建筑物上安装 2 件连接座，以上连接螺栓都先不拧紧，以后每道附墙按表 5-4 附着。最上面一套附着架以上导轨架悬出高度不得超过 6m，电缆护圈与附着架同步进行。

附墙间距及自由端高度   表 5-4

导轨架高度	≤150m	＞150～250m 处
附墙间距	≤9.0m	≤7.5m
自由端高度	≤6.0m	≤6.0m

（3）将步骤（1）装配好的连接件两端分别与连杆和连接座相连，附墙架可用吊杆起吊。

（4）用螺栓及销轴将其余部分连接起来，调整好各方向的距离，并同时校正导轨架的垂直度（可用钢丝绳等拉紧装置进行调整）。

（5）紧固所有螺栓，慢慢启动升降机，确保吊笼及对重不与附墙架相碰。

注意：附墙架的最大水平倾角不得大于±8°，即 144∶1000。

（6）分体式天轮架结构形式的施工升降机须将天轮装置安装在导轨架顶部时，方可按照上述步骤安装附墙架。整体式天轮架结构形式施工升降机则可直接按照上述步骤架设附墙架，待导轨架安装到所需高度时，再安装天轮装置。

为使附墙架的水平倾角尽量小，连杆与标准节的连接可采用图 5-25 所示的三种方式。

6. 对重、天轮和钢丝绳的安装（SC 型无此项）

带对重的升降机在正常使用前必须将天轮安装好，并用钢丝绳挂好对重。对重应在吊笼和底笼安装完毕（未加高标准节前）吊装就位。

（1）基础的对重位置上，安装好橡胶缓冲器。

（2）用起重装置将对重放入对重滑道，并在对重下方垫牢 1m 高左右的支承木。

（3）检查对重导向轮与导轨的间隙 0.5mm，确保每个轮转动灵活。

（4）按照本节"4. 导轨架的安装"步骤，将导轨架安装到所需高度后，安装天轮架。

（5）待两只天轮架全部安装完毕后，将钢丝绳吊到吊笼顶部，并备好楔形接头、螺栓、销轴等。

（6）将钢丝绳一端用楔形接头固定（图 5-27）。

（7）将用楔形接头固定的一端钢丝

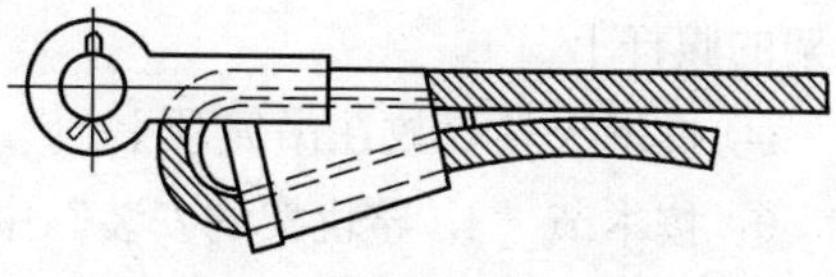

图 5-27   楔形接头固定钢丝绳

绳穿过天轮至地面的对重上，并用销轴将钢丝绳与对重固定。

（8）钢丝绳的另一端绕断绳保护装置上的对重轮3圈，然后用压板压紧，多余的钢丝绳绕在卷绳装置上（图5-28）。

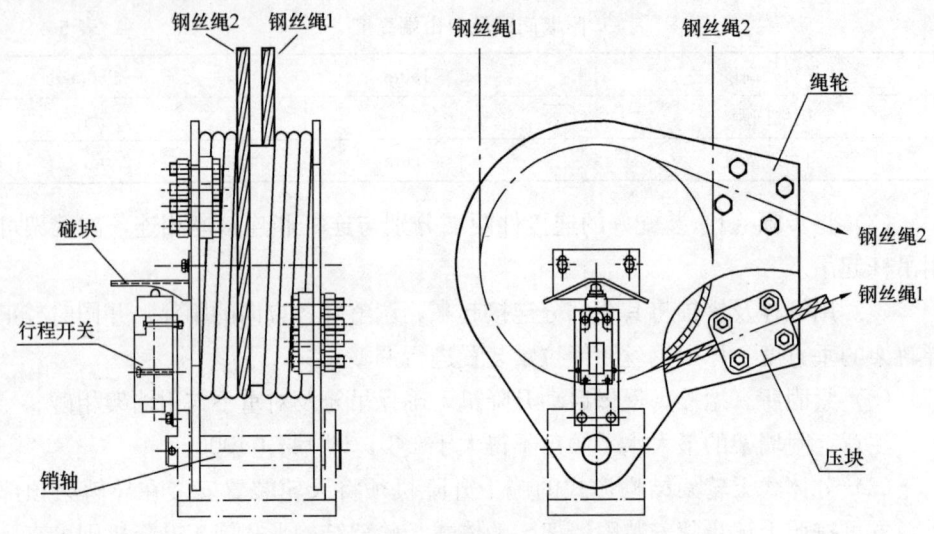

图 5-28　钢丝绳绕断绳保护装置及卷绳装置

注：1. 应保证吊笼在达到最大提升高度时，对重离地面>550mm。

2. 从吊笼顶上往下放钢丝绳时需考虑钢丝绳重量，防止因脱手而造成事故

特别注意：由于双吊笼升降机，在安装对重系统和每次导轨架的加高安装时，两只吊笼必须同时起升到距导架顶端的适当位置处停住、作业，下降也必须同时下降；在两块对重均已完成钢丝绳的安装、可对吊笼起平衡作用之前，不得有一只吊笼单独运行。

7. 导轨架加高

（1）有对重施工升降机加高

1）使用整体式天轮结构形式的施工升降机：

① 拆除导轨架上部的全部限位碰铁。

② 两只吊笼同时提升，使两块对重同时降到地面的橡胶缓冲器上。

③ 拆下天轮上防钢丝绳脱槽装置，将钢丝绳从滑轮上取下，并将其挂到导轨架的腹杆上。

④ 拆下天轮，放在吊笼顶上。

⑤ 按本节"4. 导轨架的安装"中"整体式天轮结构形式施工升降机的导轨架安装方法"和本节"5. 附墙架的安装"进行导轨架加高至所需高度后，重新

安装好天轮和钢丝绳。

　　2）使用分体式天轮的升降机（图 5-29）：

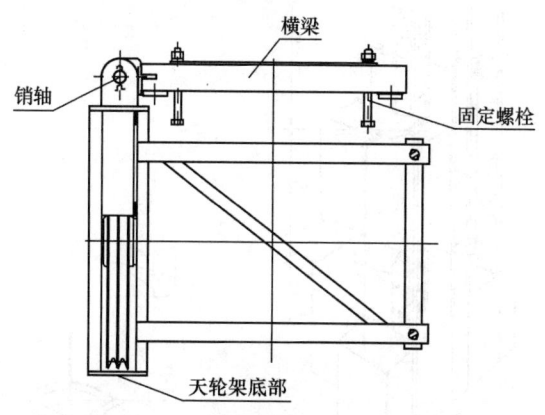

图 5-29　采用分体式天轮的升降机

　　① 拆除导轨架上部的全部限位碰铁。

　　② 两只吊笼同时提升，使两块对重同时降到地面的橡胶缓冲器上。

　　③ 将钢丝绳从滑轮上取下，并将其挂到导轨架的腹杆上。

　　④ 按本节"4. 导轨架的安装"中"分体式天轮结构形式施工升降机的导轨架安装方法"和本节"5. 附墙架的安装"进行导轨架加高至所需高度后，将横梁翻转到闭合位置，装好固定螺栓，重新安装好钢丝绳和导轨架上部的全部限位碰块。

　　注：1）有对重施工升降机机械防冲顶采用导轨架最上一节无齿条标准节时，导轨架每次加高需将该节标准节拆卸后加高，加高完后，再将该节标准节安装于导轨架顶部。

　　2）如果导轨架安装存在 200E 系列和 200T 系列标准节混装情况，这两种标准节对接位置应避免开附墙架安装位置。

　　（2）无对重施工升降机加高

　　无对重施工升降机加高，按本节"4. 导轨架的安装"中"整体式天轮结构形式施工升降机的导轨架安装方法"和本节"5. 附墙架的安装"进行导轨架加高至所需高度后，装好导轨架上全部限位碰铁即可。加高时应使两只吊笼同时提升。

　　注：1）无对重施工升降机机械防冲顶采用导轨架最上一节无齿条标准节时，导轨架每次加高需将该节标准节拆卸后加高，加高完后，再将该节标准节安装于导轨架顶部。

　　2）如果导轨架安装存在 200E 系列和 200T 系列标准节混装情况，这两种标准节对接位置应避免开附墙架安装位置。

8. 电缆系统安装

(1) 电缆护栏形式的电缆系统安装(图 5-30)

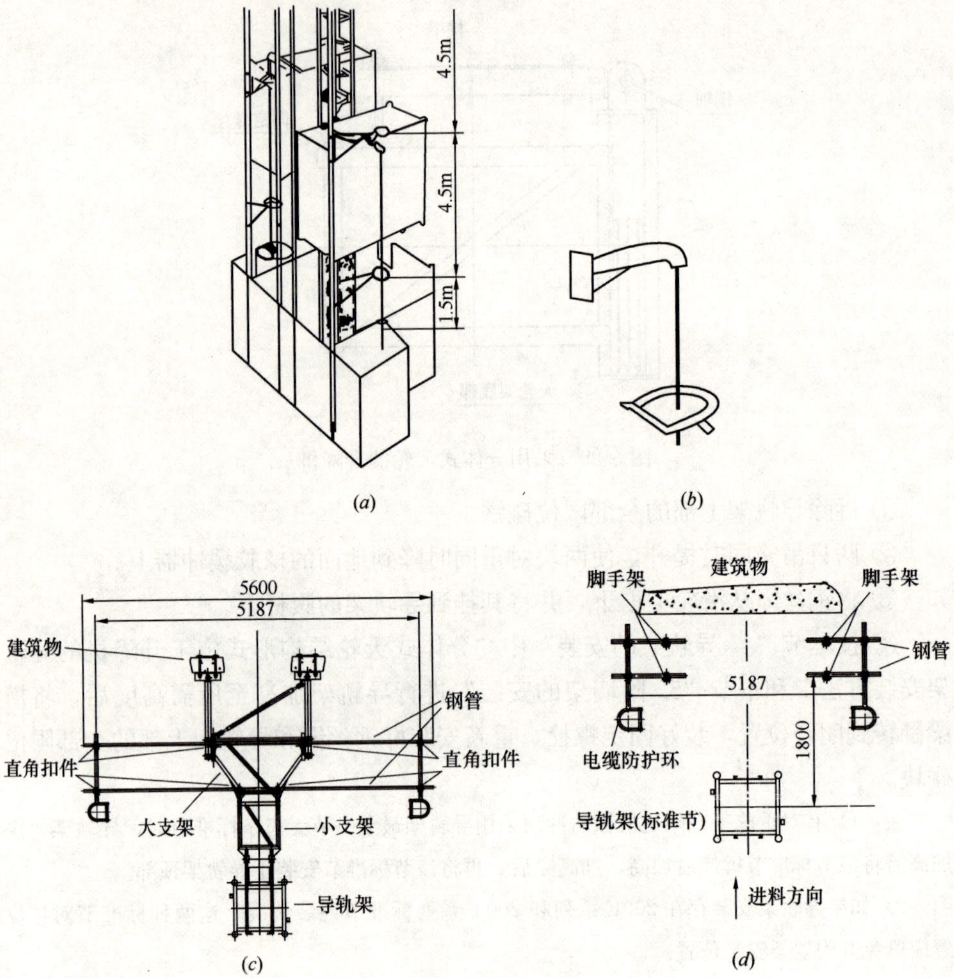

(a)

(b)

(c)

(d)

图 5-30 电缆护栏形式的电缆系统安装

1) 将电缆盘放在平地上沿直线滚动，放出电缆，整根电缆外皮不许有明显扭转现象（观察电缆外皮上的中线不允许呈螺旋状）。

2) 一端从电缆护栏顶部穿入，从司机室护栏的底部穿出接牢底笼配电箱。

3) 从与底笼配电箱接牢的一端开始将电缆收入电缆护栏中，收时应让其自然弯曲，或按顺时针 3～4 圈、逆时针 3～4 圈的顺序盘入，切勿将电缆按一个方向强制盘入。

4) 将另一端电缆固定在电缆导架上，并与吊笼内的接线盒连接好。

5）接好工地与升降机的电源，起动升降机检查电缆是否缠绕或扭结。如有，应将电缆线放开重新排放。

6）注意，新的电缆，在使用一段时间后，有可能发生自然缠绕现象。此时应松开电缆端接头，使其放开后重新排放，同时安装在吊笼上的电缆也应上提10cm。

7）安装电缆防护环：

方法1：先将2根ϕ48×5600的钢管用直角扣件安装到大支架上相应的钢管上（图5-30（c）），保证水平后，再用直角扣件将防护环安装到这两根钢管上，调整电缆防护环的位置，确保吊笼运行时电缆在防护环"U"形中心（图5-30（b））。

方法2：先将2根ϕ48×5600的钢管用直角扣件安装到脚手架上（图5-30（d）），须保证水平，再用直角扣件将防护环安装到这两根钢管上。

在导轨架加高的过程中，要同时安装电缆防护环。安装电缆时应特别注意：电缆绝对不可缠绕。

（2）电缆滑车形式的电缆系统安装（图5-31）

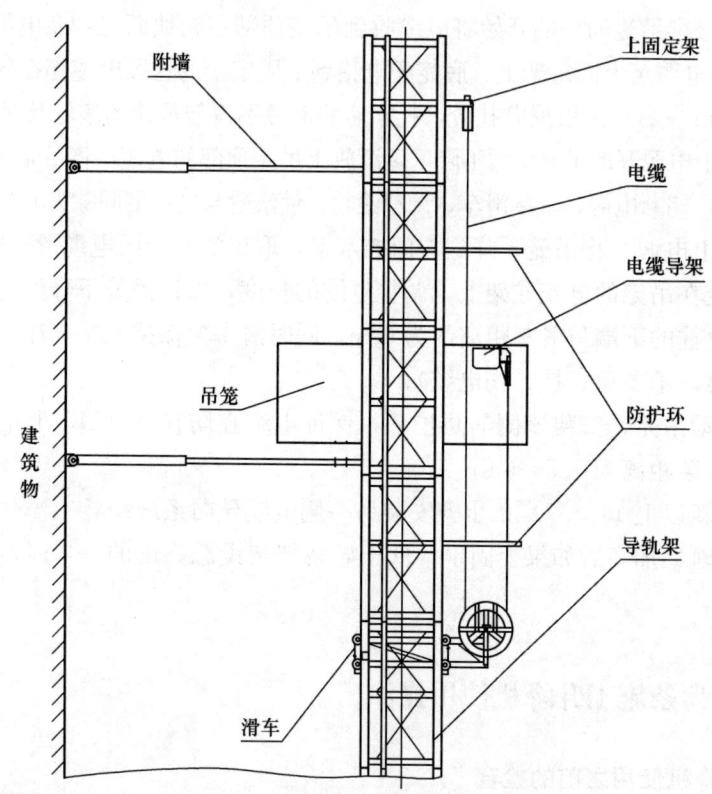

图5-31　电缆滑车式的电缆系统安装

149

一般在提升高度大于 150m 的施工升降机上，为了减小动力电缆的电压降和防止电缆受拉力太大而损坏，使用带滑车的电缆导向装置，在风力较大或环境温度比较低的情况下也可使用。目前电缆滑车仅适用于低速运行的施工升降机，不适用于高速运行的施工升降机。

1）将电缆盘放在平地上沿直线滚动，放出电缆，整根电缆外皮不许有明显扭转现象（观察电缆外皮上的中线不允许呈螺旋状）；

2）电缆的一端接牢底笼配电箱，然后将电缆收至两吊笼之间的空地（注意：从接牢底笼配电箱一端开始收，收电缆时应保证其自然状态，不得使电缆外皮强制扭转，并保证吊笼上行时电缆随行顺利），另一端穿过电缆导架与吊笼配电箱接牢（作临时用电）；

3）开动吊笼缓缓上升，采用点动按钮操作，中间制动几次，至导轨架预计架设总高度的一半时（无法到达此高度时则开至允许的最高点，尽量避免电缆二次安装）停住，从底笼配电箱处切断电源，安装上固定架（吊笼上升时密切注意随行电缆，不得有挂、擦等导致电缆损坏的现象发生，必须有人在地面观察，随时保持联系）；

4）从接牢吊笼的一端开始将电缆收到吊笼顶部，到地面上剩余电缆 2m 左右为止，安装电缆至上固定架上，底笼配电箱到上固定架的这段电缆绑在导轨架腹杆上，每 1.5m 左右绑一根尼龙扎带，扎牢后的电缆不得与吊笼的滚轮及对重相碰；

5）合上电源开动吊笼缓缓下降，逐渐放出吊笼顶部的电缆，将吊笼开至距地面约 2m 停住，切断电源，安装滑车，调整滚轮，使滚轮与立柱的间隙为 0.8～1mm；

6）合上电源，将吊笼下降到与门槛水平，取出滑车上的电缆滑轮装入电缆，将电缆固定在吊笼的电缆导架上，调整电缆的长度，保证吊笼下降到与门槛水平时，吊笼立柱的下端与滑车距离约为 6cm，同时滑车架保持水平（注意：此时必须小心在意，不要拉、挂、伤电缆）；

7）开动吊笼，安装该侧的防护环，保证电缆在防护环"U"形中心，防护环的垂直安装距离为 4.5～6m；

8）重新以上 1）～7）条步骤安装另一侧电缆导向系统；

9）导轨架加高后如果上固定架低于导轨架架设总高度的一半时，应将上固定架上移。

三、齿轮齿条施工升降机使用操作

1. 升降机使用之前的检查
升降机使用之前，须检查以下几个项目：

（1）检查各螺栓紧固件有无松动现象，如有松动应及时拧紧各螺栓。

（2）检查升降机电气系统工作是否正常，各交流接触点吸合情况及导线接头情况等。

（3）检查各种安全限位开关动作是否灵活，各限位碰块有无移位。

（4）检查升降机吊笼运行通道上有无突出物，确保吊笼运行安全距离不小于 250mm。

（5）检查各部位润滑情况，及时加注润滑脂（请参考升降机的润滑部分）。

（6）检查吊笼进出门、防护围栏门等开启灵活与否，检查各限位开关动作情况。

（7）检查各滚轮、背轮的调整间隙及齿轮与齿条的啮合间隙是否正常，如不符合要求应及时进行调整。

（8）在每次安装结束后都要检查防坠安全器的动作是否可靠，这可通过吊笼坠落试验来完成。

2. 操作注意事项

（1）当班司机必须认真阅读上班司机的运转记录，发现问题及时解决。

（2）如遇冬季天气寒冷，气温较低，而升降机启动困难时，启动后可空载上下试运行几次，使减速器油温趋于正常。

（3）升降机操作人员（司机）必须经过培训，熟悉各部件的性能及操作技术，严禁无证人员操作（司机必须身体健康，无心脏病或高血压病）。

（4）当升降机顶部风速超过 20m/s（8 级风）以及大雨、大雾、冰冻恶劣气候下不得开动升降机。

（5）作业前必须对升降机各部件进行全面检查，确认各部件安全可靠及有效后，方可开始作业。

（6）经常观察吊笼运行通道有无障碍物。

（7）升降机的基础不允许存在有积水现象。

（8）保持升降机的吊笼内及笼顶的清洁。

（9）严禁升降机超载运行。

（10）满载吊笼（下降运行）在地面基站停止时，避免撞击缓冲弹簧。

（11）升降机运行时，严禁背靠或挤压吊笼进出料门，严禁开门或将手及物品伸出笼外。

（12）升降机启动前要响电铃 2 次提醒所有成员注意，并在运行中若发现异常情况，立即按下急停按钮。

（13）下班后，吊笼应停在地面（基）站台，并切断供电电源，锁好电箱，关闭吊笼门及围栏门，并将护栏门锁好，做好当班记录。

（14）严禁酒后操作。

（15）如升降机发生故障或有异常情况，务必及时通知有关专业人员，或通知生产厂家维修。

（16）严格按要求定期进行检查、保养及定期作吊笼防坠落试验。

3. 操作方法（图5-32）

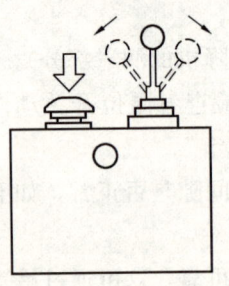

图5-32 齿轮齿条施工升降机操作方法

（1）将底笼电源上的电源开关置于"开"；

（2）关闭所有的门，包括吊笼单开门、双开门、天窗盖及底笼门；

（3）使吊笼极限开关手柄处在"ON"位置，并确认电控箱内的保护开关已接通，操作箱上的急停按钮已经打开；

（4）扳动手柄并保持这一位置，升降机吊笼即可升降运行，按操纵盒上标志所示。操作手柄置于"停"位，吊笼即可停车。在上下终端站，吊笼上设有上、下限位开关和极限开关，司机应掌握缓稳操作。

注意：升降机启动前要按警铃提醒所有人员注意。

（1）在运行中如发生异常情况如电气失控时，应立即按下急停按钮，在未排除故障前不允许打开。

（2）因检修等需在吊笼顶上工作时，应将手提式检修按钮盒从吊笼内取下，通过天窗拿到吊笼顶部进行操纵。此时必须将手提式检修按钮盒上的转换开关转向切断司机室内操作箱的操作控制回路。

（3）当升降机在运行中由于断电或因其他原因而异常停车时，可进行手动下降，使吊笼下滑到下一个停层站或地面站，具体方法为：将电机尾端制动电磁铁手动释放拉手缓缓向外拉出，使吊笼缓慢地向下滑行（图5-33）。

注意：吊笼下滑时，不允许超过额定运行速度，否则限速器将动作。每下降20m，要休息1分钟，使制动器冷却下来。手动下降必须由专业维修人员进行操纵。

故障分析，如果升降机不能启动，请检查确定：

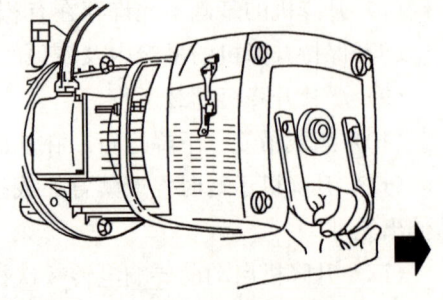

图5-33 手拉电机尾端制动电磁铁手释放拉手

1）电源箱的总电源开关是否打开，升降机上电源是否接通。

2）急停按钮是否打开。

3）极限开关是否在"ON"位置。

4）天窗盖、吊笼门是否关闭。

5）底笼门是否关闭。

6）断绳保护开关有无动作。

7）有对重的升降机还需检查吊笼顶部的松绳开关是否已动作。

8）变频升降机还需检查变频器风扇是否转动、电阻发热是否正常。

9）检查底笼配电箱内的总电源开关 QM1 输入端三相电压值是否符合要求。

10）合上空开 QM1 与 QF1，总接触器 KMl 是否吸合，应注意相序保护继电器是否起作用，再将极限开关 SKl 的手柄置于中间"ON"位置。

11）合上吊笼电控箱中的空气开关 QM2、QF2 与 QF3，至此就可以启动开关操纵升降机了。

12）用接地电阻测试仪测量升降机钢结构及电器设备金属外壳的接地电阻，不得大于 4Ω，接地线可以与固定底架用的 4 只地脚螺栓之一相连接。本机接地装置厂家不提供，用户自备。

13）测量电动机及电气元件（电子元器件部分除外）的对地绝缘电阻不应 <0.5MΩ，电气线路的对地绝缘电阻不应 <1MΩ。

14）检查各安全装置：分别打开吊笼上各个门，触动断绳保护开关、上下限位开关、极限开关均应能够起作用。

15）限位开关及极限开关碰铁的安装要求（图 5-34）：

① 下限位碰铁的安装位置，应调整到在吊笼满载下运行时，能自动停止在吊笼地板与底笼门槛相平处。

② 下极限碰铁的安装位置，应保证在吊笼碰到缓冲器前，下极限开关首先动作。

③ 上限位碰铁的安装位置，应调整到使吊笼自动停止在上终端站平台时，吊笼与导轨架顶部的安全距离大于 1.8m。

④ 上极限碰铁的安装位置，应保证上极限开关与上限位开关之间的越程距离为 0.15m。

⑤ 调整上、下限位开关和极限开关触杆的长度，确保各开关动作可靠。

⑥ 紧固上、下限位碰铁上的螺栓，确保碰铁不移动。

⑦ 减速开关及减速开关碰铁的安装要求，仅中速变频施工升降机有该装置。

⑧ 下减速限位碰铁的安装位置，应调整到在吊笼下运行时，在下限位开关

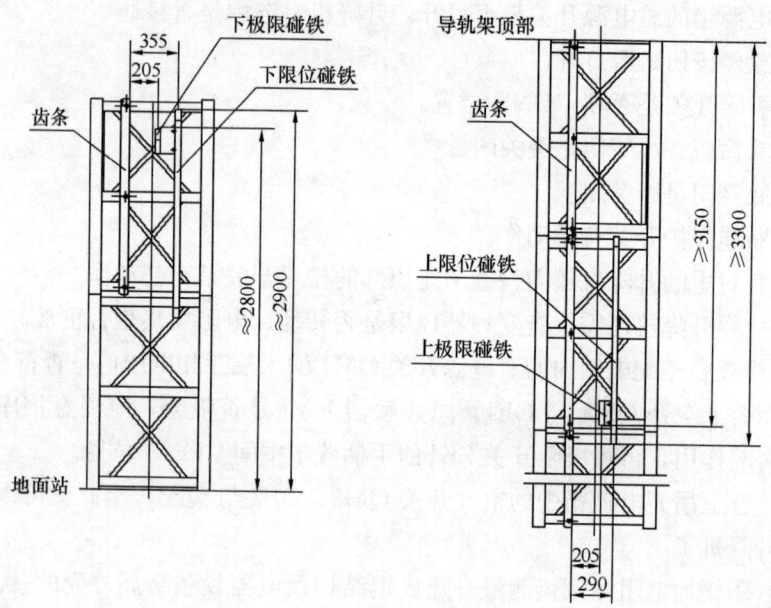

图 5-34　限位开关及极限开关碰铁的安装

碰到下限位碰铁之前能自动减速。

⑨ 下减速限位碰铁的安装位置，应保证在吊笼下限位开关起作用前 2m 以上距离，下减速限位开关动作。

⑩ 上减速限位碰铁的安装位置，应调整到使吊笼上运行时，在上限位开关碰到上限位碰铁前能自动减速。

⑪ 上减速限位碰铁的安装位置，应保证在上限位开关与上限位碰铁起作用前 2m 以上距离，上减速限位开关动作。

⑫ 调整上、下减速限位开关和减速限位开关触杆的长度，确保开关动作可靠。

⑬ 紧固上、下减速限位碰铁上的螺栓，确保碰铁不移动。

四、齿轮齿条式施工升降机安装拆卸操作要点

1. 齿轮齿条式施工升降机安装操作要点

（1）安装作业前，安装单位应确认施工升降机基础、供电电源、辅助的起重设备、作业区域安全措施等符合安装条件；同时应确认防坠安全器在有效的标定期限内。

（2）施工升降机安装前，安装技术人员应根据安装工程专项施工方案和产品使用说明书的要求，对安装作业人员进行安全技术交底，并由安装作业人员在交底书上签字。

（3）安装拆卸人员必须具有特种设备操作许可证，必须熟悉升降机的性能结构特点，并能熟练地操作，能熟练地排除故障。

（4）所有安装作业人员应严格按照施工安全技术交底内容作业，不得违章施工。

（5）雷雨天、雪天或升降机顶部风速超过 13m/s（6 级风）的恶劣天气不能进行装拆作业。

（6）在安装施工升降机的作业范围内必须设置警戒线，警戒区上空应架设安全网。非作业人员不得进入警戒范围。

（7）进入现场的安装作业人员应佩戴必要的防护用品，高处作业人员应系好安全带，穿上防滑鞋。所有物件应抓牢放稳，任何人不得站在悬吊物下。

（8）安装作业中应统一指挥，分工明确；危险部位的安装应采取可靠的防护措施。

（9）安装时必须确保施工升降机运行通道内没有障碍物。

（10）严禁安装作业人员酒后作业及进行与安装无关的工作。

（11）禁止夜间进行安装作业。

（12）施工升降机安装作业时，必须将加节按钮盒或操作盒移至吊笼顶部操作，严禁吊笼内的人员操作施工升降机。

（13）安装作业时严禁以投掷的方法传递工具和器材。

（14）吊笼运行时，禁止安装人员头、手露出安全栏以外，否则极易引发事故，见图 5-35。

（15）吊笼内及吊笼顶上所有的安装零件和工具，必须放置平稳，禁止露出安全栏外。

（16）安装作业过程中，安装作业人员和工具等总载荷在任何时间都不得超过施工升降机的额定安装载重量。

（17）当导轨架需要安装加强节时，必须确

图 5-35　头部伸出安全栏事故模拟图

保标准节和加强节的安装部位正确，严禁用标准节替代加强节使用。

（18）导轨架安装时，应用经纬仪对施工升降机在两个方向进行测量校准。施工升降机导轨架垂直度允许偏差应符合产品使用说明书的规定。

（19）施工升降机接高导轨架标准节时，必须按产品使用说明书规定进行附墙连接。附墙架垂直间距和导轨架顶部自由端高度在任何时候都不得超过产品使用说明书规定值。

（20）导轨架或附墙架上有人员作业时，严禁开动施工升降机。

（21）安装吊杆使用时禁止超载，当吊杆上有悬挂物时，严禁开动施工升降机吊笼。

（22）连接件和连接件的防松件应符合使用说明书的规定，不得代用。对有预紧力要求的连接螺栓，应使用扭力扳手或专用工具，按产品使用说明书规定的拧紧次序，将螺栓准确地紧固到规定的扭矩值。

图5-36 标准节螺栓未拧紧事故模拟图

（23）施工升降机每次加节完毕，应对导轨架的垂直度进行校正。且应按规定重新设置行程限位和极限限位，经试车合格后方可交付使用。

（24）发现故障或危及安全的情况时，应立刻停止安装，并报告现场的安全负责人。在故障或危险情况没有解决之前，严禁操作施工升降机。

（25）在安装作业过程中，当遇意外情况，不能继续作业时，必须使已安装的部件达到稳定状态并固定牢靠，经检查确认无隐患后，方可停止作业。安装人员下班离岗时不应留下任何安全隐患，尤其切记拧紧标准节及附墙架的连接螺栓，否则极易引发事故，见图5-36。

（26）安装完成后应对吊笼进行一次坠落试试验。

（27）安装完成后安装人员应对施工升降机进行全面自检。

（28）安装完毕后应拆除为施工升降机安装作业而设置的所有临时设施，清理施工场地上作业时所用的索具、工具、辅助用具、各种零配件和杂物等。

2. 齿轮齿条式施工升降机的拆卸操作要点

拆卸的方式和顺序基本上与安装的方式和顺序相反，由于先前已详细叙述了安装，因此，对拆卸，这里仅介绍一些要点，详细内容请参见本节"二、齿轮齿条式施工升降机安装作业"部分。

拆卸作业注意事项：

（1）施工升降机拆卸作业必须符合产品使用说明书的要求。

（2）使用单位应确保有足够的范围而作为拆卸场地，并在拆卸场地上方架设安全网。

（3）在拆卸作业开始前应对吊笼进行一次坠落试试验。

（4）拆卸前应对施工升降机的关键部件进行检查，如发现存在影响拆卸作业的隐患应及时处理，解决后方可进行拆卸作业。

（5）所有参加拆卸的作业人员，都应了解施工升降机可运载的导轨架标准节数量和其他构件的重量，运输时不得超过施工升降机的额定安装载重量。

（6）在拆下的部件被吊放到吊笼顶板上之前，严禁驱动施工升降机吊笼。

（7）拆卸附墙架时，应确保施工升降机导轨架自由端的高度始终满足产品使用说明书的要求。

（8）严禁夜间进行拆卸作业。

（9）当最后一道附墙架拆除后，应确保与基础相连的导轨架仍能保持各方向的稳定。

（10）施工升降机拆卸作业尽量连续完成，当不能连续完成时，应采取相应的措施保证施工升降机处于安全状态。

（11）拆卸导架时，要确保吊笼的最高导向轮的位置始终处于被拆卸的标准节接头之下，且吊具和安装吊杆都已到位，然后才能卸去连接螺栓。且必须在撬松与下面标准节间的结合面后，方可用安装吊杆吊离被拆卸的头架或标准节。

（12）拆卸过程中，吊笼的载荷不得超过额定安装载重量，吊笼的运行速度不得超过额定安装起升（下降）速度。

（13）双吊笼升降机在整个拆卸过程中，两只吊笼必须同时上升、停止和同时下降。

五、钢丝绳式施工升降机操作要点

1. 操作注意事项

（1）同本节"四、齿轮齿条式施工升降机安装拆卸操作要点"中"1. 齿轮齿条施工升降机的操作要点"的（1）～（6）条。

（2）升降机在正常工作时，吊笼顶上不得有人员或货物。

（3）人货两用升降机吊笼运行时，吊笼内司乘人员不得跑动、打闹，严禁开门或将手及物品伸到吊笼外。

（4）人和物在吊笼内应均匀分布，不得超出吊笼，载荷和乘员人数不得超过升降机额定数值。

（5）并严禁无关人员和货物进入底笼（围栏）范围内。

（6）发现故障或危及安全的情况时，应立即停车并报告；在故障和危及安全的情况解除前，不得操作升降机。

（7）每天开机前应确认卷扬机或曳引机制动器的可靠性以及钢丝绳完好情况；如果是卷扬机驱动则还应确认钢丝绳的排列是否整齐，如果是曳引机驱动还应确认每根钢丝绳松紧是否一致，是否存在打滑现象。

（8）依次检查所有安全装置是否能正常工作，信号及监控效果是否良好。

（9）停电或作业结束，应将吊笼降至地面，并切断电源。

（10）按相关要求进行维护和保养，并定期做坠落试验。

（11）严禁酒后操作。

2. 操作方法

（1）打开电源箱，接通电源。

（2）打开操作面板上的主令开关，接通控制回路。

（3）关闭所有门。

（4）先按示警按钮，再开动升降机。

（5）在吊笼运行中如发生异常情况，应立即按下急停按钮，在未排除故障前不允许打开。

（6）吊笼落地时需掌握缓稳操作。

六、钢丝绳式施工升降机安装拆卸操作要点

（1）钢丝绳式施工升降机安装作业应满足本节"四、齿轮齿条式施工升降机安装拆卸操作要点"中"1. 齿轮齿条施工升降机的安装操作要点"第（1）～（11）、（13）、（15）和（18）～（28）条对安装作业的规定。

（2）人货两用施工升降机还应满足本节"四、齿轮齿条式施工升降机安装拆卸操作要点"中"1. 齿轮齿条施工升降机的安装操作要点"第（12）、（14）和（16）条对安装作业时吊笼运行的规定。

（3）钢丝绳式施工升降机应具有断绳保护装置。

（4）卷扬机或曳引机必须按产品使用说明书的要求固定牢固，且卷扬筒或曳引轮与导向滑轮中心线应垂直对正，安装地点应平整、坚实、视野良好。

（5）当卷扬机或曳引机需要设置地锚时，地锚应固定可靠。地锚设置地点的受力方向及两侧，在 2m 的范围内严禁有沟洞、地下管道和地下电缆沟等。

（6）卷扬机或曳引机的传动部位，必须安装牢固的防护罩。卷扬机卷筒旋转方向应与操纵开关上的指示方向一致。

（7）钢丝绳式施工升降机拆卸作业应满足本节"四、齿轮齿条式施工升降机安装拆卸操作要点"中"2. 齿轮齿条施工升降机的拆卸操作要点"。

第六章

建筑起重机械的检查和维护

第一节　塔式起重机的检查与维护

塔机在建设工地使用中需要检查与维护，如何做到有的放矢，抓住重点，有效工作才是我们的目的。下面我们分别阐述塔机结构、机构、电气和安全装置四大部分的常见故障、检查要点和维护要点。

一、塔机主要结构件的检查与维护

塔机肢体主要由结构件构成，从下到上主要有底架、塔身、爬升套架、起重臂及拉杆等，由于各构件在整机中的受力不同，产生故障的部位也有所不同，我们根据近几年来的经验得到如下几点，供同行参考。

1. 底架结构

底架结构包括塔机地下节、地下预埋螺栓、井字底架等受力构件，其结构构造看似简单，但均处于塔机在工作中受力最大的位置，且基础连接件应看作是塔身的延伸，在制造过程中，对它们的材质、焊接工艺和尺寸误差等均有严格的要求，因此必须由有相应等级特种设备制造资格的单位制造，用户不应随意制作，以免发生重大安全事故。

（1）底架结构常见故障

1）地下节埋入深度不够，垂直度未达到；

2）预埋螺栓松动，埋的太深或太浅；

3）井字架与垫板未垫平，出现间隙，塔机基础出现了倾斜；

4）地下节、地下预埋螺栓、井字底架使用中出现裂纹；

5）钢结构底架在与塔身连接处出现各种故障。

（2）底架结构检查要点

1）由于塔机基础埋入件，如地下节、地下预埋螺栓均为受载较大的构件，并且构件埋入后，其地下与地上分界处属于应力集中部位，易产生疲劳损伤，所以，规定地下节、地下预埋螺栓等埋入构件均为一次性使用，更不得将旧标准节作为地下节埋入。

2）由于塔机基础的稳定性取决于地基承载能力、基础设计和基坑位置等因素，所以，底架结构在工程现场安装完成后，必须按规定进行定期监测。监测内容为塔机基础沉降、塔身倾斜情况以及在塔机使用和基坑开挖过程底架结构的动态稳定性。有些工地塔机基础做好时没问题，但随着施工的进行，塔机基础出现了倾斜，纠偏相当困难。如果仅仅是没有垫平，则必须垫平。垫平应达到 1/1000，钢板不应超过 2 块。

3）地下节和预埋螺栓按照设计会有不同的规格、材质和构造，施工时应查验合格证。预埋螺栓一般有中碳钢调质和低碳钢两种材质：采用中碳钢调质的，其强度和硬度相对较高，螺杆直径相应做的小一些，在安装时，应注意不能重力敲击，不能与承台钢筋焊接；当采用低碳钢时，由于其强度稍低，所以直径较大，可以焊接。对于地下节，为了防止在使用中松动拔出，在地下节的主弦杆上会设有防拔钢板，如果埋入时因位置原因需临时割去，就位后应复位补上。地下节和预埋螺栓就位时应采用模具化的工艺措施来保证位置要求。

4）底架结构作为塔机工作时压弯杆件的固定端，承受压力、水平力和不平衡力矩的作用，所以底架构件间的连接和底架与塔身间的连接十分重要。局部连接螺栓的松动会造成相邻位置上连接处的过载，会使母材与螺栓套焊接处等薄弱环节出现早期疲劳裂缝而引发事故。可靠的连接需要采用规定的预紧力、合适的螺栓长度，同时应保证连接构件的两结合面以及螺栓六角头内端面和螺母端面均与构件孔座面良好地接合。

5）定期检查各连接螺栓、销轴的固定或紧固情况；做好基础排水措施，避免底架构件锈蚀破坏；做好可能出现早期疲劳裂纹部位的外观检查。要根据该塔机起重臂工作频率较高的区域分析出现疲劳破坏的高危区域，提高检查的针对性和有效性。对于使用时间较长的塔机，可以考虑定期为底架结构进行除锈涂漆。此外，要保证底架部位能方便人员日常检验观察。

6）在组合基础上采用混凝土承台时，底架结构的维护要求与非组合基础相同；当组合基础上采用钢平台基础时，因第一节标准节（图 6-1）应力集中原因

图 6-1 组合基础直接安装标准节

和连接高强螺栓副规格尺寸问题，特别要做好保证高强螺栓预紧力和螺栓防松措施。

（3）底架结构维护要点

1）检查底架结构架体的高强度连接螺栓，防止松动。螺栓松动时应进行扭矩检验，发现松动及时紧固。

2）对底架部位进行定期检查，防止因锈蚀而导致受力构件的强度降低。发现开焊及时补焊。

3）及时排水。

2. 塔身

塔身由地下节、基础节、加强标准节和标准节组成，各生产厂家取名不同，不能统一，因为塔身总是下部受力比上部大，故检查重点应放在下部。

图 6-2 标准节裂纹

（1）塔身结构常见故障

1）塔身标准节间的高强螺栓连接松动；

2）旧标准节或经常过载标准节的相关部位容易出现裂缝（图 6-2）；

3）由于一些塔机制造厂的设计、选材或焊接工艺等原因，也会在标准节的特定位置出现早期裂缝；

4）新旧标准节混用，造成疲劳损坏。

（2）塔身结构检查要点

1）塔身标准节间的高强螺栓连接必须按规定的预紧力紧固，并应定期检查。如有松动，首先会造成塔身工作时过度晃动，容易使塔身及其余钢结构疲劳破坏；第二易使塔身连接的螺栓早期疲劳损坏，酿成重大事故。

2）塔身高强螺栓应采用正确的拧紧方法。当塔身单侧主弦杆受压时（空载时靠平衡重一侧），拧紧这一侧塔身连接螺栓，回转 180° 再拧紧另一侧连接螺栓。或者载重小车吊一些重量，使塔身上部配平，套架不受弯矩，主根主弦杆同次交叉拧紧。

3）塔身高强螺栓的拧紧除了采用正确的拧紧方法外，应使用扭力扳手，达到额定拧紧力矩。但在实际操作中不太容易做到，也应该用专用扳手使其拧紧力矩达到相应的程度。双螺母防松应紧固到位，不得使用其他形式。

4）高强度螺栓在第一次安装机器使用 100 小时后，应全部检查均匀拧紧，以后每工作 500 小时应检查一次。在检查中如发生螺母、螺栓松动或有螺纹部分损伤，应立即拧紧或更换螺栓或螺母。高强度螺栓、螺母拆卸再次使用，一般不得超过两次，且拆卸的螺栓、螺母必须无任何损伤、变形等缺陷。再次使用前，应对螺栓副进行除污、除锈、上油保养，保证螺母能在螺杆上正常拧入或拧出。高强螺栓换用必须采用相同的规格和等级，并有合格证。

　　5）旧标准节或经常过载标准节的相关部位容易出现裂缝。此外，由于一些塔机制造厂的设计、选材或焊接工艺等原因，也会在标准节的特定位置出现早期裂缝，并形成一定的规律性。无论是何种原因，标准节上裂纹的出现均会有一个不断扩展的过程，一般从肉眼不易发现的微小裂纹发展到威胁塔机安全使用的明显裂纹会有 2～3 个星期的时间，因此，至少每周一次的裂纹探查是十分必要的。检查可以采取目测、放大镜、渗透或磁粉探伤等方法。裂纹通常出现在受力最大的独立式安装的第一节标准节的焊接连接套上口主弦杆的横向方向上。对于处于微小阶段的裂纹，采用目测方法发现有疑似可能时，可以打磨后用渗透或磁粉探伤方法深入探查，也可加大检查频度，如每半天目测一次该处裂纹的发展情况，都是比较可行的方法。

　　（3）塔身结构维护要点

　　1）检查结构架体的高强度连接螺栓，以防松动。螺栓松动时应进行扭矩检验，发现松动及时紧固。

　　2）进行定期检查，防止因锈蚀而导致受力构件强度降低，发现开焊及时补焊。

　　3）按时油漆保养。

3. 爬升套架

　　（1）爬升套架常见故障

　　1）爬升轮（滚轮）及调节螺杆易锈死；

　　2）爬爪和爬爪座之间配合不好；

　　3）爬爪、爬爪座和顶升油缸的承力点部位受力后产生裂纹（图 6-3）；

　　4）顶升横梁及防脱装置易失效。

　　（2）爬升套架结构检查要点

　　1）爬升套架的特点是在塔机工作时不受载，在塔身顶节或降节时受到相同性质、相同程度的载荷。套架结构上有三个承力要点，它们分别是爬爪、爬爪座和顶升油缸的承力点部位。这三个部位一旦出现失效或破坏，正处于顶起状态的塔机就会立即发生机毁人亡的重大事故，有过类似原因引发的血的教训。所此，

图 6-3　爬爪、爬爪座和顶升油缸的承力点部位受力后产生裂纹

对这三个部位的检查和维护是爬升架维护的重点。在维护中，首先要观察这三个部位的外观变形情况，有明显塑性变形的杆件应予报废更换，对来源不清的爬爪、销轴、油缸组合应慎用；其次是要检查爬爪座焊缝是否开裂，承力焊缝高度、长度是否不足等，若是，应制订方案进行加固修复。

2）滚轮滑板的完好是方便顶升时重心位置调整的保证。在维护时，滚轮滑板一要有足够的位置调节范围；二是保证滚轮转动灵活及滑块表面的平整度，以免在顶升时对标准节主弦杆的意外磨损。

3）由于爬升架在工作中，只受单一的压力作用，所以其结构的用料规格不大，结构的刚性偏小。对于外套架，在顶升时，由于有一侧面需要引进标准节，所以没设置垂直方向的斜撑杆。因此，顶起后严禁开动回转机构；在安装吊运时，应注意合理的起吊点，以防止结构变形。

4）顶升横梁及防脱装置对制作的要求较高，曾发生新机在顶升时，因顶升横梁支座脱焊造成重大安全事故，故要求在顶升前对此处的焊缝进行有效检查。

（3）爬升套架结构维护要点

1）对爬升轮（滚轮）及调节螺杆进行有效润滑，爬升轮与标准节之间的间隙，必须调整到位。

2）进行定期检查，防止因锈蚀而导致受力构件的强度降低；发现开焊及时补焊。

3）顶升前对三个承力点，即爬爪、爬爪座和顶升油缸进行目测检查，防止焊缝开裂等情况发生。

4. 起重臂及拉杆

（1）起重臂及拉杆常见故障

1）杆体被外力撞击产生意外变形。

2）销轴和销孔过度磨损。

3）同型塔机拉杆发生混用。

（2）起重臂及拉杆检查要点

1）目测起重臂及拉杆各处的变形情况，起重臂上薄壁构件较多，拉杆较长，容易目测。

2）用游标卡测量起重臂及拉杆轴和销孔有否过度磨损情况，超过 5‰，应更换。

3）有些起重臂的下弦杆上跑的是铸铁滚轮，会磨损杆壁，应注意检查磨损量，超过 10% 应报废。

（3）起重臂及拉杆维护要点

1）起重臂一般均由薄壁管材构成，应注意使用一段时间后薄壁管材的锈蚀情况。对小车变幅的塔机还应特别检查轨道面的磨损情况。在起重臂安装状态，特别要检查起重臂各销轴与销孔的配合间隙是否合理，防连接销脱出的开口销是否按规范设置。如果销轴或销孔磨损过度，使轴孔安装配合过松，会造成使用中起重臂严重摆动等不正常情况。

2）进行定期检查，防止因锈蚀而导致受力构件强度降低；发现开焊及时补焊。

3）更换因塑性变形而损坏的结构件，做好防止结构变形工作，应请有资质的单位进行。

4）按时油漆保养。

5. 上、下支座的维护重点

（1）上、下支座常见故障

1）塔身标准节间的高强螺栓连接松动；

2）旧标准节或经常过载标准节的相关部位容易出现裂缝；

3）一些塔机制造厂的设计、选材或焊接工艺等原因，也会在标准节的特定位置出现早期裂缝；

4）新旧标准节混用，造成疲劳损坏。

（2）上、下支座检查要点

1）上下支座是塔机自重较大的部位，它与许多塔机部件相连，如起重臂、塔帽、平衡臂、爬升架、塔身或回转塔身，因此有许多耳板、连接孔。这些耳板和连接孔均承担着塔机工作时的重要载荷。当有一处失效时，会造成机毁人亡的惨剧。所以，日常要定期检查上下支座中的各耳板有否变形、裂纹、脱焊等缺陷；对于各连接孔要定期检测其内孔磨损程度，当内孔椭圆度，或者直径变大达到6%以上时，应更换孔板，新装孔板的板应用钻床制出，孔板的定位焊接宜采用配焊的方法以保证位置要求。

2）上下支座是通过回转支承用两圈均布的高强螺栓连接的，该连接的可靠性对塔机的安全十分重要。回转支承的转动灵活性对减小塔机回转时的惯性冲击、降低塔机工作能耗也很有关联。因此，对于回转支承一般不少于两年进行一次解体，并对弹体、弹道和弹隔进行清洗，清洗剂通常选用柴油，并更换润滑脂，解体、安装的方法和润滑脂的牌号应依据厂方的说明。定期复拧检查螺栓的预紧力。

3）上下支座安装回转支承的上下两圈螺栓的附近钢结构在工作时是受力较大的地方，且这些部位在露天放置时容易积水造成筋板腐蚀，在维护时必须加强对筋板的厚度和相近焊缝外观的检查，发现问题及时修复。

4）司机室通常固定在上支座上，固定均采用耳板和销轴的方法。固定点全部销轴都应装妥，并应装好防销轴脱出开口销等，不准用小规格螺栓来代替。

（3）上、下支座维护要点

1）经常观察与上、下支座连接的部件如塔顶、臂架、平衡臂等的晃动情况，防止上述结构被破坏。

2）进行定期检查，防止因锈蚀而导致受力构件强度降低；发现开焊及时补焊。

3）经常检查结构连接螺栓、焊缝以及构件是否损坏、变形和松动等。如发现问题必须处理好后，方可继续进行工作。

4）按时油漆保养。

6. 塔顶

（1）塔顶常见故障

1）塔顶在工作中容易晃动，特别在有超载情况下连接销孔会受力拉长。

2）主弦杆单肢在超载情况下有受压失稳现象。

3）连接耳板有裂纹或脱焊现象。

（2）塔顶检查要点

1）目测主弦杆单肢在超载情况下的变形情况，单肢杆件较长容易目测。

2）用游标卡测量轴和销孔有否过度磨损和受力拉长情况，若超过5‰，应更换。

3）其余杆件连接处焊缝的连接情况，发现有开裂，停止使用。

（3）塔顶维护要点

1）合理操作，减少塔机工作时的晃动，不超载，按操作规程操作。

2）进行定期检查，防止因锈蚀而导致受力构件强度降低；发现开焊及时补焊。

3）按时油漆保养。

7. 载重小车

（1）载重小车常见故障

1）滑轮防钢丝绳脱出装置失效。

2）滚轮、侧滚轮转动失灵。

3）小车钢结构变形。

（2）载重小车检查要点

1）滑轮有防止钢丝绳脱出的措施；滚轮、侧滚轮齐全、转动灵活，滚轮轴承定期拆洗，换注润滑剂。

2）检测和控制小车钢结构的变形程度，防止小车滚轮在臂架轨道上跑偏跑空现象发生。

3）由于塔机工作时，起升钢丝绳有相应挠度，使其运动时与小车结构或销轴会有干涉现象，造成起升钢丝绳对小车结构或销轴磨损。有的直至把销轴或小车的横向承载梁磨损切断，因此必须在维护中予以重视。

（3）载重小车维护要点

1）滚轮和侧滚轮轴承定期拆洗，换注润滑剂。

2）目测载重小车运行，防止小车滚轮在臂架轨道上跑偏跑空现象发生。

3）及时调整载重小车牵引钢丝绳的松紧程度和绳档的间隙，如有损坏立即修复。

8. 平衡臂及拉杆

（1）平衡臂及拉杆常见故障

1）杆体受外力撞击产生意外变形。

2）销轴和销孔过度磨损。

3）塔机的平衡臂拉杆没有成套使用。

（2）平衡臂及拉杆检查要点

1）目测平衡臂及拉杆各处的变形情况，平衡臂上薄壁构件较多，拉杆较长容易目测。

2）用游标卡测量平衡臂及拉杆轴和销孔有否过度磨损情况，超过 5‰，应更换。

（3）平衡臂及拉杆维护要点

1）平衡臂各销轴与销孔的配合间隙，防连接销脱处的开口销是否按规范设置。

2）更换塑性变形损坏的结构件，走台网板有否破损，做好防止结构变形工作，应请有资质的单位进行。

3）栏杆护手齐全牢固可靠，按时进行油漆保养。

4）在运输中应尽量设法防止构件变形及碰撞损坏。

二、塔机主要机构的检查与维护

塔式起重机主要机构包括起升、回转、变幅、液压顶升和行走五个部分。起升机构用于实现重物的垂直升降，回转和变幅机构用于实现重物的水平运行，液压顶升用于自身升高，行走机构用于整机的地面行走。如果塔机结构部分是整机的躯干，则它们是整机的内脏部分，塔机能否运作，则在于机构部分能否有效正常工作。所以机构部分的检查与维护显得尤为重要。

1. 起升机构

（1）起升机构常见故障

1）制动器工作失效；

2）减速箱和支座润滑不良；

3）钢丝绳排列不齐，导致失效；

4）排绳装置及绳档失效。

（2）起升机构检查要点

1）应经常进行检查和调整制动瓦与制动轮的间隙，保证灵活可靠，间隙保证在 0.5～1mm 之间。

2）润滑是否正常。

3）要注意检查各部钢丝绳有无断丝和松股现象，如超过有关规定，必须立即换新，钢丝绳的维护保养应严格按《塔式起重机安全规程》GB 5144—2005 的规定。

4）保证卷筒、排绳装置和绳档具有良好的排绳和档绳作用。

（3）起升机构维护要点

1）在制动瓦与制动轮摩擦面上，不应有污物存在，遇有污物必须用汽油和稀料洗掉。

2）各部分的润滑以及液压油均按要求进行。

3）按要求保养钢丝绳。

4）排绳装置润滑到位，使之灵活可靠，档绳间隙合理。

2. 变幅机构

（1）变幅机构常见故障

1）制动器失效锈死。

2）减速箱润滑不良。

3）钢丝绳排列凌乱，导致失效。

（2）变幅机构检查要点

1）应经常检查两个刹车盘之间的间隙，保证灵活可靠，间隙保证在 1mm 左右。

2）润滑是否正常。

3）要注意检查各部钢丝绳有无断丝和松股现象，如超过有关规定，必须立即换新，钢丝绳的维护保养应严格按《塔式起重机安全规程》GB 5144—2006 的规定。

4）保持卷筒和绳档的作用。

（3）变幅机构维护要点

1）在制动瓦与制动轮摩擦面上，不应有污物存在，遇有污物必须用汽油和稀料洗掉。

2）各部分的润滑以及液压油均按要求进行。

3）按要求保养钢丝绳。

4）保证卷筒具有良好的排绳，档绳间隙合理。

3. 回转机构

（1）回转机构常见故障

1）制动器失效锈死。

2）减速箱润滑不良。

3）钢丝绳排列凌乱，导致失效。

（2）回转机构检查要点

1）由于回转机构是带载起动的重负荷机构，对机构与上支座座孔的安装配合要求较高。如果制造厂的制造精度较高，那么回转机构的固定螺栓不太容易松动，反之，如果配合太松，固定螺栓就会时常松动，造成局部螺栓断裂、回转机构与上支座结合面顶起及齿轮啮合不良等故障，所以在定期维护中必须检验回转机构的固定情况。采用定制、配焊安装垫板的方法，保证机构与上支座座孔的安装配合程度达到过渡配合的设计要求和回转机构的安装位置要求。

2）检查机构运转变速、起动冲击是否正常，有无异常声响，如发现故障，必须及时排除。通常当液力偶合器少油时，回转机构会表现出动力不足；当液力偶合器多油时，机构的冲击明显。

3）安装、拆卸和调整回转机构时，要注意保证回转机构小齿轮与回转支承大齿轮的中心线平行，其啮合面和侧隙要合适。

4）直流盘式制动器动作良好可靠。

（3）回转机构维护要点

1）在制动瓦与制动轮摩擦面上，不应有污物存在，遇有污物必须用汽油和稀料洗掉。

2）回转机构润滑到位，用油合理。

3）回转支承大、小齿轮其啮合面不小于70%，啮合间隙均匀，在0.3～0.8mm范围；润滑合理。

4）液力偶合器油量按使用说明书要求。

5）直流盘式制动器制动力矩合适，盘间距约在1mm左右。

4. 液压顶升机构

（1）液压顶升机构常见故障

1）油缸漏油、液压油不清洁、管路损坏、元件损坏等现象。

2）液压顶升机构机械装置的损坏。

3）顶升途中失压，造成重大事故。

（2）液压顶升机构检查要点

1）使用液压油严格按规定进行加油和更换油，并清洗油箱内部，滤油器要经常检查有无堵塞。

2）溢流阀的压力调整后，不得随意更动，每次进行爬升之前，应用油压表检查其压力是否正常；无液压锁定装置不得使用。

3）检查各部位油封管接头、油泵、油缸和控制阀等处，不准有漏油现象。

4）总装和大修后初次起动油泵时，应先检查入口和出口是否接反，转动方向是否正确，吸油管路是否漏气，然后用手试转，最后在规定转速内起动和试运转。

5）在冬季起动时，要开开停停反复数次，待油温上升和控制阀动作灵活后再正式工作。

6）检查各销轴、耳板的完好性，顶升横梁与标准节的踏步位置尺寸应配合正常。

（3）回转机构维护要点

1）清洗油箱内部，滤油器要经常检查有无堵塞。

2）保持油量和液压油的清洁。

3）液压管路如有损坏，应立即更换。

4）各销轴、耳板、顶升横梁与标准节的踏步无锈蚀、无变形。

5. 行走机构

行走机构用于轨道行走的塔机，也称为大车行走机构，其机构有对称布置，也有对角布置。

（1）行走机构常见故障

1）制动器失效锈死。

2）减速箱润滑不良。

3）行走不对称（啃轨）。

（2）行走机构检查要点

1）检查行走装置的同步。

2）安装时必须保证机构的安装位置，使机构与轨道成说明书要求的位置，不得"啃轨"。

3）定期更换动力变速器的润滑油，大修时，应进行解体清洗零件、换油。

4）电缆收放装置应能有效适合塔机的运行。

（3）行走机构维护要点

1）在制动瓦与制动轮摩擦面上，不应有污物存在，遇有污物必须用汽油和稀料洗掉。

2）减速器的润滑按要求进行。

3）电缆收放装置张紧调节合理。

三、塔机主要机械式安全装置的检查与维护

塔机主要的机械式安全装置有力矩限制器、起重量限制器、起升高度限位器、回转限位器、幅度限位器、小车断绳保护装置和小车断轴保护装置。它们都是塔机正常工作的保证，只要这些安全装置在起作用，就算有些人为失误，塔机不致出现重大安全事故，所以在工作时应进行检查与维护，确保这些安全装置完好、灵敏、可靠。

1. 力矩限制器

（1）力矩限制器常见故障

1）螺杆与开关触点位置失效锈死。

2）行程开关因进水、受潮、生锈而损坏。

3）弓形板和限位开关安装座板等在使用、运输中损坏、变形。

（2）力矩限制器检查要点

1）力矩限制器 3 个限位开关的功能是：开关 1，当力矩达到 80％额定力矩时，司机操作台上间断亮灯显示，蜂鸣器断续报警，提醒司机注意，并且变幅小车向外运动，速度自动由高速档转换为低速档；开关 2，采用定码变幅方式调整，即起吊重量不变，载重小车向外行走，当起重力矩达到 100％～110％额定值时，自动停止变幅，吊重也不能上升（只允许向内变幅和吊重下降）；开关 3，采用定幅变码方式调整，即幅度不变，起升重量在一定基础值上增加，当起重力矩达到 100％～110％额定值时，自动停止起升（只允许向内变幅和吊重下降）；这时操作台不间断亮灯显示，蜂鸣器持续报警，调整触碰螺杆与开关触点，保证位置关系良好，动作灵敏、可靠。我们经常发现用户的力矩限制器的调节螺栓锈蚀，力矩限制装置不起作用。

2）经常检查 3 个限位开关的使用情况，3 个开关都必须完好，保证其正常状态。目前塔机上选用的限位开关大多是室内型的，在露天工作很容易损坏，开关会因进水、受潮、生锈而损坏。所以一旦发现动作触点阻卡现象，应立即更换。

3）力矩限制器的作用是放大塔帽主弦杆工作时的微小变形，以达到触动限位开关的变形量要求，所以弓形板的良好弹性和变形复位性是保证力矩限制器重复精度的重要环节。因此在力矩限制器的维护中，保持弓形板无明显变形和良好的弹性是十分重要的。弓形板和限位开关安装座板、调整螺栓等均应有足够的刚性和稳定性，保证在使用、运输中不易损坏、变形、失效。达不到这样要求的，应更换。

（3）力矩限制器维护要点

1）力矩限制器的调节螺栓应确保不锈蚀，经常涂油，如发现有锈蚀，应给予更换，而且调节螺栓的防松螺母也应及时紧固。

2）做好 3 个行程开关的防护措施，如对 3 个行程开关加罩壳或用防雨布等。

3）运输途中采取临时加固措施，使弓形板和限位开关安装座板不易损坏、变形。

2. 起重量限制器

（1）起重量限制器常见故障

1）螺杆与开关触点位置失效锈死。

2）行程开关因进水、受潮、生锈而损坏。

3）各行程开关没有对应各档的速度，而产生速度紊乱。

（2）起重量限制器检查要点

1）螺杆与开关触点位置锈蚀情况。

2）行程开关的损坏情况。

3）起重量限制器的作用是保护起升机构传动部分及相应结构，电机、电气不因过载而损坏，它采用拉力环形式，外壳呈密封状，有较好的可靠性。它的调节方法和工作原理在塔机的使用说明书内都有非常明确的指示，检查时应注意各微动开关的重量与速度的对应情况。

（3）起重量限制器维护要点

1）起重量限制器的调节螺栓应确保不使其锈蚀，防松螺母也应时常紧固。

2）做好行程微动开关的防护措施，如有损坏立即更换。

3）起重量限制器的微动开关是保护相应速度下的起重量，因而在调节时应读懂使用说明书，特别是在二、四倍率变化时尤其要看清楚。

3. 起升高度限位器、幅度限位器、回转限位器

起升高度限位器、幅度限位器、回转限位器，目前在塔机上大多采用专业厂家生产的多功能限位器。

（1）常见故障

1）限位器内螺杆与齿轮失效。

2）多功能限位器与机构连接处损坏。

（2）检查要点

1）螺杆与开关触点位置磨损情况。

2）连接部位损坏情况。

（3）维护要点

1）起重量限制器的调节螺栓应确保不锈蚀，防松螺母应也时常紧固。

2）做好行程微动开关的防护措施，如有损坏立即更换。

表 6-1 给出了塔机的常见故障。

塔机常见故障 表 6-1

机构	序号	故障现象	故障原因	排除方法
液压顶升机构	1	顶升太慢	（1）油缸密封圈有损伤、出现内泄 （2）油泵磨损，压力减弱 （3）油量不足或滤油器堵塞 （4）手动换向阀阀杆与阀孔磨损严重 （5）手动换向阀不能复位	（1）调换密封圈 （2）修理或更换油泵 （3）加油或清理 （4）修理或更换换向阀

机构	序号	故障现象	故障原因	排除方法
液压顶升机构	2	顶升无力或不能顶升	(1) 油泵损坏（转速未达要求、零件损坏、密封不严）、严重内泄 (2) 管路毛病（溢流阀卡死或损坏；手动换向阀损坏；污物堵塞、密封件损坏致使密封不严） (3) 溢流阀调定压力太低	(1) 修理或更换油泵 (2) 清洗疏通，更换或修理 (3) 按要求调节溢流阀压力
	3	顶升发生颤抖爬行	(1) 油缸活塞空气未排除 (2) 导向机构有障碍 (3) 导轮有单面卡死现象	(1) 按要求排出空气 (2) 仔细观察排除障碍 (3) 调节间隙四面一致
	4	顶升有负载后出现自降	(1) 缸夹上的平衡阀出现故障 (2) 油缸活塞密封损坏 (3) 管路破损	(1) 排除故障 (2) 更换密封件 (3) 修复管路
	5	顶升升压时出现噪声振动	滤油器堵塞	清洗滤油器
	6	顶升系统不工作	电机接线错误使油泵转向不对	更正
起升机构	7	起升机构不能起动	(1) 控制接线错误 (2) 熔丝烧断 (3) 电机绕组短路、断路 (4) 电机电压过低 (5) 绕组接线错误 (6) 制动器未打开 (7) 传动机械有故障	(1) 核对接线图 (2) 检查熔丝是否符合要求 (3) 检查电机 (4) 测量电网电压 (5) 按各档位分别供电修复 (6) 整修制动器 (7) 检查传动链排除故障
	8	不能起升	(1) 超载，超力矩 (2) 超载或超力矩开关故障 (3) 高度限位器动作 (4) 高度限位器故障 (5) 热保器动作 (6) 热保器损坏	(1) 卸载，向内变幅 (2) 修理或更换开关 (3) 只能下降 (4) 修理或更换 (5) 手动复位 (6) 修理或更换
	9	起升无高速	(1) 额定重量已到，自动切换到低速档 (2) 高速绕组故障 (3) 高速操纵手柄故障	(1) 继续使用 (2) 修理或更换
	10	起升只有低速档	(1) 延时继电器有故障 (2) 低速档操纵手柄故障	(1) 修理或更换 (2) 修理或更换

续表

机构	序号	故障现象	故障原因	排除方法
起升机构	11	起升无力	（1）外电源电压过低 （2）电缆线太长导致压降太大	（1）检查外电源电路 （2）改变接线方式换粗电缆
	12	起升动作时跳闸	（1）起升电机过流，过流断电器吸合 （2）工地变压器容量不够 （3）变压器至塔机动力电缆的线径不够	（1）检查刹车是否打开，过流稳定值是否变化 （2）加大变压器容量 （3）增加线径
	13	起升电机温度过高	1、2档使用的时间太长或起升刹车没打开	减少1、2档使用时间，检查刹车间隙，调至合适
	14	重物下滑或制动不灵敏	（1）制动力矩过小 （2）制动轮与摩擦片之间间隙过大	（1）调整制动器弹簧 （2）调节制动轮与摩擦片之间间隙
	15	重物冲击过猛	（1）制动力矩过大 （2）制动时间过短，闸瓦两侧间隙不均匀	调整制动器弹簧
	16	制动器运转过程中发热冒烟	制动闸瓦之间间隙太小	调整间隙
	17	重物上升过程中有跳跃式不稳或（钢丝绳跳槽）	（1）由低速到高速档变速太快 （2）延时继电器延时时间不够	（1）平稳操作，平稳过渡 （2）调整1档、2档的延时时间
	18	启动按钮失灵	（1）操作手柄没归零 （2）电控柜熔丝烧坏 （3）启动或停止按钮接触不良	（1）将手柄归零 （2）交换熔断器 （3）修理或更换按钮
回转机构	19	回转机构启动不了	（1）主要观察有否异物卡在齿轮处 （2）回转电流继电器动作	（1）清除异物 （2）复位
	20	回转机构不能向一面转动	（1）回转限位器动作 （2）回转限位损坏	（1）向相反方向回转 （2）修理或更换限位器
	21	回转速度慢	（1）液偶缺油 （2）外电源电压过低 （3）停放器没有打开 （4）电机绝缘损坏	（1）加至额定油量 （2）检查外电源 （3）检查停放器，修理 （4）修理或更换
	22	工作时回转不能制动	（1）回转停放器损坏，不能有效工作 （2）回转电流继电器动作	（1）有无锈蚀，清除 （2）制动弹簧失效

机构	序号	故障现象	故障原因	排除方法
变幅机构	23	变幅小车制动后向外溜车	(1) 制动盘间隙太大 (2) 制动盘表面污损 (3) 制动盘线圈损坏	(1) 调整制动盘之间间隙 (2) 清除油污 (3) 修理或更换
	24	变幅小车制动器失灵	(1) 制动力矩太小 (2) 制动盘摩擦片磨损 (3) 励磁电压不足	(1) 调整制动盘之间间隙 (2) 更换摩擦片 (3) 查出并纠正
	25	变幅小车经常跳闸	(1) 传动系统故障,造成阻力过大 (2) 制动盘间隙太小或间隙不均匀 (3) 小车热保护器 FR1 动作或坏	(1) 检查阻力源 (2) 调整制动盘之间间隙 (3) 复位,如损坏则更换
	26	变幅机构有异常噪声,振动过大	(1) 机械磨损 (2) 电机定子、转子相擦 (3) 电机和减速箱不同心 (4) 齿轮箱内缺油 (5) 轴承损坏或缺油 (6) 齿轮或涡轮磨损 (7) 电源两相运行	(1) 检查损坏处 (2) 检查定子,转子间隙 (3) 修复或更换故障处 (4) 注油 (5) 更换轴承加油 (6) 更换零件 (7) 检查电源
	27	变幅机构带电	(1) 电源线及接地接错或电机拉线擦伤 (2) 接地不良	(1) 查出并纠正 (2) 正确接地
	28	变幅机构电动机温度过高或烧坏	(1) 负载过大 (2) 负载持续或工作不符合规定 (3) 电源两相运行 (4) 电源电压过低或过高 (5) 电机绕组接地或匝间、相间短路 (6) 制动片间隙不对 (7) 电机通风不畅,温度太高	(1) 测电流,如排除额外负载 (2) 减少负载 (3) 检测三相电压 (4) 检查输入电压并纠正 (5) 检查电机 (6) 调整间隙 (7) 保持通风道畅通
	29	变幅只有低速档	(1) 进入换速区 (2) 换速开关断开或断线 (3) 时间继电器（KT2）损坏	修理或调换

续表

机构	序号	故障现象	故障原因	排除方法
载重小车	30	载重小车前后松动太大	(1) 机构故障 (2) 小车牵引绳太松	(1) 检查排除故障 (2) 收紧小车牵引绳（特别是新机，用一周左右必须收紧一次，以后视情况而定）
	31	载重小车偏摆晃动大	载重小车侧滚轮与臂架间隙太大	调整间隙，实际间隙两边共3～5mm
	32	不能向外变幅	(1) 超力矩 (2) 力矩开关 (3) 外限位开关损坏	(1) 向内变幅 (2) 修理或更换
	33	不能向内变幅	内限位开关动作	修理或调整
塔身	34	塔身工作时晃动严重	(1) 塔身连接螺栓没有拧紧 (2) 回转机构传动故障	(1) 正确拧紧塔身连接螺栓 (2) 检查回转机故障
	35	塔身带电	电线有漏电现象	检查漏电原因
	36	塔身静电	靠近电波、无线电话等电磁波发射塔	(1) 吊钩上吊一导体触地即可 (2) 吊钩、载重小车滑轮换成工程尼龙
上、下支座	37	发出异常声音	(1) 上、下支座结构件脱焊 (2) 上、下支座与齿圈连接螺栓拧紧不均匀	(1) 修理 (2) 拆塔重新对称紧固

四、塔机基础的检查与维护

基础的施工直接影响到塔机的安全使用，万不可掉以轻心，否则会造成重大设备和人身伤亡事故，带来不必要的损失和麻烦。用户和安装单位在安装塔机之前，应根据所购塔机形式，对塔机的混凝土基础强度、地基承压力预先计算，并确定施工方法。

1. 整体式基础

（1）整体式基础的常见问题

1）混凝土强度未达标或保养时间未到，引起预埋件在使用中松动。

2）铺设混凝土基础的地基应能承受 0.2MPa（2kg/cm²）的压力。如达不到该承受力，应由有资质的设计单位，根据混凝土基础所承受的载荷另行设计混凝土基础，可采用打桩等措施，使其达到塔机对基础的抗倾翻稳定性要求，确保安全使用。

3）预埋的地下节或基础螺栓未找平，水平小于 1/1000。

4）地下节主弦杆上端面露出混凝土基础上部尺寸不够，没有螺栓连接空间。

（2）整体式基础的检查要点

1）预埋件在使用中基础松动，塔机在工作中可看到两侧的弦杆间隙有变化。

2）塔机的基础整体歪斜，引起塔机不垂直。

3）预埋的地下节或基础螺栓是否找平，可用水准仪找平。

（3）整体式基础的施工要点

1）按国家有关规定混凝土强度应达到 C35 以上，并达应有的保养时间；

2）桩的间距布置与桩的受力强度应符合设计要求；

3）预埋的地下节或基础螺栓应在未浇铸混凝土时找平；

4）预埋螺栓或预埋地下节应充分露出螺栓连接空间。

2. 钢格构柱与混凝土（型钢平台）承台组合式基础

（1）钢格构柱与混凝土（型钢平台）承台组合式基础现场施工中常见问题

1）混凝土酥松、蜂窝、空洞、麻面；

2）施工中没有控制好钢格构柱歪斜；

3）混凝土（或型钢平台）承台水平误差大于 1/1000mm；

4）混凝土承台混凝土浇捣完成后保养不善；

5）钢格构柱与混凝土（或型钢平台）承台之间连接出现问题。

（2）钢格构柱与混凝土（型钢平台）承台组合式基础现场施工中检查要点

1）现浇混凝土质量；

2）钢格构柱是否发生歪斜；

3）混凝土（或型钢平台）承台水平误差；

4）混凝土承台浇捣后保养是否达到塔机安装要求；

5）钢格构柱与混凝土（或型钢平台）承台之间连接是否达到图纸要求。

（3）钢格构柱与混凝土（型钢平台）承台组合式基础现场施工中施工要点

1）混凝土必须浇捣密实，严禁酥松、蜂窝、空洞、麻面；

2）承台平整，水平误差确保 1/1000mm；

3）承台混凝土浇捣完成后及时覆盖薄膜保温保湿，待混凝土终凝后加水保养；

4）做好同条件试块，确保试块合格，方可安装塔机。

五、塔机安装拆卸过程的检查与维护

塔机的安装及拆装过程的状况在很大程度上决定着塔式起重机的运行状况，如塔身倾斜较大，会使标准节及连接螺栓受力不均，缩短使用寿命；也会使塔式起重机回转尤其是重载回转阻力增大，损坏频率增加，实为不可取，因此施工现场及塔式起重机安装单位都能够遵守规范精心施工，保证塔式起重机基础水平度，以确保塔式起重机安装完毕能正常运转。

1. 塔机立塔

（1）塔机立塔安装中的常见问题

1）地下节也称预埋节、基础节，标准节及整个塔身是受力工况最差的部位，所以疲劳裂纹常见于此附近，母材、焊缝和螺栓均可能发生，应仔细检查，注意维护。

2）找平安装平面，如果有间隙应用钢板垫实（垫钢板不得多于两块，大小不得小于承重钢板面积的 90%），并将垫板之间以及其与承重钢板间点焊牢固。找正上平面的水平（四个平面为基准）小于 1/1000。

3）塔身垂直度未达标。

4）制动器的调整。

5）塔身连接螺栓的调整和紧固没有到位。

6）钢丝绳失效。

7）现场工地工人组织不足，工人素质不高。

（2）塔机立塔安装中的检查要点

1）结构件的检查。塔机钢结构件由于腐蚀会变薄，当超过原计算应力的 15% 时应予报废，无计算条件当腐蚀深度达原厚度的 10% 时应予报废。塔机主要承载结构件如塔身、起重臂等，失去整体稳定性时应报废。如局部有损坏的，则修复后不应低于原结构的承载能力。即不得低于原计算应力，否则应予报废，没有达到等强度修复，不能使用。塔机的结构件及焊缝出现裂纹时，应根据受力和裂纹情况采取加强或重新施焊等措施，并在使用中定期观察其发展。对无法消除裂纹影响的应予以报废。

2）安装面的检查。用水准仪找平安装平面误差不大于 1/1000。

3）塔身垂直度的测量（图 6-4）。应从两个方向测量，塔身轴心线垂直度误差不大于 4/1000，测量时可转动臂架 90°，沿臂架方向测量两个方向。

4）制动器的调整。在工地由于制动器出现故障，而造成重大事故的情况时

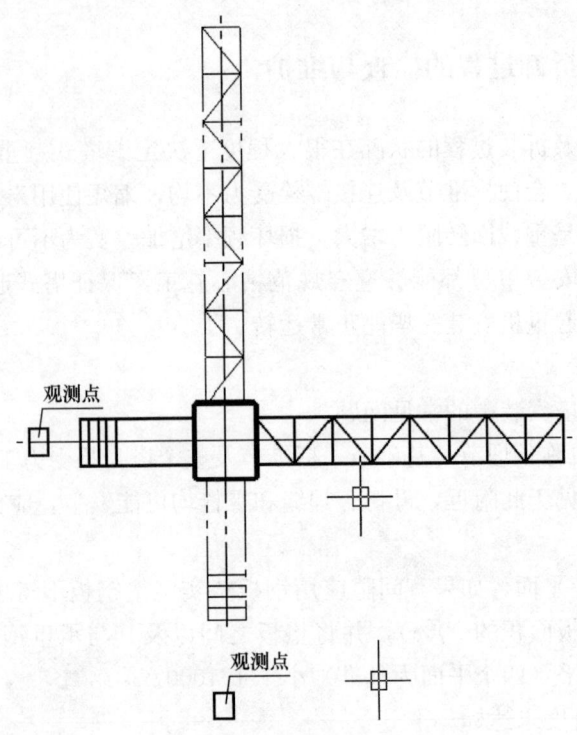

观测点

观测点

图 6-4 塔身垂直度的测量

有发生，主要是重物下降过程中不能正常制动，而这种不能正常制动多半是由制动块摩擦衬垫磨损而造成。正常状态下制动块与制动轮间隙为 1～2mm 为宜，但应该根据制动力矩来调整。

5) 塔身连接螺栓是否紧固。塔身连接用的螺栓，是采用 10.9 级的高强度螺栓副，采用使用说明书规定的预紧力拧紧是十分重要的。在安装和工作中，应根据建筑工业行业标准《建筑机械与设备 高强度紧固件技术条件》JG/T 5057.40—1995 规定，使用高强度螺栓在第一次安装后，机器使用 100 小时应普遍地均匀地检查拧紧，以后每工作 500 小时应检查一次。在检查中如发生螺母、螺栓松动或有螺纹部分损伤，应立即拧紧或更换螺栓或螺母。高强度螺栓、螺母，使用后拆卸再次使用，一般不得超过两次，且拆卸的螺栓、螺母必须无任何损伤、变形等缺陷。

6) 水平臂塔机上有两个机构使用钢丝绳，按国家标准对钢丝绳的磨损、断丝等项目进行检查。

2. 塔机的顶升

(1) 塔机顶升的常见问题

1）组织不足，顶升方案不周密。

2）液压顶升机构出现问题。

3）对顶升横梁与踏步周围的结构件裂纹没有仔细检查。

4）顶升后安全装置没有调整好。

（2）塔机顶升的检查要点

1）使用液压油严格按规定进行加油和更换油，并清洗油箱内部。

2）溢流阀的压力调整后，不得随意更动，每次进行爬升之前，应用油压表检查其压力是否正常。

3）应经常检查各部位管接头是否紧固严密，不准有漏油现象。

4）滤油器要经常检查有无堵塞，检查安全阀使用后调整值是否变动。

5）油泵、油缸和控制阀，如发现渗漏应及时检修。

6）总装和大修后初次起动油泵时，应先检查入口和出口是否接反，转动方向是否正确，吸油管路是否漏气，然后用手试转，最后在规定转速内起动和试运转。

7）在冬季起动时，要开开停停反复数次，待油温上升和控制阀动作灵活后再正式使用。

8）使爬升套架与塔身四周间隙均匀，约 1～2mm，如不对应予调整；顶升横梁与踏步接触良好，不能一边多一边少，否则影响顶升易发生危险。

3. 塔机附墙的安装

附墙装置（图 6-5）的作用是确保塔机的稳定性，而台风是破坏塔机稳定性的最大危害之一，附墙装置的维护，也应围绕这一主题。目前塔机的附墙装置用得最多的有两种：一种是格构式；另一种是整体型钢式。在维护时应注意以下几点：

（1）在使用中经常检查附墙框、附墙杆的各连接处，保持始终处于张紧状态；其螺纹调节处和耳板连接处都是易发生损坏的地方。

（2）格构式附墙装置由较小、薄的型钢构成，应注意防锈。

（3）附墙杆是二力杆受力，容易受压变形，应经常检查附墙杆，在使用中不应将其受力工况随意改变。

（4）严格按照塔机使用说明书安装和使用，塔身高度和附墙上部的塔机悬臂高度不得超过说明书规定的范围，附墙装置（框架及支撑杆）也应由专业厂家设计制作，不可贪图方便、便宜，在没有计算依据的情况下随意制作。

4. 塔机的拆卸

塔机的拆卸与安装一样，是一个高危过程，一定要高度重视，有些塔机在工

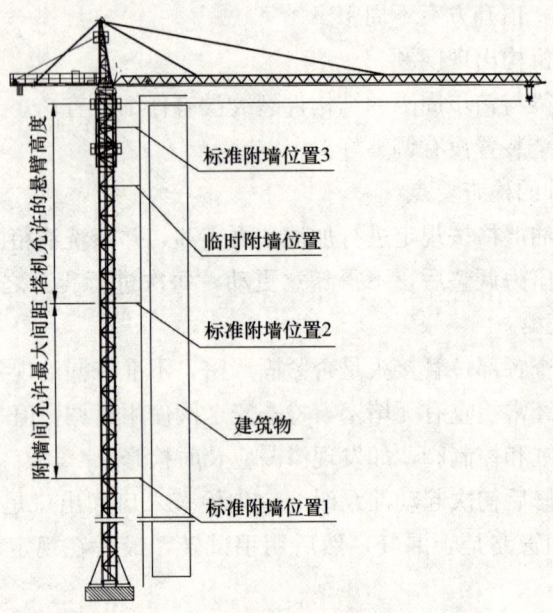

图 6-5　附墙装置

地工作了几年，一些结构和机构都出现了损伤，以致于不能胜任拆卸这个工作，所以在拆卸前一定要对相关部位作详细检查。

（1）塔机拆卸中的常见问题

1）拆卸方案准备不充分。

2）液压顶升机构出现问题。

3）对顶升横梁与踏步周围的结构件裂纹没有仔细检查。

4）顶升横梁与踏步两端的间距因变形不均等。

（2）塔机拆卸前的检查重点

1）塔机拆卸时，液压顶升系统及套架滚轮系统可能已长期不用，应重点检查。

2）检查爬升套架上的滚轮、爬爪、顶升横梁等处是否完好，是否转动自如，特别注意爬爪转动是否灵活、动作能否到位。

3）必须使得顶升横梁两边的"爬"处于标准节两边爬爪板的中间，并应使"爬"和爬爪板相对固定。

4）回转制动器应处于制动状态，塔机拆卸时严禁上部回转，如不保险可在回转大小齿轮间垫塞物品，必须使得顶升重心在顶升油缸上。

5）检查液压系统工作是否正常，各油管密封有无老化，接头有无渗漏油现象，各液压阀、安全锁是否完好。

六、塔机机械系统使用中的检查维护

塔式起重机（以下称塔机）检查和维护保养的内容，应当参照以下几方面：一是国家及政府颁布的有关标准和规范；二是产品说明书；三是机械常识。综合起来，制定出具体型号塔机的检查和维护保养内容。

1. 塔机机械系统使用中常见问题

（1）人为调大限制装置，超载使用，小塔当作大塔用；

（2）不按操作规程，对重物进行歪拉斜吊造成损伤；

（3）野蛮操作，快速加减档位，急升急刹造成机械系统与钢丝绳等损伤；

（4）润滑不到位，造成部件缺油损坏。

2. 塔机机械系统使用中的检查及维护要点

塔机的维护和保养一般分为：日常维护保养、月度检查保养、定期检修和大修。

（1）每班（日常）检查维护要点

塔机日常检查的责任人员，应当是经过培训、具有上岗资质的塔机司机和装拆人员（包括机械操作工和电工）。每班前后进行，由塔机司机负责完成，内容为：

1）机构运转情况，尤其是制动器的运转情况；

2）安全装置与指示装置的动作情况；

3）可见的明显缺陷，包括钢丝绳和钢结构。

检查和维护保养情况应当及时记入交接班记录。

（2）每月检查维护要点

每月进行一次，由塔机司机和修理工负责完成，内容为：

1）液压装置及各相关部位的润滑、油位、渗漏油；

2）吊钩、钢丝绳及防脱装置；

3）各部件结合及连接处，可见的变形、裂纹、磨损，特别是标准节连接高强度螺栓裂纹和松动，目测钢结构锈蚀情况；

4）销轴定位情况和开口销固定情况；

5）力矩限制器和重量限制器的准确工作情况；

6）制动器磨损，制动衬垫减薄、调整等；

7）电气、接地、基础及附着装置的情况。

做好上述项目的检查记录，有问题立即维修，不允许带着隐患工作。

（3）定期检修

一般每年或每次拆卸后安装前进行一次，由修理工负责完成，内容为：

1）月度检查的全部内容。

2）核实本机的标志、标牌、使用手册、保养记录、设备组件等情况。

3）额定载荷状态下的功能测试及运转情况。

4）钢结构的焊接裂缝、锈蚀、变形等情况。

（4）塔机各部件日常保养、月度检查、定期检查的内容

及时的维护保养对塔机的安全使用是至关重要的。特别是日常维护保养工作做得到位，意味着该设备各部分得到有效的监控和保护，始终处于良好的工作状态。反之，则该设备将会处于带病运行，存在许多安全隐患，随时可能发生故障乃至重大安全事故。下面我们对以上保养和检查的部件进行阐述。

1）起升机构

① 每天应对制动器进行检查，重点是检查制动闸瓦和制动轮之间的间隙是否合适（应在 0.5～1mm 之间）。若间隙过大或过小均应及时调整。

② 每周应检查制动闸瓦是否过度磨损（磨损量超过厚度的 50％就应更换）。

③ 停机数天，尤其下雨后，应检查制动器闸瓦开合是否正常，摩擦面上有无污物存在。

④ 对安装有排绳轮的起升机构，应每天检查排绳轮运转是否正常，是否存在因润滑不良、油污阻塞、轮轴损坏等原因使排绳轮运转不正常而导致起升钢丝绳在卷筒上排列不齐甚至出现单边卷绕，容易跳出卷筒边缘的情况。若有则必须修复正常后才能继续工作。

⑤ 每周检查起升机构上的挡绳杆（防止钢丝绳跳出卷筒外的装置）有无变形或损坏，与卷筒边缘的间隙是否符合要求。

⑥ 每周检查机构的润滑情况。必须按塔机说明书的要求及时给减速器、轴承座等处加（换）润滑油，防止因缺油发生早期磨损。特别注意当发现减速机有异常声响或外壳有漏（渗）油情况时，应停机检修、排除故障后再工作。

2）起升绳轮和载重小车系统

① 每班应检查起升钢丝绳外观情况（包括卷筒和吊臂上的部分），若有锈蚀应及时加油润滑。若有断丝、断股、压扁等现象且达到《塔式起重机安全规程》GB 5144 中钢丝绳报废标准的，必须立即报废。同时应查找出钢丝绳损坏的原因予以纠正。

② 每班应检查载重小车和吊钩上的滑轮和挡绳杆的情况。滑轮应转动正常，

润滑充分；挡绳杆与滑轮边缘的间隙符合要求。若挡绳杆有过大的变形或磨损，必须立即修复。

3）回转机构及回转支承

① 每周应检查回转减速机的运转情况，主要是润滑油是否足够，有无漏油、渗油现象。若有，应进行纠正。

② 每周检查减速机外露螺栓连接，发现松动应及时紧固。

③ 每周应检查回转支座的运转和润滑情况及大小齿轮的啮合情况，及时加油润滑。

4）变幅机构

① 每周应检查小车变幅机构的运转情况。主要检查减速机有无渗漏油现象、有无异常声响、制动器是否工作正常、制动片间隙及磨损量是否正常。

② 每周应检查小车变幅机构钢丝绳外观情况。有无运转卡阻及损坏现象。若有应立即修复。若运行一段时间后有松弛现象，应及时张紧。

③ 对动臂变幅塔机的变幅机构，应像对待起升机构一样重视，即每天应检查高速和低速端制动器工作是否正常。制动间隙和制动闸瓦的磨损量是否正常，钢丝绳外观是否完好，排绳是否整齐，挡绳杆有无变形损坏，减速机有无渗漏油现象及异常声响等。若发现上述不正常情况，必须立即停机修复。

5）钢结构

① 每周应检查钢结构中应力较大、应力集中处容易发生疲劳裂纹的部位，如塔身下部标准节、基础节接头处。塔顶上、下端接头处，回转上、下支座与回转支承连接处。吊臂根部连接处的焊缝部位，应将被检部位打磨光洁，用20倍显微镜观察，发现裂纹必须及时处理。

② 每周应检查塔身和回转支承处的高强度连接螺栓是否松动，应按说明书规定的预紧力矩数据检查，尤其是中、下部塔身部位。若有松动必须及时拧紧。

③ 每周应检查套架、平衡臂、吊臂等各处走台栏杆连接是否可靠，有无焊缝及零部件脱开现象，有无机构件锈蚀严重影响安全的情况。

6）安全装置

① 每天应检查力矩限制器、起重量限制器、高度限制器、幅度限制器、回转限制器等安全装置是否工作正常。各电气开关是否完好，各紧固或调整螺栓是否紧固，显示仪表是否显示正常。

检查方法：机械式力矩限制器、重量限制器可用手按动开关，看是否有声、光报警信号及断电效果。电子式的则通过吊钩及载重小车运动，观察显示仪表数据变化是否正常。高度限位器可通过起升吊钩至上限位置看能否自动停止。幅度限制器可通过开动小车至吊臂两端极限位置看是否自动停止。

② 每半月应对力矩限制器和重量限制器进行一次吊重检查。检查这两种安全装置动作精度是否符合要求，如果精度超标，应进行重新调整标定（调整方法见《塔式起重机》GB/T 5031 附录 D）。

3. 塔机机械系统的大修内容

塔机经过 1.5 万小时使用后，应当进行一次大修。在解体的状态下，由有资质的单位进行。大修的主要内容如下：

（1）进行上述月度检查和定期检修条款中的所有项目。

（2）对起升机构和动臂变幅塔机的变幅机构，应进行解体检查，将减速机、电动机、制动器、卷筒底盘等分解。将减速机箱体打开，用柴油清洗各齿轮、轴及箱体内部，检查齿轮的磨损情况（齿轮磨损到……时应报废），检查箱体有无损坏及裂纹。若有则应更换。将电动机打开，检查轴承及密封磨损情况，必要时更换。应更换制动闸瓦及弹簧、螺栓等紧固件。检查卷筒及连接件的磨损情况，尤其是钢丝绳固定部位磨损情况，必要时更换或修复卷筒。

（3）对回转、变幅和行走机构，应将电动机与减速机分解。打开减速箱，用柴油清洗齿轮及箱体内部，检查齿轮和箱体磨损情况，必要时更换。应更换制动器、制动瓦及弹簧等易损件。

（4）应更换起升、变幅钢丝绳及绳卡，更换起升、变幅系统中各处滑轮、挡绳杆、滚轮、轴及轴承。

（5）应更换力矩、重量限制器中的限位开关，传感器显示仪表、电缆、紧固螺钉等部件，更换高度、幅度、回转限制器。

（6）应仔细检查各主要钢结构件的外观有无裂纹及严重变形，检查承受变载荷及应力集中的部位。应由有无损探伤资质的单位对其进行表面探伤检查裂纹。

（7）应仔细检查塔顶、上支座、吊臂及拉杆、平衡臂及拉杆上的连接销孔及销轴有无严重变形，若有应修复或更换。

（8）塔身高强螺栓拆装过 2 次以上应予更换，上、下支座高强螺栓也应更换。

（9）回转支承应进行解体，检查滚道及滚珠磨损情况；必要时修理或更换（可由专业厂进行）。

（10）对塔身、吊臂等主要构件主弦杆进行测厚（表面应打磨干净），或壁厚减少 10% 应予报废。套架、平衡臂上的走台、栏杆或锈蚀严重应予报废。

（11）所有结构件应重新除锈油漆。

（12）液压顶升系统应仔细检查，必要时更换泵阀、密封件（可由专业厂进行）。

（13）检查所有电气元件，必要时对所有动作频繁的元件进行更换。

（14）大修完成后，应进行整机立塔，按《塔式起重机》GB/T 5031—2008的规定做性能测验，然后大修单位应出具合格报告。

4. 塔式起重机主要零部件的报废与更换

在塔式起重机的日常维护保养等和大修工作中，对一些涉及安全使用的重要零部件应特别关注，仔细检查，必要时及时进行报废更换。

（1）机构及主要零部件部分

1）钢丝绳按《起重机钢丝绳保养、维护、安装、检验和报废》GB/T 5972—2009 标准，达到报废条件的应及时更换，图 6-6～图 6-14 是几种典型的应报废的情况。

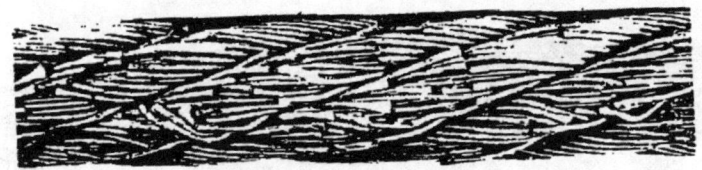

图 6-6　交互捻钢丝绳大量断丝伴随严重的磨损

图 6-7　靠近平衡滑轮的局部绳段，若干绳股有断丝（有时断丝被滑轮挡住）

图 6-8　多股绳的龙状（乌龙形）畸变

图 6-9　上述缺陷严重恶化

图 6-10　钢丝绳在安装时已遭到扭结但仍装上使用，以致产生局部磨损及钢丝松弛

图 6-11　绳径局部减小：由于外层绳股取代了已经散开的纤维绳芯而引起，注意尚有断丝

图 6-12　部分被压扁：是由于局部被压裂造成绳股间不平衡加之断丝而引起的

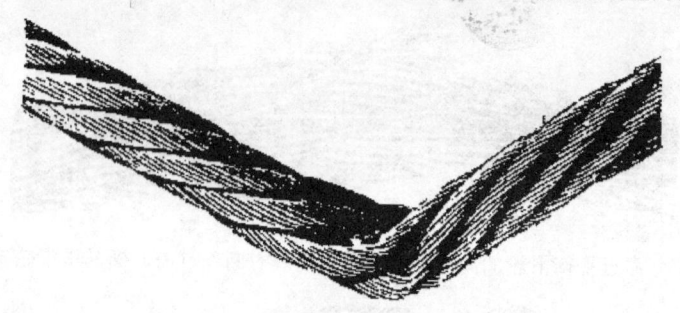

图 6-13　严重弯折之一

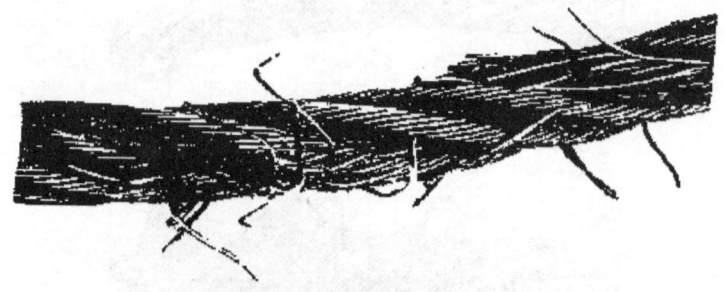

图 6-14　当钢丝绳已跳出滑轮绳槽并被楔住的典型示例
（已经形成"部分被压扁"形式的变形并有局部磨损和许多断丝）

2）吊钩禁止补焊，有下列情况之一的应立即报废：

①用 20 倍放大镜观察表面有裂纹；

②钩尾和螺纹部分等危险截面及钩筋有永久性变形；

③挂绳处截面磨损量超过原高度的 10%；

④心轴磨损量超过其直径的 5%；

⑤开口度比原尺寸增加 15%。

3）制动器零件有下列情况之一的应予以报废：

①可见裂纹；

②制动块摩擦衬垫磨损量达原厚度的 50%；

③制动轮表面磨损量达 1.5～2mm；

④弹簧出现塑性变形；

⑤电磁铁杠杆系统空行程超过其额定行程的 10%。

4）卷筒和滑轮有下列情况之一的应予以报废：

①裂纹或轮缘破损；

②卷筒壁磨损量达原壁厚的 10%；

③滑轮绳槽壁厚磨损量达原壁厚的 20%；

④滑轮槽底的磨损量超过相应钢丝绳直径的 25%；

⑤钢丝绳防脱挡绳杆与滑轮边缘间隙大于 2mm 时应更换。

（2）结构及连接部分

1）吊臂、塔身、塔顶等主要结构件，其主弦杆弯曲变形超过 1/1000 时该构件应予报废，不得修复使用。

2）吊臂、塔身、塔顶、上下支座等主要结构件，凡发现焊缝及热影响区部位出现疲劳裂纹，该构件应予报废，不得修复使用。

3）各主要结构件的承载杆件（主弦杆、腹杆）及钢板，因锈蚀等原因壁厚减薄到 10% 时，该构件应予报废，不得修复。

4）各处走台及栏杆锈蚀严重，壁厚减薄到 5% 时应予报废，不得修复。

5）上支座、塔顶、吊臂、塔身等构件的承载销孔、径向磨损或变形超直径的 3% 时，该构件应予报废，不得修复。

6）各处开口销，使用一次就应报废，不得重复使用。高强螺栓拆装 2 次应予报废。

（3）安全装置部分

1）机械式力矩限制器、重量限制器应经常检查，其中的限位开关和调整螺栓使用 6 个月左右应予更换，控制电缆使用 1 年左右应予更换，电子式力矩、重量限制器中的传感器使用2年左右应予更换，显示仪表使用4年左右应予更换。

2）高度、幅度、回转限制器使用2年左右应予更换。

七、塔机的检验

塔机的日常检验就是该机的产权单位或管理部门为验证塔机的承载能力、塔机的安全保护及性能参数是否达到规定的要求，保证塔机的安全使用，依据国家有关标准和规范自行组织的检验。主要有以下几种类型：

1. 塔机的安装检验

塔机每次整机安装完成投入使用以前，必须进行一次内容较全面的整机性能试验，包括机构、结构、安全装置、电气系统等有关部分，具体试验内容可参照《塔式起重机》GB/T 5031—2008 附录 G（表 6-2）相关内容。

塔式起重机检验项目及判定 表 6-2

序号	检验项目		要求	缺陷等级			检验类别	备注
				致命	严重	一般	出厂	
1	技术资料	基础及附着设计资料	具有	△			○	
		使用说明书	具有	△			○	
		部件清单	具有			△	○	
		法规要求的文件	具有	△			○	
2	信息标牌	标识	8.1			△	○	
		司机操作信息	8.2			△	○	
		警告信息	8.3			△	○	
		设备信息	8.4			△	○	
3	质量尺寸参数	固定式塔机的支腿跨距	5.2.3			△	○	
		轨道运行式塔机的轨距	5.2.3				△	○	
		塔身轴心线侧向垂直度	5.2.3	△			○	
		标准节互换性	5.3.3	△			○	
4	结构安全防护	梯子、扶手和护圈	《塔式起重机安全规程》GB 5144		△		○	
		平台、走道、踢脚板和栏杆	《塔式起重机安全规程》GB 5144		△		○	
		表面结构	5.3.5			△	○	

续表

序号	检验项目		要求	缺陷等级			检验类别	备注
				致命	严重	一般	出厂	
5	机构安全	主起升机构/副起升机构 — 卷筒凸缘高度	5.4.1.7.2		△		○	按最大容绳量计
		主起升机构/副起升机构 — 制动器防护	5.4.1.4.1			△	○	
		动臂变幅机构 — 卷筒凸缘高度	5.4.1.7.3		△		○	按最小仰角时容绳量计
		动臂变幅机构 — 制动器防护	5.4.1.4.1			△	○	
		动臂变幅机构 — 附加制动器	5.4.1.4.3	△			○	
		小车变幅机构 — 制动器防护	5.4.1.4.1			△	○	
		小车变幅机构 — 轮缘/水平导向轮	5.4.1.4.4		△		○	
		小车变幅机构 — 卷筒绳槽	5.4.1.7.4		△		○	
		运行机构 — 驱动数量	5.4.1.1.4		△		○	
		运行机构 — 支承防护	5.4.1.6.3	△			○	
		回转机构 — 非工作状态要求	5.4.1.4.6	△			○	
		回转机构 — 传动零件	5.4.1.6.4	△			○	
		吊钩 — 防脱钩装置	没有		△		○	
6	电气	电机保护	5.5.5.1		△		○	
		线路保护	5.5.5.2	△			○	
		错相与缺相保护	5.5.5.3	△			○	
		零位保护	5.5.5.4	△			○	
		失压保护	5.5.5.5	△			○	
		紧急保护	5.5.5.6	△			○	
		预减速保护	5.5.5.7			△	○	
		超速开关	5.5.5.8	△			○	
		避雷保护	5.5.5.9	△			○	
		绝缘	5.5.3.7	△			○	
7	空载试验	运转情况	正常	△			○	
		操纵情况	灵活、可靠	△			○	

续表

序号	检验项目		要求	缺陷等级			检验类别	备注
				致命	严重	一般	出厂	
8	额定载荷试验	运转情况	正常	△			○	
		操纵情况	灵活、可靠	△			○	
		司机室噪声（dB（A））	≤80		△		○	
		主起升机构噪声	≤90		△		○	
		幅起升机构噪声	≤90		△		○	
		关键零、部件损坏①	无	△			○	
9	110%动载试验	运转情况	正常		△		○	
		操纵情况	灵活、可靠		△		○	
		关键零、部件损坏	无	△			○	
		起升时先溜后升	无	△			○	
		小车滑移（小车变幅）	无	△			○	
		臂架滑降（动臂变幅）	无	△			○	
10	125%静载试验	受力杆件永久变形	无	△			○	
		焊缝裂纹	无	△			○	
		关键零、部件损坏	无	△			○	
		吊钩下滑	无		△		○	
		小车滑移（小车变幅）	无		△		○	
		臂架滑降（动臂变幅）	无	△			○	
11	外观质量	焊缝	《建筑机械与设备　焊接件通用技术条件》JG/T 5082.1				○	
		连接件表面处理	5.2.6.2				○	
		结构件表面涂装	无脱皮、无气泡、无皱皮、无漏涂				○	
		铸、锻件表面质量	无结疤、无夹渣、无夹层、无裂纹				○	
12	连续作业试验	紧固件	无松动		△		○	
		齿轮减速器升温	≤35℃			△	○	
		蜗杆减速器升温	≤60℃			△	○	
		箱体渗油	≤15cm²			△	○	
		关键零、部件损坏	无	△			○	

续表

序号	检验项目		要求	缺陷等级			检验类别	备注
				致命	严重	一般	出厂	
13	安全装置	行程限位器	5.6	△			○	
		起重力矩限制器	5.6	△			○	
		起重量限制器	5.6	△			○	
		抗风防滑装置	5.6	△			○	大车运行
		缓冲器、止挡装置	5.6	△			○	大车运行与小车变幅
		报警装置	5.6		△		○	
		显示记录装置	5.6		△		○	
		幅度限制装置	5.6	△			○	动臂变幅
		变幅断绳保护	5.6	△			○	小车变幅
		小车防坠落装置	5.6 和 5.4.1.4.4	△			○	小车变幅
		钢丝绳防脱功能	5.6		△		○	
		爬升装置防脱功能	5.6		△		○	

注：1. △——指明不合格项目所属缺陷等级。
　　2. ○——指明该检项目。
① 包括臂架、塔顶、平衡臂、拉杆、小车、塔身及其连接，钢丝绳、机构零部件。

2. 塔机安全装置检验

每使用半个月左右应对塔机的力矩限制器、重量限制器、高度限制器、幅度限制器、回转限制器等主要装置进行一次专项试验，检验其功能和动作精度是否达到国家标准和说明书规定的要求，试验方法和内容参照《塔式起重机》GB/T 5031—2008 附录 D。

注意做力矩限制器和重量限制器试验时必须准备足够的标准砝码，至少重量明确的量物，否则试验精度难以保证。

3. 起重力矩限制器试验

（1）试验按定幅变码和定码变幅方式分别进行，各项重复 3 次，要求每次均能满足要求。

（2）定幅变码试验方法如下：

1）在最大工作幅度 R_0 处以正常工作速度起升额定起重量 Q_0，力矩限制器不应动作，能够正常起升。载荷落地，加载至 $110\%Q_0$ 后以最慢速度起升，力矩限制器应动作，载荷不能起升，并输出报警信号。

195

2) 取 0.7 倍最大额定起重量（$0.7Q_m$），在相应允许最大工作幅度 $Q_{0.7}$ 处，重复 1) 项试验。

（3）定码变幅试验方法如下：

1) 空载测定对应最大额定起重量（Q_m）的最大工作幅度 R_m、$0.8R_m$ 及 $1.1R_m$ 值，并在地面标记。

2) 在小车变幅处起升最大额定起重量（Q_m）离地 1m 左右，慢速变幅至 R_m ~$1.1R_m$ 间时，力矩限制器应动作，切断外变幅和起升回路电源，并输出报警信号。退回，重新从小幅度开始，以正常速度向外变幅，在到达 $0.8R_m$ 时应能自动转为低速往外变幅，在到达 R_m~$1.1R_m$ 间时，力矩限制器应动作，切断外变幅和起升回路电源，并输出报警信号。

3) 空载测定对应 0.5 倍最大额定起重量（$0.5Q_m$）的最大工作幅度 $R_{0.5}$、$0.8R_{0.5}$ 及 $1.1R_{0.5}$ 值，并在地面标记。

4) 重复 2) 项试验。

4. 起重量限制器试验

（1）总则

试验按以下程序进行，各项重复 3 次，要求每次均能满足要求。

（2）最大额定起重量试验

正常起升最大额定起重量 Q_m，起重量限制器应不动作，允许起升。载荷落地，加载至 $110\%Q_m$ 后以最慢速度起升，起重量限制器应动作，切断所有挡位起升回路电源，载荷不能起升并输出报警信号。

（3）速度限制试验

对于具有多挡变速且各挡起重量并不一样的起升机构，应分别对各挡位进行试验。试验载荷按各挡位允许的最大起重量计算。

5. 显示装置显示精度试验

（1）总则

试验按以下程序进行，各项重复 3 次。要求每次均能满足要求。

（2）幅度显示精度试验

空载状态下，取最大工作幅度的 30%（$R_{0.3}$）、60%（$R_{0.6}$）、90%（$R_{0.9}$），小车在取点附近小范围内往返运行两次后停止，测定小车的实际幅度 $R_{0.3实}$、$R_{0.6实}$、$R_{0.9实}$，读取显示器相应显示幅度 $R_{0.3显}$、$R_{0.6显}$、$R_{0.9显}$。分别计算它们的算术平均值 $R_实$ 和 $R_显$，显示精度按式（6-1）计算。

$$\Delta R = \frac{|R_实 - R_显|}{R_实} \times 100\% \leqslant 5\%$$ (6-1)

式中 ΔR——幅度显示精度；

$R_\text{实}$——三次实际幅度的算术平均值（m）；

$R_\text{显}$——对应的三次显示幅度的算术平均值（m）。

（3）起重量显示精度试验

分别起升最大额定载荷的 30%（$Q_{0.3}$）、60%（$Q_{0.6}$）、90%（$Q_{0.9}$），读取相应的显示起重量 $Q'_{0.3}$、$Q'_{0.6}$、$Q'_{0.9}$，分别计算它们的算术平均值 Q 和，显示精度按式（6-2）计算。

$$\Delta Q = \frac{\lfloor Q - Q' \rfloor}{Q} \times 100\% \leqslant 5\% \tag{6-2}$$

式中 ΔQ——起重量显示精度；

Q——三次实际起重量的算术平均值（kg）；

Q'——对应的三次显示起重量的算术平均值（kg）。

（4）力矩显示精度试验

起升额定起重量 Q_0，分别在最大工作幅度的 30%（$R_{0.3}$）、60%（$R_{0.6}$）、90%（$R_{0.9}$）附近小范围内往返运行两次后停止，测定小车的实际幅度 $R_{0.3\text{实}}$、$R_{0.6\text{实}}$、$R_{0.9\text{实}}$，读取显示器相应显示力矩 $M_{0.3\text{实}}$、$M_{0.6\text{实}}$、$M_{0.9\text{实}}$，并计算其算术平均值，显示精度按式（6-3）计算。

$$\Delta M = \frac{\lfloor M - M' \rfloor}{M} \times 100\% \leqslant 5\% \tag{6-3}$$

式中 ΔM——起重力矩显示精度；

M'——三次显示起重力矩的算术平均值（kN·m）；

M——对应的三次实际起重力矩的算术平均值（kN·m）。

M 按式（6-4）计算。

$$M = \frac{9.8 \times Q_0 \times (R_{0.3\text{实}} + R_{0.6\text{实}} + R_{0.9\text{实}})}{3000} \tag{6-4}$$

式中 Q_0——额定起重量（kg）。

6. 行程限位装置试验

各行程限位设置的试验应在塔机空载状态下按正常工作速度进行。

各项试验重复进行 3 次，限位装置动作后，停机位置应符合规定。

7. 起升、变幅、制动检查

对塔式起升机构和动臂变幅塔机的变幅机构，每使用 1 个月左右或每次新更换制动摩擦片或每次重新调整制动间隙后，都必须进行制动试验，验证制动效果是否良好。

（1）起升机构试验方法为：先吊起约 2/3 最大额定起重量。在慢速起升和下降动作中分别制动三次，观察制动效果是否良好，有无"溜钩"现象。若有则必须调整，然后再试。然后再吊起最大额定起重量按上述方法试验

（2）动臂式塔机变幅机构试验方法

1）对高速轴端制动器，应先在空载时，在吊臂向上变幅和向下变幅动作中，分别制动 3 次，观察制动效果。再分别吊起约 2/3 最大额定起重量和最大额定起重量，依次按上述方法进行制动试验，并观察制动效果。

2）对低速端制动器，在没更换制动摩擦片或重新调整制动间隙的情况下，可 3～6 个月期间做一次制动试验，方法参照 1）项。应特别注意的是本试验在模拟高速端制动失效的情况下进行，因此应先搞好试验方案和应急预案，防止试验时发生重大事故。

8. 塔式起重机的法定检验

塔机的法定检验是具有法定资质的专门检验单位，依据国家或政府主管部门的有关规定对塔机进行的各类强制性检验。主要有以下几种：

（1）塔机的型式试验

对塔机的新产品或进行了重大设计改型的老产品，必须由国家质监总局授权的特种设备型式试验机构，依据对该产品进行型式试验，并须发型式试验合格证书后，改型号产品才能投入市场使用。型式试验的内容依据《塔式起重机》GB/T 5031—2008 和 TSGQ7004 塔式起重机型式试验细则的规定，应包括塔机的出厂试验、结构试验和可靠性试验。

（2）塔机的安装验收检验

塔机在工地上（限定为建筑和市政工地）安装完成并由产权单位或工地管理部门自行检验合格后，必须由省市建设行政主管部门授权的检验机构对其进行安装验收，检验合格后出具合格检验报告，经建设行政主管部门颁发准用证后方可投入使用。安装验收检验的内容，依据《塔式起重机》GB/T 5031—2008 的有关要求实施。

八、塔机电控系统的检查与维护

塔机电控系统是控制塔机工作的核心部分。电气控制系统的好坏，直接关系到塔机工作效率及是否能正常、安全运行。电控系统故障如不能及时地发现并排除，也会引发一些安全事故甚至重大安全事故，如吊钩溜钩、触电等。

1. 操作台的检查与维护

（1）操作台常见故障

1）操作手柄卡阻，操作不顺畅。

2）自动回位弹簧失效，操作手柄不能自动复位，零位锁失效。

3）主令开关触点损坏。

4）急停按钮损坏，不能进行自锁或手动不能复位。

5）接线松动，造成线路对地。

（2）操作台的检查要点

1）操作手柄操作顺畅，无卡阻现象。

2）操作手柄自动复位正常，零位锁正常。

3）各操作开关触点开闭正常，无不能复位或操作失效现象。

4）主令开关无损坏，接线无松动。

5）各动作手柄动作清晰正确。

（3）操作台的维护要点

定期检查操作台，如有元器件损坏及时更换，接线松动的及时拧紧。

2. 电控箱的检查与维护

（1）电控箱的常见故障

1）接触器主触点粘连或烧坏，辅助触点烧坏。

2）接触器线圈烧坏。

3）变压器损坏。

4）二极管击穿短路。

5）变频器故障。

6）接线松动，致使线路短路而引起电控箱烧毁。

7）电控箱门锁损坏，致使电控箱进水，引发漏电或短路。

（2）电控箱的检查要点

1）检查电控箱的外观是否完整，门锁是否完好。

2）观察接触器的动作是否正常，吸合和释放是否存在不畅现象。

3）检查变压器温升是否正常。

4）检查电控箱内的电线走线是否有破损或裸露问题。

5）检查变频器是否正常，变频器的散热、振动是否正常。

6）检查电箱内的接线端子，以防因松动而导致接触不良或发生放电现象。

（3）电控箱的维护要点

1）定期检查，保持电控箱内部清洁，及时清扫电器设备上的灰尘。

2）定期检查电控箱外观，保证电控箱完整，门锁齐全，能够满足户外使用的 IP 防护等级，保证防雨性能，箱体内不能有凝结露。

3) 保证电控箱内断路器等电气保护装置正常，有试验按钮的断路器可以通过试验按钮检查断路器脱扣装置的完好性。

4) 检查电控箱内电线，有破损的及时进行包扎或更换。

5) 定期检查电缆线的接线，确保接线无松动现象。

6) 定期检查电控箱的冷却系统（采用变频器的），确保电控箱内的散热通道畅通。

3. 电动机的检查与维护

（1）电动机的常见故障

1) 电动机定子线圈烧毁。

2) 电动机进水，引起漏电或相间短路，从而损坏电机。

3) 电动机过载使用或温升过高，造成电机烧坏。

4) 电动机碳刷接触面不足，转子开路，电动机无法使用或损坏。

5) 电动机冷却风机或风扇损坏，电动机温升过高，造成电动机损坏。

（2）电动机的检查要点

1) 检查电动机三相绕组是否平衡。

2) 检查电动机外壳是否有破损，是否存在进水。

3) 电动机的机体温升是否过高，轴承温度是否过高。

4) 使用后的碳刷接触面是否足够。

5) 电动机对地、相间绝缘是否符合要求。

（3）电动机的维护要点

1) 经常检查润滑系统，保证润滑系统的可靠。

2) 注意任何噪声或振动的突然增大或过大，并应迅速纠正。

3) 在连续运行期间定期检查轴承温度。

4) 电机各部分电刷，其接触部位要保护清洁，调整电刷压力，使其接触面积不小于 50%。

5) 检查电动机温升，电动机温升不能过高，同时不能有异样气味，具有强冷装置的大功率电机必须保证冷却装置的正常运行，确保电机的热平衡。

6) 定期测量电机的相间和对地绝缘，保证绝缘电阻不小于 $0.5M\Omega$。

4. 电缆的检查与维护

（1）电缆的常见故障

1) 电缆破损，铜芯外露。

2) 电缆断裂。

3) 电缆断相。

4）电缆相间短路。

5）电缆对地。

（2）电缆的检查要点

1）检查电缆外观有无破损。

2）测量电缆相间绝缘是否完好。

3）测量电缆对地绝缘是否完好。

4）检查电缆是否有断相。

（3）电缆的维护要点

1）定期检查电缆，发现破损及时包扎或更换。

2）定期测量电缆的对地绝缘和相间绝缘，如绝缘电阻过小，则及时更换或查找问题点进行相应处理。

3）定期检查电缆是否有断相，防止设备缺相运行。

5. 供电系统的检查与维护

（1）供电系统常见故障

1）供电系统不采用 TN-S 系统供电。

2）漏保经常性跳闸。

（2）供电系统的检查要点

1）检查供电系统是否符合 TN-S 系统要求。

2）检查漏电保护器是否正常工作。

（3）供电系统的维护要点

1）定期测试漏电保护器的性能。

2）定期做接地检查，保证接地电阻不大于 4Ω。

6. 安全监控系统

（1）安全监控系统常见故障

1）传感器断线。

2）远程监控不在线。

3）显示屏乱码、黑屏、花屏。

4）保护动作不起作用。

（2）安全监控系统的检查要点

1）检查传感器接线是否有误，信号线是否有损伤或断线。

2）SIM 卡是否插上，卡上是否欠费。

3）显示屏是否有损坏，有无磕碰。

4）在保护值到达时，输出控制端继电器是否有动作。

5）传感器等边上是否有大磁场的干扰源。

6）各连接部位是否有松动或脱开。

（3）安全监控系统的维护要点

1）主机和显示器维护

主机和显示器为塔机安全装置中重要的数据分析和控制部件，内部包含复杂的精密电路，是塔机安全监控装置的心脏部分。为保证监控系统的正常工作，首先要保障监控装置相对稳定和具有匹配的供电电压。当电压波动超出其承受极限时，监控装置将无法正常发挥作用。

由于主机和显示器通常为防尘但不防水的精密电器元件，要保证监控系统主机和显示器的安装于塔机司机室内部防水防尘效果较好的位置，避免受到雨水等影响。主机通常安装在塔机司机室或者塔机电器控制柜内，不宜受到外界环境干扰。显示器需安装在司机前方视线较好，并且不易受到雨水影响的位置。并且要求塔机司机具有良好的习惯，及时在下班时关闭司机室门窗。

2）幅度和高度传感器维护

电位计式行程检测（幅度）传感器主要应用于平臂式塔机采集塔机幅度和高度数据，传感器外形见图 6-15。主要通过电位计采集塔机变幅小车的运行距离信号，供系统进行数据计算，通常情况下其制造外观尺寸与塔机 DXZ 型相同，同时具有电子距离显示与机械限位功能。

图 6-15　幅度和高度传感器的配装

选用幅度和高度传感器时，需要注意传感器的传动比要与塔机的限位传动比相近。如果传动比过大于塔机原有传动比，会影响显示精度；如果传动比小于塔机原有传动比，会导致传感器量程不足，幅度失效。

传感器安装完毕后，需要进行初次安装标定调试，并需要定期进行检测和数据校准，消除累积误差。通常检查内容包括：

①传感器与塔机电机限位器或连接轴是否同轴，连接装置是否连接牢固；

②传感器的传动比是否与塔机相符；

③传感器的量程是否可以满足要求；

④传感器的返程误差是否可以满足要求；

⑤传感器的安装是否牢固等。

动臂塔式起重机的幅度采集通常采用摆锤式传感器实现，其原理是根据传感器摆锤的移动，采集塔机大臂相对水平面的仰角，由监控设备自动根据臂长信息自动计算出塔机的幅度值，安装在塔机起重臂根部固定支座上，安装时方向要与传感器指示方向一致。

塔机司机需要经常比对变幅数据与塔机实际数据，发现数据异常或者显示有误差时，需要对幅度进行矫正。

3）重量传感器维护

重量传感器是塔机安全监控系统的重要传感器，见图6-16。其主要作用是采集塔机重量信号，并将信号反馈给主机进行重量计算，以满足监控系统实时显示塔机实际吊重量。通常有销轴式传感器和S型传感器两种形式。其主要原理是通过塔机吊重钢丝绳施加给传感器的力使传感器产生弹性形变，根据传感器的应力应变的线性关系，传送吊重电信号给监控主机，通过主机分析显示出塔机实际吊重值。

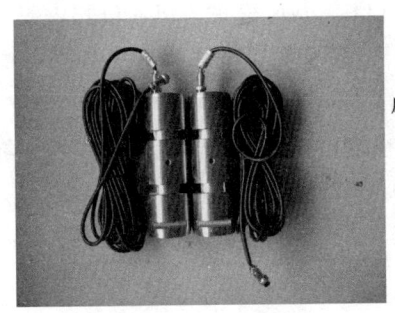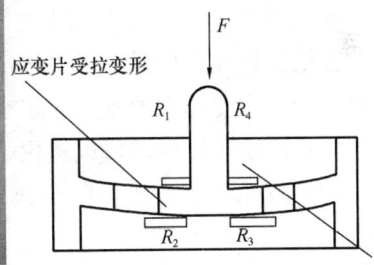

图 6-16　重量传感器

安装和维护时注意传感器的受力方向与设备要求一致，并且有防止传感器移位的限制装置。并且在安装时不对塔机原有结构进行改造和产生影响。

传感器安装完成后，需要采用电子衡器进行初次标定调试，标定调试采用 2 点法进行，为保障标定调试的精度，两次砝码吊重量差不低于 1.5t。

塔机司机需要经常比对吊重数据与塔机实际数据，发现数据异常或者显示有误差时，需要对吊重进行矫正。一般情况下，整捆的钢筋原材料重量是固定的，并且在其铭牌上标定有重量，将该数据与塔机监控系统数据作对比，发现有误差，需及时分析原因，重新调整。

4）回转角度传感器维护

回转传感器主要作用是采集塔机大臂的回转角度数据，为塔机角度限位、防碰撞预警等提供数据，主要有编码器式、电位计式和地磁感应式。安装和维保时注意检查传感器的安装位置是否合理，传感器型号与塔机是否相匹配，传感器抗干扰能力是否满足要求，外形见图 6-17。

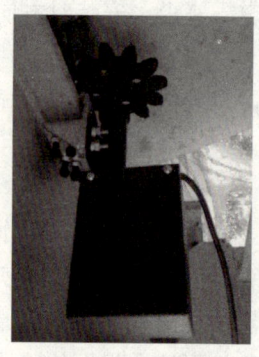

图 6-17　回转角度传感器

5）风速传感器维护

根据《塔式起重机安全规程》GB 5144—2006 要求，风速仪起重臂根部铰点高度大于 50m 的塔机，应配备风速仪。当风速大于工作极限风速时，应能发出停止作业的警报。风速仪应设在塔机顶部的不挡风处。

风速仪安装应用专用螺栓支架固定在塔机顶部不挡风处，严禁使用绳索、铁丝、胶带等材料固定，以免造成风速仪坠落的安全隐患。

风速仪常见故障主要为风杯脱落或者供电不稳导致数据异常、无数据等现象，需经常对其进行检查。

6）GPRS 和 GPS 模块维护

GPRS 模块的作用是将塔机安全监控系统的运行数据和基础数据等传输至监控系统平台。使用 GPRS 模块时需要注意以下方面：

①GPRS 配套使用的流量卡必须有充足的费用。

②GPRS 模块指向的 IP 地址必须是监控系统平台的 IP 地址，否则无法在监控平台上看到塔机运行数据。

③GPRS 模块天线需要安置在不阻挡信号收发的位置，比如封闭的铁质容器等。

④GPS 的作用是向监控平台提供塔机所在位置的地理信息。使用时需要注

意天线的位置不要受到铁质容器阻挡。

九、塔机电控系统使用中的检查与维护

在塔机使用过程中，电控系统出现故障的概率是比较大的，在设备出现故障时，只有准确地找出故障点，才能快速地对其进行维修，恢复设备的使用，尽量减少误工时间。在诊断电控系统故障前，维修人员应当认真熟悉电气原理图，了解电气元器件的结构和功能，然后在进行故障排查和维护，以下是几种常用的故障检查方法。

（1）测量法

这是一种最基本的检查方法，维修人员可以通过万用表，对设备的电压、回路通断等进行测量，从而判断出设备的故障点，然后进行处理。

（2）拆除法

将设备的某一回路或某一机构从控制回路中拆除或断开，从而判断该部是否存在问题。此方法比较适合发生漏电时漏电点的检查。

（3）短接法

这也是一种常用的方法，在设备出现故障时，短接设备中的某些回路（如力矩限制器、热继电器等保护开关），再对设备进行试运行，如果设备正常，则为短接部位存在故障，如此反复短接，直至找到故障点。

（4）指示灯判断法

本方法适用于采用程控器控制的设备上，程控器有对应的输入输出点动作指示灯，维修人员可以通过程控器上输入输出动作指示灯的亮与灭判断出故障点出现在程控器的输入端还是输出端，从而缩小故障排查的范围。

1. 塔机电控系统使用中的常见问题

（1）电动机不动作。

（2）制动器不能开闸。

（3）操作台无操作，制动器制动开闸。

（4）总起动无反应。

（5）急停开关失效。

（6）总起后漏保跳闸。

（7）操作手柄动作后，断路器跳闸。

（8）变压器发烫。

（9）接触器不能维持吸合，或要吸合几次才能维持住。

（10）接触器烧坏。

2. 塔机电控系统使用中的检查与维护要点

（1）每班检查与维护要点

1）通过相位开关和电压表检查各相电压是否平衡，是否存在缺相、电压过低现象。

2）检查操作手柄自动复位和零位锁是否有效，零位启动保护功能是否有效。

3）电动机运行声响是否正常，有无异响。

4）检查急停开关是否有效。

5）检查上、下支座处电缆是否有扭绞、破裂现象。

6）检查操作手柄操作是否顺畅，有无卡阻，档位是否清晰。

（2）每月检查与维护要点

1）按每班检查和维护要点进行检查。

2）检查电控箱内的电气元器件，有无存在异响，接触器是否有烧焦痕迹，变压器是否存在过烫现象。如有问题，更换相应电气元器件。

3）检查线路，发现电缆、电线破损及时进行包扎或更换。

4）检查接线端子，检查外部接线是否紧固，如有松动，重新拧紧。

5）检查电动机运行情况，是否有异响、大的振动，电动机的运行温升是否正常。

6）检查电动机、电缆的相间、对地绝缘是否符合要求。

7）检查电源质量，测量塔机启动和运行时的电流，电压以及电压降是否在合理的范围内。

8）检查制动器是否正常，制动力矩是否足够。

（3）每年或每次拆卸后检查要点

1）按每月检查和维护要点进行检查。

2）测量接地电阻是否满足不大于 4Ω。

3. 塔机电控系统大修要点

（1）检查所有电气元器件，更换存在问题的电气元器件。

（2）检查线路与图纸的一致性，保证实物与图纸相符。

（3）整理整个电控箱的走线，使其美观整洁。

（4）测量电动机的三相电阻是否平衡，对地、相间绝缘是否满足要求。

（5）做通电试验，确保控制回路的电气元器件动作与图纸相符合，逻辑控制准确。

（6）做空载试验，确保各机构的动作准确，并测量相应的电压、电流值，所测量的值应在设计允许范围内。

（7）做重载试验，测量相应的电压、电流值，所测值是否在合理范围内，同时检查制动器的制动力矩是否足够。

十、塔机电控系统、安全监控系统常见的故障及处理方法

见表 6-3 及表 6-4。

塔机电控系统常见故障及处理方法 表 6-3

机构	序号	故障现象	故障原因	排除方法
起升机构	1	起升机构不能起动	（1）控制接线错误 （2）控制起升断路器跳闸 （3）电机绕组短路、断路 （4）电机电压过低 （5）绕组接线错误 （6）制动器未打开	（1）核对接线图 （2）检查断路器，重新合闸 （3）检查电机 （4）测量电网电压 （5）按各档位分别供电修复 （6）整修制动器
	2	不能起升	（1）超载，超力矩 （2）超载或超力矩开关故障 （3）高度限位器动作 （4）高度限位器故障 （5）热继电器动作 （6）热机电器损坏 （7）PLC 无输出 （8）变频器无输出	（1）卸载，向内变幅 （2）修理或更换开关 （3）只能下降 （4）修理或更换 （5）手动复位 （6）修理或更换 （7）检查 PLC 相关限位输入，检查 PLC 输入输出触点 （8）检查 PLC 输出触点是否导通，检查变频器参数设置是否正确。
	3	起升无高速	（1）额定重量已到，自动切换到低速档 （2）高速绕组故障 （3）高速操纵手柄故障 （4）PLC 无输出 （5）变频器无输出	（1）继续使用 （2）修理或更换 （3）检查 PLC 相关限位输入，检查 PLC 输入输出触点 （4）检查 PLC 输出触点是否导通，检查变频器参数设置是否正确
	4	起升只有低速档	（1）延时继电器有故障 （2）操纵手柄故障	修理或更换
	5	起升无力	（1）外电源电压过低 （2）电缆线太长导致压降太大	（1）检查外电源电路 （2）改变接线方式，换粗电缆

机构	序号	故障现象	故障原因	排除方法
起升机构	6	起升动作时跳闸	(1) 起升电机过流，热继电器动作 (2) 工地变压器容量不够 (3) 变压器至塔机动力电缆的线径不够	(1) 检查刹车是否打开，过流稳定值是否变化 (2) 加大变压器容量 (3) 增加线径
	7	起升电机温度过高	(1) 第1、2档使用的时间太长或起升刹车没打开 (2) 低压运行时间过长	(1) 减少1、2档使用时间，检查刹车间隙，调至合适 (2) 检查使用电压
回转机构	8	回转机构启动不了	(1) 回转电流继电器动作 (2) 回转/制动开关在制动位置 (3) 回转限位器，左右限位重合 (4) 绕线电机转子开路 (5) 变频器故障 (6) 程控器损坏或控制程序丢失	(1) 复位 (2) 打至回转位置 (3) 重新调整回转限位器 (4) 连接转子回路 (5) 根据故障代码，查出原因并进行相应处理 (6) 更换程控器或重新写入控制程序
	9	回转机构不能向一面转动	(1) 回转限位器动作 (2) 回转限位损坏 (3) PLC 无输出 (4) RCV 模块问题	(1) 向相反方向回转 (2) 修理或更换限位器 (3) 检查 PLC 相关限位输入，检查 PLC 输入输出触点 (4) 检查 RCV 模块及晶闸管模块的导通情况
	10	回转速度慢	(1) 液偶缺油 (2) 外电源电压过低 (3) 制动器没有打开 (4) 电机绝缘损坏	(1) 加至额定油量 (2) 检查外电源 (3) 检查制动器 (4) 修理或更换
	11	工作时回转不能制动	(1) 回转制动器损坏，不能有效工作 (2) 回转、制动按钮损坏 (3) 回转制动接触器损坏	(1) 有无锈蚀，清除，制动弹簧失效 (2) 更换开关 (3) 更换接触器
变幅机构	12	变幅小车经常跳闸	(1) 传动系统故障，造成阻力过大 (2) 制动盘间隙太小或间隙不均匀 (3) 小车热继电器动作或损坏	(1) 检查阻力源 (2) 调整制动盘之间间隙 (3) 检查过热原因，对热继电器进行复位，如损坏则更换
	13	变幅机构带电	(1) 电源线及接地接错或电机拉线擦伤 (2) 接地不良	(1) 查出并纠正 (2) 正确接地

续表

机构	序号	故障现象	故障原因	排除方法
变幅机构	14	变幅机构电动机温度过高或烧坏	(1) 负载过大 (2) 负载持续或工作不符合规定 (3) 电源缺相运行 (4) 电源电压过低 (5) 电机绕组接地或匝间、相间短路 (6) 制动片间隙不对 (7) 电机通风不畅，温度太高	(1) 测电流，如排除额外负载 (2) 减少负载 (3) 检测电源是否缺相 (4) 检查输入电压并纠正 (5) 检查电机 (6) 调整间隙 (7) 检查冷却风扇是否正常
	15	变幅只有低速档	(1) 进入换速区 (2) 换速开关断开或断线 (3) 时间继电器（KT2）损坏 (4) 80%力矩或超重限速开关动作 (5) PLC 无输出	(1) 修理或调换 (2) 可以正常运行 (3) 更换继电器 (4) 正常、继续使用 (5) 检查 PLC 相关限位输入，检查 PLC 输入输出触点
	16	不能向外变幅	(1) 超力矩 (2) 力矩开关，外限位开关动作 (3) 外限位开关损坏 (4) PLC 无输出	(1) 向内变幅 (2) 修理或更换 (3) 更换限位开关 (4) 检查 PLC 相关限位输入，检查 PLC 输入输出触点
	17	不能向内变幅	(1) 内限位开关动作 (2) PLC 无输出	(1) 修理或调整 (2) 检查 PLC 相关限位输入，检查 PLC 输入输出触点
总控	18	启动按钮失灵	(1) 操作手柄没归零 (2) 电控柜断路器跳闸或熔断器保险丝熔断 (3) 启动或停止按钮接触不良或损坏 (4) 电源电压过低或过高，存在断相或错相	(1) 将手柄归零 (2) 检查线路，重新合闸或更换熔断器 (3) 修理或更换按钮 (4) 检查进线电源接线，测量电源电压

塔机安全监控系统常见故障及处理方法   表 6-4

序号	分类	常见故障	原因	处理方法
1	蜂鸣器	蜂鸣器一直报警	超载超限报警	看安全监控装置显示屏上哪个指示灯亮，即可知道哪个参数超载超限，只要往危险减小方向运行，就能解除这种报警
			高度加节或换钢丝绳后没有及时调试相应参数，造成安全监控装置显示数据与实际数据不符，造成误报警	高度加节或换钢丝绳后及时调试相应参数
			更换过高度、角度等传感器，未重新标定	重新正确标定
			所有的报警都只有光报警和动作保护，蜂鸣器不叫，可以判别为蜂鸣器损坏	更换蜂鸣器
2	控制	没有控制保护	不接控制线，可显示，无任何控制和报警	正常现象
			控制线没有接	接入控制线
			控制线被短接	重新接好控制线
			控制线接线错误	按正确的电气图接好控制线
			安全装置内控制输出的继电器损坏	退回厂家维修
			（只有无线连接的手持机有这项功能）手持机"其他配置"下"基本参数"中的"控制模式"为无，一般情况下为"UART 串口模式"	咨询安全监控装置厂家，配置好该参数
		吊钩、回转、小车等机构失灵	塔机对应高度、角度、幅度超限	看安全监控装置显示屏上哪个指示灯亮，即可知道哪个参数超载超限，只要往危险减小方向运行，就能解除这种报警
			塔机力矩或重量超载	
			控制线接线错误	按正确的电气图接好控制线
			若安全装置并无控制输出，或控制线已短接，机构还是失灵，可以判别为塔机机构故障	找塔机厂家维修

续表

序号	分类	常见故障	原因	处理方法
3	显示器	屏幕破碎	使用不当	更换显示器
			产品质量不好	
			其他	
		黑屏	电源没有接上	接上电源
			保险丝烧毁	更换保险丝
			安全装置内部变压器烧毁	更换变压器
			（黑屏表现为没有背景光，在有阳光时可以）参数配置异常	厂家重新配置参数
			主板芯片损坏等	厂家维修
		花屏	参数配置异常，导致设备不断重启	让厂家重新配置参数
			显示器损坏	更换显示器
		白屏	晶振不起振或接线接触不良	厂家维修
			背景光没有调节好	厂家重新调节
4	无线远程监控	设备不在线，不能连接服务器	天线没插	插上天线
			天线损坏	更换天线
			手机卡没插	插入有效手机卡
			手机卡欠费被停	手机卡续费
			DTU（通信模块）损坏	更换 DTU
			仪表参数配置错误（设备 ID、IP、端口号、软件版本号）	按说明要求配置正确的参数
5	手持机（有线）	与主机连接不上	数据线损坏	更换数据线
			程序版本不匹配	使用与主机程序匹配的手持机，或更新手持机程序
			主机、手持机接口松动	厂家维修
		显示屏不显示	手持机有进水或损坏	维修
		显示屏歪掉	结构件没有紧固好	重新固定
6	手持机（无线）	与主机连接不上	设备 ID 号设置错误	输入所连接主机的设备 ID 号
			手持机 WSN 模块损坏	换一只手持机
			主机 WSN 模块损坏	主机退回维修
			主机 WSN 天线没有接或没接好	接好天线

续表

序号	分类	常见故障	原因	处理方法
6	手持机（无线）	显示屏歪掉	结构件没有紧固好	重新固定
		显示屏不显示	电池没电	给手持机充电
			手持机有进水或损坏	维修
7	重量参数	显示为 0t	传感器安装错误，常见错误为受力方向反装	正确安装
			初始标定错误	重新正确标定
			传感器损坏	更换传感器
			传感器接线损坏	检查线路
		载重故障	载重故障上、下限设置错误	参照说明书重新正确设置
			传感器损坏	更换传感器
		数据不会变化或乱跳	标定错误	重新正确标定
			传感器损坏	更换传感器
8	力矩（直测模式）从塔顶取值	显示为 0	传感器安装错误，常见错误为受力方向反装	正确安装
			标定错误	重新正确标定
			传感器损坏	更换传感器
		力矩故障	仪表参数 B1、B2 设置错误	重新正确设置
			传感器损坏	更换传感器
		数据不会变化（乱跳）	标定错误	重新正确标定
			传感器损坏	更换传感器
9	力矩	（乘积模式）	乘积模式只和重量、幅度参数有关	参照此两项参数
10	高度参数	数据乱跳	电位器调节错误	调节电位器
			参数标定错误	重新正确标定
			塔机顶升后未重新标定	正确标定
			传感器损坏	更换传感器
		数据不变	参数标定错误	重新正确标定
			传感器线路损坏	更换连接线
			传感器连接处的开口销断掉	更换开口销，若经常断掉，重新调整传感器，使得该传感器轴与所连接机构同心
			电机过渡齿轮脱落	安装过渡齿轮
			传感器损坏	更换传感器

续表

序号	分类	常见故障	原因	处理方法
10	高度参数	重复精度不好	传感器精度损坏	更换传感器
			载重小车松绳	调整载重小车钢丝绳
		高度故障	高度故障上、下限设置错误	重新正确设置
			传感器损坏	更换传感器
11	角度参数	数据乱跳	电位器调节错误	调节电位器
			参数标定错误	重新正确标定
			传感器损坏	更换传感器
		数据不变	标定错误	重新正确标定
			传感器线路损坏	重新接线
			传感器损坏	更换传感器
			传感器连接处的开口销断掉	更换开口销，若经常断掉，重新调整传感器，使得该传感器轴与所连接机构同心
			电机过渡齿轮脱落	安装过渡齿轮
		角度故障	角度故障，左、右限设置错误	重新正确设置
			传感器损坏	更换传感器
12	幅度参数	数据乱跳	电位器调节错误	调节电位器
			参数标定错误	重新正确标定
			塔机顶升后未重新标定	重新正确标定
			传感器损坏	更换传感器
		数据不变	参数标定错误	重新正确标定
			传感器线路损坏	更换连接线
			传感器连接处的开口销断掉	更换开口销，若经常断掉，重新调整传感器，使得该传感器轴与所连接机构同心
			电机过渡齿轮脱落	安装过渡齿轮
			传感器损坏	更换传感器
		幅度故障	幅度故障内、外限设置错误	重新正确设置
			传感器损坏	更换传感器
		重复精度不好	传感器精度损坏	
			载重小车松绳	调整载重小车钢丝绳

续表

序号	分类	常见故障	原因	处理方法
13	风速	数据不变	传感器损坏	更换传感器
			传感器被卡牢	让传感器正常工作
			连线损坏	更换接线
14	传感器安装技巧	力矩	传感器安装到塔顶靠平衡臂方向上的主弦杆上，由下往上数第二跨的中间	
			保证传感器与主弦杆平行	
			传感器的螺丝必须拧紧，整个传感器呈拉直状态	
			传感器空载电压值确保在3~5MV之间，确保传感器的准确性	
			或用重量与幅度的乘积	
		重量	传感器销轴应注入润滑油，安上油嘴	
			保证卡槽与传感器受力方向垂直	
		幅度	选用合适的传动比	
			保证小车全程运行时电位器不进入盲区	
		高度	选用合适的传动比	
			保证吊钩全程运行时电位器不进入盲区	
		角度	选用合适的传动比	
			保证电缆线不缠绕时，把传感器调到2.5kΩ，再安装	
			保证回转机构全程运行时电位器不进入盲区	

第二节　齿轮齿条式施工升降机检查与维护

一、主要结构件的检查与维护

齿轮齿条式施工升降机钢结构主要由吊笼、围栏（或底笼）、导轨架和附墙架等组成，是整机的主要受力构件。结构件的完好与否直接影响到整机的安全和运行的平稳性。检查与维护要点：

（1）结构件在运输过程中应尽量设法防止变形和碰撞损坏。

（2）对主要受力的结构件应检查主弦杆管材的厚度、金属疲劳情况、焊缝裂纹、结构变形、破损等情况，对关键焊缝及焊接热影响区的母材应进行检查，若

214

发现异常，应进行处理。

（3）每年喷刷油漆一次。喷刷油漆前应除尽金属表面的锈斑、油污及其他污物。

（4）吊笼结构在使用中和转场运输中，如造成了变形（图6-18、图6-19），则需送有资质的厂家检验和修理。锈蚀破损严重的，需要换处理。吊笼还要检查各处限位、各导向滚轮的完好情况，单、双开门是否能灵活开启。

图6-18　立柱变形，锈蚀

图6-19　单开门变形

（5）基础围栏底架在转场装卸中，如有变形（图6-20），整形后要能满足安装尺寸要求。若材质有断裂或锈蚀穿孔，则应更新。围栏门应开关顺利，否则需维修或更新。

（6）导轨架由标准节组成，检查导轨架、附墙架等金属结构有无变形、漏焊裂纹、破损等现象，对使用多年的升降机需测定标准节立管壁厚（用超声波测厚仪），厚度达不到规定要求的应更换。若标准节结构变形，无法上下连接，则应以报废处理（不能作整形修理）。如标准节两侧配重导轨变形则应更换新导轨，附墙架如使用后变形，建议更新（图6-21、图6-22）。

图6-20　底架变形、开裂

图 6-21　标准节锈蚀、立管变形

图 6-22　附墙架变形

二、主要机构检查与维护

驱动机构是吊笼的动力来源，是升降机的核心部件。检查维护要点：

（1）定期换油。新出厂施工升降机的减速器在首次使用一周后应更换润滑油，润滑油牌号应符合使用说明书的规定要求（蜗轮箱的更换蜗轮蜗杆润滑油，齿轮箱的更换齿轮油）。

（2）制动器维护。要保证升降机使用安全，要特别重视制动器部位的防护。施工现场通常粉尘较多，特别是施工后期幕墙施工的石材切割、墙面粉刷、建筑垃圾清理等，都会对升降机制动器的制动盘的动作和制动性能造成影响。这方面已有血的教训，所以在制动器的维护时应注意以下几点：

1）应经常检查电机制动器的制动盘磨损情况，必要时更换。图 6-23 是制动盘的表面情况，制动盘表面设有均布的卸粉槽，通常卸粉槽被基本磨平时，必须更换制动盘。

2）保持制动器护罩的完好有效。在施工现场，除了对制动器进行维护时，任何时候都应装好制动器的护罩，以防止环境粉尘和雨水对制动器的侵害，影响制动性能。

3）每天启用升降机时，应对制动器的制动性能进行一次验证。验证方法为，升降机从地面上升至离地 2~3m，制动停止，再重复几次，如每次都正常就可以投入正常使用。这种方法对已停用一段时间的升降机重新使用尤其为重要。

4）对于更换新制动盘和对传动板进行解体大修后应进行制动性能的测试。测试的内容一是观察制动器动作的情况应响应正常，动作灵敏；其次是进行制动力矩试验。试验方法如图 6-24 所示，当然也有其他类似的方法。

图 6-23　制动盘表面的卸粉槽　　　　　　图 6-24　制动性能的测试

　　通常，升降机的单制动器的制动力矩额定值为 120N·m，试验时，按图 6-24 的要求准备好试验平台、控制制动器动作的直流电源，电源参数应与制动器直流线圈要求一致。量程为 300N·m 的扭力扳一把，头上改焊为与联轴器相配的花键轴。需要说明的是，试验时，往往初次制动力矩数据较小，应通过直流电源让制动器闭合动作几次后再测，制动力矩会逐步加大，一般最终能达到 180N·m 左右。这充分说明该类制动器的制动性能与制动器动作的灵敏性有关，制动器停用一定时间后，初次动作，灵敏性不足会影响制动性能。因此，每天开机时特别是长时间停用后首次使用均应在安全距离内来回开动升降机，使其制动力矩达到正常的水平。缺少保养的驱动机构如图 6-25、图 6-26 所示。

图 6-25　缺少保养的传动机构（制动器松闸手柄缺失）　　图 6-26　制动器罩壳缺失

（3）有对重的施工升降机如需更换整套驱动机构，则必须做到：吊笼降到最底部，然后用钢丝绳将对重牢牢固定。在施工现场进行维护作业时，吊笼均应下降到地面，如果无法降落到地面，必须在空中对吊笼设置可靠的固定措施。

三、主要安全装置检查与维护

施工升降机的主要安全装置是最重要的安全部件，是司乘人员安全的保护网。

1. SC 型渐进式防坠安全器检查与维护

防坠安全器只能在有效的检验期限内使用，其有效检验期限不得超过 2 年。从安全器装机之日起每满 3 个月，必须进行吊笼坠落试验。造成防坠安全器失灵的原因往往是"超期服役"，没有及时地送交专业检测单位进行检测和修理。使用单位只有将到期的安全器及时送检，并按规定做吊笼坠落试验，才能防止恶性事故发生。

（1）坠落试验

首次使用的施工升降机，或转移工地后重新安装的施工升降机，必须在投入使用前进行额定荷载坠落试验。施工升降机投入正常运行后，还需每隔 3 个月定期进行 1 次坠落试验。以确保施工升降机的使用安全。如图 6-27 所示，坠落试验一般程序如下：

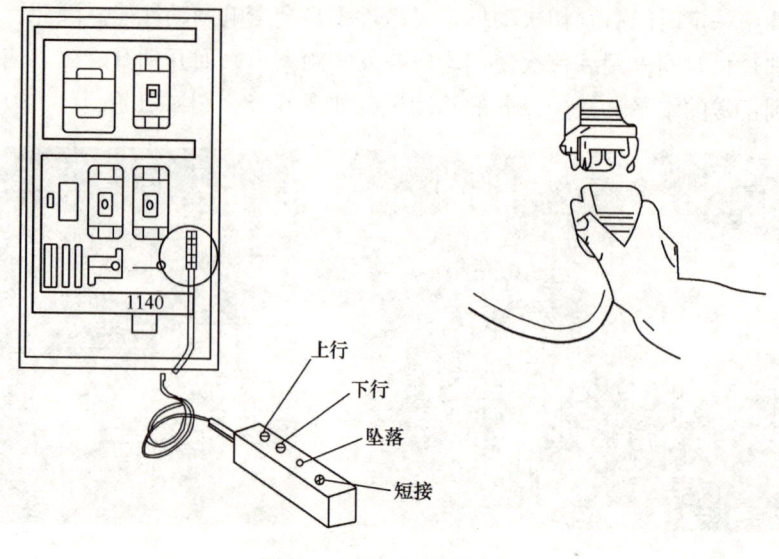

图 6-27　坠落试验的按钮

1）在吊笼中加载额定载重量；

2）切断地面电源箱的总电源；

3）将坠落试验按钮盒的电缆插头插入吊笼电气控制箱底部的坠落试验专用插座中；

4）把试验按钮盒的电缆固定在吊笼上电气控制箱附近，将按钮盒设置在地面。坠落试验时，应确保电缆不会被挤压或卡住；

5）撤离吊笼内所有人员，关上全部吊笼门和围栏门；

6）合上地面电源箱中的主电源开关；

7）按下试验按钮盒标有上升符号的按钮，驱动吊笼上升至离地面约5～10m高度；

8）按下试验按钮盒"坠落"按钮，并保持按住。这时，电机制动器松闸，吊笼下坠。当吊笼下坠速度达到临界速度，防坠安全器将动作，把吊笼刹住（普通升降机正常情况时吊笼制动距离为0.25～1.6m，制动距离应从听见"哐啷"声音后算起，但总的下滑距离应在1.2～2.5m），限速器使吊笼制动的同时通过机电联锁切断电源；

注意：如果吊笼自由下落3m左右仍未制动时，应立即松开"坠落"按钮使吊笼制动，然后按住"下行"按钮，使吊笼缓缓落至地面，查清原因排除故障，再做试验。必要时需送生产厂校验；

9）按住"短接"和"上行"按钮，使吊笼上升0.4m左右；

10）按住"短接"和"下行"按钮，使吊笼缓缓落至地面。

（2）复位操作

坠落试验后应手工进行防坠安全器复位。在正常使用中如果发生动作，需查明发生动作的原因，并采取相应的措施。在检查确认完好后或查清原因，排除故障后，才可对安全器进行复位，防坠安全器未复位前，严禁继续操作施工升降机。安全器在复位前应检查电动机、制动器、蜗轮减速器、联轴器、吊笼滚轮、对重滚轮、驱动小齿轮、安全器齿轮、齿条、背轮和安全器的安全开关等零部件是否完好，连接是否牢固，安装位置是否符合规定。

目前常用的渐进式防坠安全器从外观构造上区分有两种，一种是后端只有后盖，另一种在后盖上有一个小罩盖。两种安全器的复位方法有所不同。安全器Ⅰ复位操作，如图6-28所示。

1）断开主电源；

2）旋出螺钉，拆下后盖，旋出螺钉；

3）用专用工具和扳手，旋出铜螺母直至弹簧销的端部和安全器外壳后端面平齐为止，这时安全器的安全开关已复位；

4）安装螺钉；

5）接通主电源，驱动吊笼向上运行 300mm 以上，使离心块复位；

6）用锤子通过铜棒，敲击安全器后螺杆；

7）装上后盖，旋紧螺钉；

8）若复位后，外锥体摩擦片未脱开，可用铜棒敲击安全器后螺杆，迫使其脱离，达到复位作用。

带罩盖安全器Ⅱ复位操作，如图 6-29 所示。

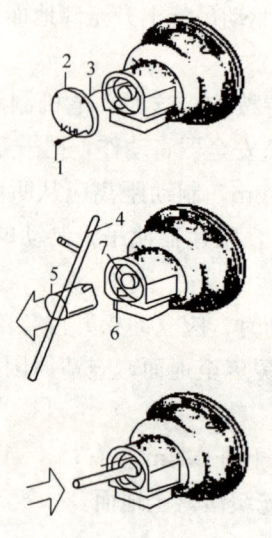

图 6-28　安全器Ⅰ
1—螺钉；2—后盖；3—螺钉；4—专用工具；5—扳手；6—铜螺母；7—弹簧销

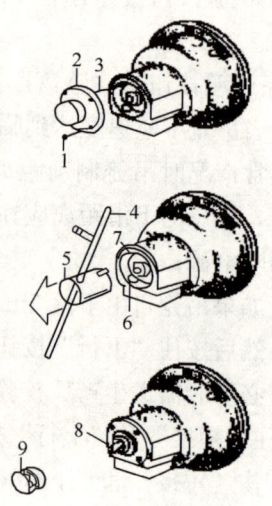

图 6-29　安全器Ⅱ
1—螺钉；2—后盖；3—螺钉；4—专用工具；5—扳手；6—铜螺母；7—弹簧销；8—螺栓；9—罩盖

1）～5）与安全器Ⅰ复位操作相同；

6）装上后盖，旋紧螺钉，旋下罩盖，用手旋紧螺栓；

7）用扳手把螺栓再旋紧 30°左右，然后立即反向退至上一步的初始位置；

8）装上罩盖。

更换防坠安全器必须使吊笼降到最低时进行。

2. 对重防脱轨装置检查与维护

（1）施工升降机的生产厂家在最初的设计中，大多采用在对重块的两端各安装一对大滚轮的形式作为对重防脱轨装置，见图 6-30（a）；但这种形式在滚轮磨损、轴承损坏或轨道局部变形的情况下，滚轮将失去导向作用，容易引起对重脱轨的情况，如图 6-31 所示，这一件滚轮脱落，导向作用失效。近些年，为了提高安全性，许多主机厂家改成了 16 个小滚轮加 2 对大滚轮的形式，如图 6-30（b）和图 6-32 所示。这种结构前后左右均限制了对重的运行，即使大滚轮全部脱落也能保证对重不脱离轨道，但一旦大滚轮脱落，对重左右方向的导向会受影响，必须及时检修。

（2）标准节上对重导轨角钢无弯曲变形，导轨接头无明显错位等缺陷。

（3）导轮无过度磨损，转动灵活，轴承

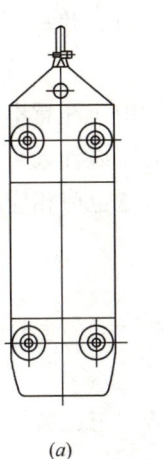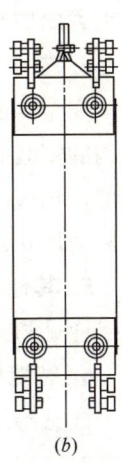

（a）　　　　　　　　　（b）

图 6-30　对重滚轮布置方式

内外圈无明显摆动现象；对非密封式含油轴承应定期进行清洗换油。

图 6-31　右侧滚轮脱落　　　　　图 6-32　改进后的对重轮

（4）对重安装后，应检查，当滚轮与对重轨道重叠量小于 5mm 时，应更换滚轮，更换后及达不到重叠量的，应更换定制的加大轮缘滚轮。检查办法，把对重向一侧导轨推到底，查看滚轮轮缘和导轨安全重叠量。

3. 超载检测装置检查与维护

由于吊笼的结构原因，在使用时超载检测装置经常会出现较大偏差，一旦发现偏差超过 10%，就应按说明书要求进行校准。

安装超载检测装置传感器时应注意以下两点：一是轴销式传感器不得用铁榔头直接敲打，应在尾部垫方木或用木制榔头轻轻敲入；二是安装后传感器的实际受力方向应与其标识一致，并与压板垂直，误差±4°，否则将影响精度。

4. 安全钩

安全钩部件在维护中应注意不能任意代用，如要更换，应选用原厂制造。安全钩的安装螺栓必须为原设计大小、规格和强度等级。吊笼在维修中可能会改变高度，相应的安全钩位置也应相应改变，其原则是：最高一对安全钩必须处在最低驱动齿轮以下。

5. 其他安全装置

详见第三章第二节"三、齿轮齿条施工升降机的主要安全装置"中第5点。

6. 智能预警系统

详见第三章第二节"三、齿轮齿条施工升降机的主要安全装置"中第6点。

四、基础检查与维护

基础是施工升降机的根基，基础不符合要求将会导致施工升降机使用过程中导轨架发生倾斜、变形，吊笼运行不平稳，甚至发生倒塌等重大事故。

详见第四章第二节施工升降机的基础类型和要求。

五、安装拆卸时的检查与维护

安装拆卸是保证施工升降机安全平稳运行最重要的环节之一，而且安装过程中由于组织和检查不到位、方案不正确、操作不规范，常常引发各种安全事故。

1. 导轨架及附墙装置安装时检查与维护

（1）导轨架安装检查与维护要点

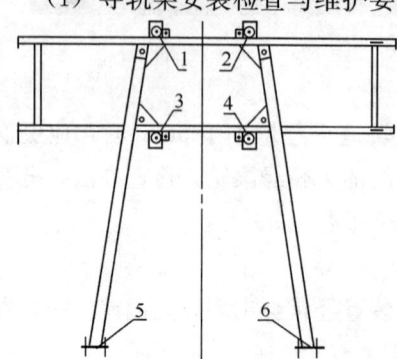

图 6-33 围栏底架加垫片位置图
1～6—加垫垫片位置

1）底架吊运到混凝土基础平面上，安装四个地脚螺栓，注意暂不拧紧。用钢垫片插入底架和混凝土基础之间1、2、3、4位置，见图6-33，初步调整围栏底架的水平度（用水平仪校正），然后用较小的力矩拧紧连接螺栓。

2）基础节和2～3个标准节相连，将其吊装到底架上，用螺栓将基础节与预埋围栏底架用较小的力矩紧固，并在导轨架顶部和底部的标准节方框处划出两个垂直侧面的中心线，挂上线锤，再在围栏底架和混凝土基础之间 1、2、3、4 位置加垫垫片，使两垂线与两个侧面的中心线重合后，将地脚螺栓的螺母紧固。

3）用经纬仪在两个方向检查导轨架的垂直度，要求导轨架的垂直度误差不大于 1/1000。当导轨架的垂直度满足要求后，应在图 6-33 中 5、6 位置，用钢板垫片垫实。进一步拧紧围栏底架与混凝土基础内的连接螺栓，预紧力需达到说明书要求。

4）导轨架的加高安装：导轨架加高可借用辅助起重设备将导轨架起吊安装就位，也可操作施工升降机本身的吊杆进行接高作业。在安装导轨架时应注意以下几点：

①导轨架加高的同时，应安装附墙架。

②无对重的施工升降机，顶部导轨架的四根立柱管上口必须装上橡胶密封顶套。

③导轨架每加高 10m 左右，应用经纬仪在两个方向上检查一次导轨架整体的垂直度，一旦发现超差应及时加以调整。导轨架安装垂直度偏差应符表 6-5 中的规定。

安装垂直度偏差　　　　　　　　　　　　　　表 6-5

高度（m）	≤70	>70~100	>100~150	>150~200	>200~250
偏差（mm）	≤高度×1/1000	≤70	≤90	≤110	≤130

④导轨架安装时，确保上、下导轨架立柱管对接处的错位阶差不大于 0.5mm。

⑤有对重导轨的导轨架，应确保上、下对重导轨对接处的错位阶差不大于 1mm。

⑥切勿漏装或忘记拧紧标准节及附墙架的连接螺栓。因标准节连接螺栓的螺母未装或未拧紧已发生多起机毁人亡的事故，其中 2008 年 10 月 30 日发生在福建省某县的施工升降机吊笼坠落事故，造成了 12 名民工当场死亡。

注意，每次加节时在导轨架最上部的齿条处安装一件防止吊笼驶出轨道的装置，如 U 形卡子，每侧一件。

5）检查标准节立柱管的厚度（可采用超声波测厚仪）。检查标准节立柱管的剩余厚度，当剩余的有效厚度小于出厂厚度的 75% 时，标准节应报废或降规格（厚度）使用。

标准节立柱管的磨损和腐蚀会影响导轨架允许的自由端高度以及最大安装高度，具体见表 6-6。

（2）附墙架安装检查与维护要点

附墙架的安装，应与导轨架的加高安装同步进行，见图 6-34。

标准节立柱管的磨损和腐蚀与导轨架允许的自由端高度及最大安装高度的关系　表 6-6

标准节立柱管原始壁厚减小的百分比	导轨架自由端许用高度减小的百分比	高导轨架许用安装高度减小的百分比
10%	15%	20%
15%	20%	30%
20%	20%	40%
25%	25%	50%
>25%	标准节应该彻底更换	

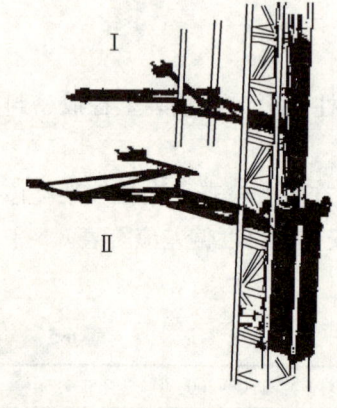

图 6-34　附墙架的形式

附墙架可用吊笼上的安装吊杆吊装，并用吊笼运送。用吊笼运送附墙架时，应在吊笼顶部操纵吊笼来运送。

附墙架形式因建筑物结构和施工升降机的位置不同有不同形式，一般有Ⅰ、Ⅱ两种类型（图 6-34）。

安装附墙架时，必须按下紧急停机按钮或将防止误动作开关处于停机位置。

附墙架位置尽可能保持水平，由于建筑物条件影响，其倾角不得超过说明书规定值（一般允许最大倾角为 ±8°）。连接螺栓应为高强度螺栓，不得低于 8.8 级。

附墙架在安装的同时，应及时调整导轨架的垂直度，并使其在规定范围内。

1）Ⅰ型附墙架的安装

Ⅰ型附墙架一般用于 2006 年以前出厂的升降机，导轨架与建筑物墙体之间有四根支撑登楼平台的过道立杆，这四根立杆须随着导轨架的加高而同步加高。中间两根立杆每隔 9m 由两道短前支撑和一道长前支撑（间隔为 3m）与导轨架连接；立杆由斜支撑与建筑物墙体连接；四根立杆之间由过桥连杆横向连接。过道立杆由一端带安装缺口的钢管对接而成。

Ⅰ型附墙架安装的注意要点，如图 6-35、图 6-36 所示。

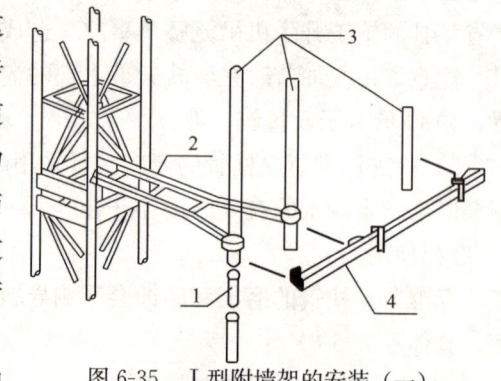

图 6-35　Ⅰ型附墙架的安装（一）
1—竖杆接头；2—短前支撑；
3—过道竖杆；4—过桥连杆

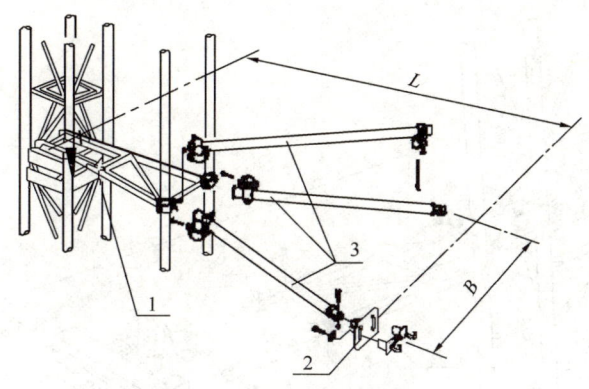

图 6-36 Ⅰ 型附墙架的安装（二）
1—长前支撑；2—支撑底座；3—斜支撑

①附墙架与附墙杆（斜支撑）连接尽可能靠近，上下间距不大于 200mm。

②校正导轨架的垂直度，调整附墙架的伸缩调节杆，使导轨架的垂直度满足偏差允许值要求。可采用适当的拉紧器调整导轨架的垂直度，如吊紧螺栓和钢丝绳等。

③紧固所有的螺栓，销轴连接的开口销必须安装正确，并确保吊笼和对重等不与附墙架发生干涉。

2）Ⅱ 型附墙架的安装

Ⅱ 型附墙架的安装注意要点，如图 6-37 所示。

①两根固定杆用 U 形螺栓对称地安装在导轨架的方框架上，U 形螺栓暂且不用拧得太紧，以便于在与主撑架连接时调整位置。

②用螺栓将支撑底座连接至建筑物墙体的预埋件上。

③根据选用的附墙距离 L，将主撑架、副撑架、支撑杆、调整杆用销轴连接组装成一体。然后将其吊运到建筑物墙体附着的位置，用销轴与固定杆连接，最后用螺栓与支撑底座连接。

④校正导轨架的垂直度：用伸缩二支撑杆的办法，导轨架可作少量位移；如要使导轨架作侧向位移，固定在墙上的支撑底座须作移动。直至使导轨架的垂直度满足偏差允许值的要求。

⑤调整杆必须调整至撑紧，并用螺母锁住。

⑥紧固所有的螺栓，销轴连接的开口销须安装正确。并确保吊笼和对重等不与附墙架发生干涉。

3）附墙维护保养

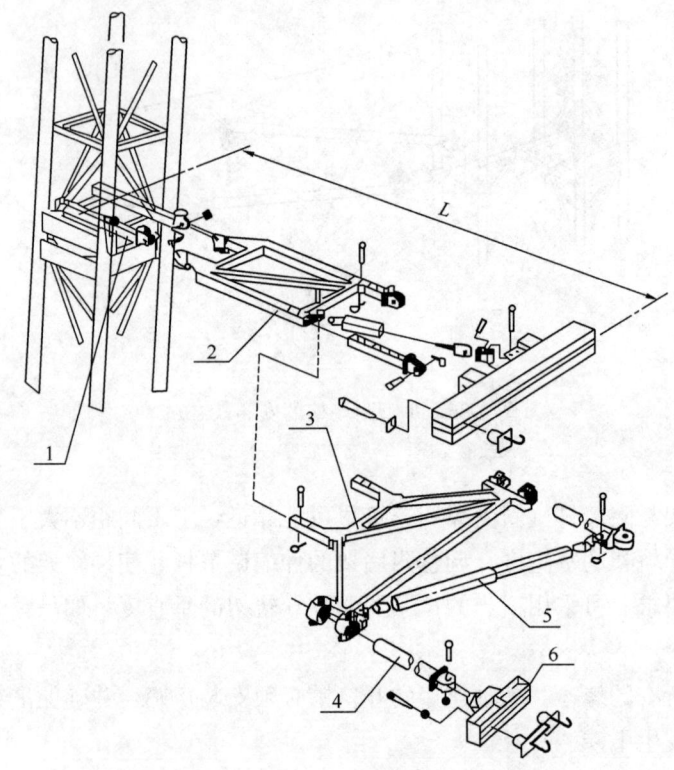

图 6-37　Ⅱ型附墙架的安装

1—固定杆；2—主撑架；3—副撑架；4—支撑杆；5—调整杆；6—支撑杆底座

①经常检查导轨架和附墙架的螺栓是否紧固，墙体埋板处焊缝有否脱焊现象。发现异常应及时处理。

②每周检查导轨架的垂直度是否出现变化，如有变化应查找原因，并加以纠正。

③所有螺栓、螺母部位加润滑油脂，防止生锈，方便拆卸。

2. 吊笼及传动系统安装时检查与维护

（1）吊笼安装要点

用辅助起重设备将吊笼吊起，吊笼底部到达导轨架顶部时，将导向滚轮对准导轨架主弦杆（立管）缓慢落下。安装时注意吊笼双门一侧应朝向建筑物。将吊笼缓缓放置于缓冲弹簧上，并适当用木块垫稳。然后吊装另外一个吊笼。吊笼吊装完毕后，将吊笼顶部的防护栏杆安装好。

（2）驱动装置安装要点

施工升降机的传动系统必须是两套独立的驱动机构，以避免因断轴、脱齿而造成吊笼坠落事故。

将驱动装置上的电机制动器松闸拉手撬松，并用楔块垫实，如图 6-38 所示，或取下电机制动器调整螺母上的开口销，然后拧紧制动器松闸拉手上两螺母，松开制动器。然后用辅助起重设备将驱动装置吊起，将驱动装置的导向滚轮对准导轨架主弦杆（立管）缓慢落下，驱动板架下边的连接耳板与相对应的吊笼耳板对接好，然后装好销轴式传感器，并固定好轴端挡板。注意：销轴式传感器不得用硬物直接敲打，传感器的方向必须正确，否则影响超载检测装置效果。

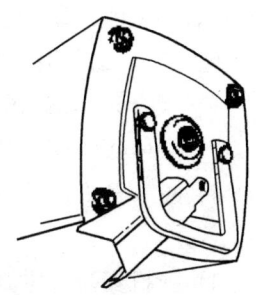

图 6-38　制动器松闸方法

调整背轮和各导向滚轮的偏心距及位置，并应符合下列要求：

1）吊笼整体与地面垂直，吊笼两立柱与导轨架主弦杆平行，且间距相同；

2）导向滚轮与导轨架立柱管的间隙为 0.4～0.6mm；

3）调整背轮和滚轮，使传动齿轮和齿条的啮合侧隙为 0.2～0.5mm，所有传动齿轮与齿条的啮合情况基本一致；

4）沿齿高接触长度不少于 40%，沿齿长接触长度不少于 50%；

5）防坠安全器齿轮、传动齿轮和背轮方向的中心平面处于齿条厚度方向的中间位置。

（3）拆卸时注意要点

1）拆卸时必须将吊笼降到最底部，在地面进行作业。

2）调整背轮和各导向滚轮，将偏心调整到最松位置，电机制动器完全放松（用手拨动制动盘能自由转动）。

3）起吊传动装置和吊笼应保证垂直向上，缓缓吊起，密切注意是否有阻卡现象，如有发现必须查明情况并排除后才能起吊。

3. 曳引机传动的人货两用升降机安拆检查与维护

（1）安装曳引机

曳引机的中间曳引槽应与井架中心一致，曳引轮轴线应与井架平行，机座应水平，曳引机的固定应采用预埋螺栓并用压板可靠压紧。曳引机安装完成后，应检查所有导轨、井架结构连接螺栓，应无松动、变形等现象。只有确认各种安装跳板、拉绳等已经拆除，所有连接螺栓已经安全紧固，井架内没有任何障碍，且基础强度和底架固定符合规定后才能进行试机。

（2）安装架体

架体安装前，基础（应与提升机构的基础成一体）混凝土强度应达到设计强度的 75％以上。基础应有排水措施，在基础边缘 5m 范围内如开挖沟槽或有较大振动施工时，必须有架体的稳定措施。安装时应注意以下几点：

1）检查架体结构的成套性和完好性。

2）架体底座应安装在地脚螺栓上，并用双螺母固定。

3）每一杆件的节点及接头，螺栓数量不少于 2 个，不得漏装或用其他紧固件代替。

4）新机安装，垂直度偏差不应大于 1‰；经过多次使用的，在重新安装时其偏差不应大于 2‰。

5）调整垂直度的钢垫片，一般应控制 1～2 张薄片，并与底座固定为一体。

6）在各层楼道进出料接口处，开口部位应局部加强。

7）导轨与架体连接可靠、准确。

8）拆卸作业中，严禁从高处向下抛掷物件（杆件或螺栓）。

9）拆除升降机时，应将吊笼停放在地面，拆去钢丝绳，对重也应落地。

10）按规定设置避雷针及接地保护。

（3）安装拆卸时维护重点

1）检查天梁上各滑轮座的固定是否良好，螺栓有无松动，支座有无移位，轴及轴承润滑是否良好，有无锈迹、磨损痕迹，必要时固定、加涂润滑脂，滑轮槽磨损严重时应修理和更换滑轮。

2）检查各钢丝绳绳尾的固定是否良好，固定螺栓有无松动，管体有无裂纹、磨损等情况，必要时应紧固和更换。

3）查看天梁有无变形，各紧固螺栓有无松脱现象，必要时应紧固。

4）检查架体各杆件应无变形。导轨是否准直、连接紧固。吊笼导向轮与导轨的间隙，单边不大于 1mm。

5）检查曳引机各处固定有无松动，基础压板是否牢固，在重载开机时，查看各处有无松脱等情况，发现问题应及时解决修复。联轴器中的橡皮圈有磨损应及时更换。

6）检查曳引绳是否良好，如果有磨损、断丝等情况达到报废标准时应更换。用拉力计检查各曳引绳张紧力是否均匀，超出 5％时应调整。

7）检查减速器有无异响、漏油或缺油现象，若有及时解决。

8）停层装置是否与出料门联动可靠，出料门打开后，夹轨器滑板是否向上将防坠器抱闸；出料门关闭后，停层机构是否能完全脱离架体；对滑轮、弹簧应加注机油，对开口销和螺栓等不移动处应加涂润滑脂。

9）检查超载限制器裂纹情况及是否松动，必要时修复后再使用。

10）对拆卸后的各杆件、连接螺栓、销轴等物件进行分类安放，检查、调直、润滑保养。

（4）附墙架安装要点

附墙架一般由预埋件、前支座、附墙杆（一端头应可调节、带锁紧螺母）、后绞座等组成。升降机的设计采用附墙架形式来保证架体的稳定性和垂直度，以保持在公差允许的范围内。

1）预埋件位置、锚固方法应符合使用说明书的要求。

2）附墙架与架体及建筑物之间，应采用刚性连接，检查连接件紧固、开口销的安装是否正确。严禁焊接。

3）安装一组附墙架，其附墙杆不得少于3根，一般应由3～4根附墙杆组成附墙架。

4）检查附墙架的水平度是否达到说明书的要求，并注意杆件长细比符合规范要求。

5）用经纬仪检查架体的垂度，若超出1‰的垂直度要求范围，应对附墙架进行调整。

6）附墙架的安装与拆卸，应与架体升高或降低同步进行。

六、使用中的检查与维护

设备的故障和安全隐患往往能在使用过程中暴露出来，使用中的检查与维护能降低升降机故障率，防止故障扩大，延长设备寿命，减少安全事故发生。

1. 齿条式施工升降机的日常维护保养

（1）每天检查与保养

1）检查电源电压，观察电压表，满载运行时电压波动范围在380V±5%。

2）检查底笼门上的安全开关和机电联锁装置：打开底笼门，吊笼应不能启动；吊笼上升后底笼门不能打开。

3）逐一进行下列开关安全试验，每次试验吊笼均应不能起动。

①打开吊笼单开门；

②打开吊笼双开门；

③打开吊笼天窗盖；

④触动断绳保护开关；

⑤按下急停按钮。

4）吊笼上升后，进料门应不能打开。

5）检查上、下限位开关，极限开关及其碰铁是否有效、可靠。

6）检查吊笼及对重运行导轨应无障碍物。

7）检查齿轮齿条的啮合情况，保证足够的接触长度，且侧隙 0.2～0.5mm（图 6-39）。

8）电缆导向装置应正常。

9）变频调速升降机每次启动前，应检查电器箱风扇是否转动，电阻是否发热正常。

（2）每周检查与保养

1）检查安全器安装板及驱动机构各处连接螺栓的紧固情况。

2）检查各润滑部位，应润滑良好。减速器如有漏油或油液不足等情况，应补充润滑油。

3）检查各导轮与导轨架立柱的位置，导轮的中心线应与标准节立管的中心线重合，间隙约为 0.5mm（图 6-40）。

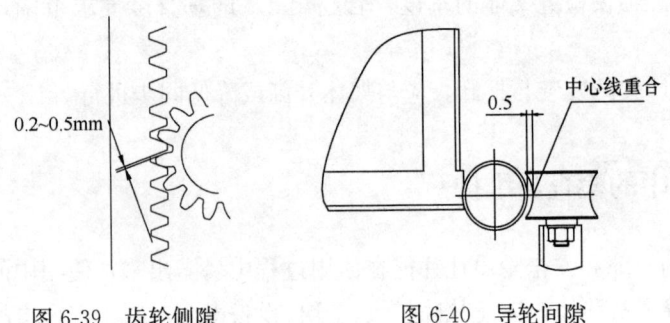

图 6-39 齿轮侧隙　　　　　图 6-40 导轮间隙

4）检查小齿轮、导轮及滚轮，所有附墙架连接，所有标准节的连接螺栓以及齿条的紧固螺栓。连接应牢固。

5）检查电缆导架及电缆防护环应无螺栓松动或位置移动。

6）检查天轮应转动灵活，无异常声音，连接部位紧固。

7）检查对重导向轮应转动灵活。

8）检查对重钢丝绳，应无扭曲、压扁等缺陷，断丝数应少于报废标准。

9）检查电机及减速器有无异常发热及噪声，减速器是否漏油。

10）检查电缆线，如有破损或老化应立即进行修理或更换。

11）用经纬仪在两个方向检查导轨架的垂直度，如发现垂直度超差则必须加以调整。

（3）每月检查与保养

1）检查对重钢丝绳，应无扭曲、压扁等缺陷，断丝数应少于报废标准，绳端连接应牢固。

2）检查结构件，应无明显变形、开裂。

3）检查齿轮磨损，用公法线千分尺测量：模数 $m=8$、齿数 $z=15$ 的小齿轮跨二齿侧公法线，新齿 37.1mm，允许磨损到 35.8mm（图 6-41）。

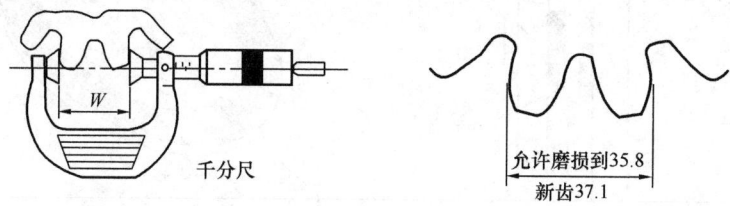

图 6-41 小齿轮允许磨损量

4）检查齿条磨损，用齿厚游标卡尺测量：模数 $m=8$ 的新齿齿厚为 12.566mm，允许磨损到 11.6mm（图 6-42）。

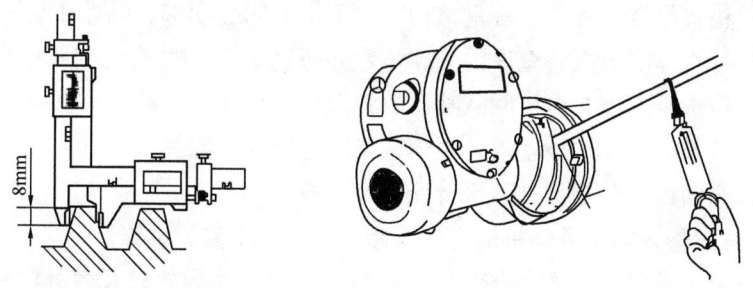

图 6-42 小齿轮允许磨损量　　　图 6-43 电机制动力矩检查示意图

5）检查电机制动力矩，用一杠杆和弹簧秤检查扭矩，见图 6-43：YZEJ132M-4 型 11kW 电机的制动力矩为 120N·m±2.5%，15kW 电机的制动力矩为 170N·m±2.5%，18.5kW 电机的制动力矩为 200N·m±2.5%。

注意：检查本项目时，吊笼应空载并停在缓冲弹簧上。

6）检查各个滚轮、滑轮、导向轮的外形和内部轴承，根据情况进行调整和更换。

7）检查电气设备外壳有无损坏，安装是否牢固，内部接头是否有松弛现象。

8）检查电动机和电路的绝缘电阻及电气设备金属外壳，金属结构的接地电阻。绝缘电阻大于等于 1MΩ，接地电阻小于 4Ω。

9）用塞尺检查制动盘磨损，见图 6-44，如果达到图示尺寸，应立即全部更换。

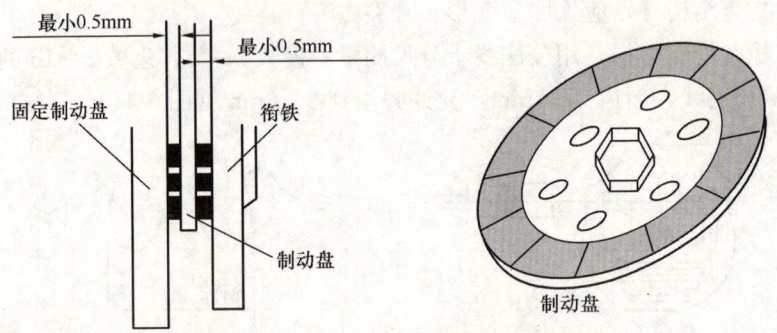

图 6-44　制动盘磨损极限示意图

10）每 3 个月应做坠落试验，检查安全器的可靠性。

（4）每年检查与保养

1）检查吊笼、标准节等钢结构件，不得有明显变形、脱焊和裂缝。

2）检查标准节立管壁厚的减少量，如超过 25％应降级使用或报废。

3）检查减速器与电机间联轴器的弹性块，如老化、破损应更换。

4）打开减速器的检查盖，用测量尺检查蜗轮的磨损情况。

5）全面检查各零部件，进行保养及更换。

（5）齿条式施工升降机的定期检修（小修、中修、大修）

1）施工升降机工作 1000h 后，对滚轮、滑轮、导轮以及各处门锁等机械结构、电气系统等进行小修。

2）施工升降机工作 4000h 后，对驱动机构、进出料门等机械和电气系统等进行中修。

3）施工升降机工作 8000h 后，对驱动机构、重要结构件等机械和电气系统等进行大修。

（6）施工升降机拆卸及检修注意事项

1）施工升降机每次重新安装前，以及小修、中修、大修时，应由技术人员和专业维修人员检查各结构件材料及焊缝，若发现变形、锈蚀、裂纹等情况应及时进行分析，并按有关标准进行修复或更换。

2）施工升降机每次重新安装和中修、大修后，必须按首次安装验收的程序进行载重和坠落安全试验。载重试验时，试验载荷由轻到重，保持密切观察，发现异常情况应立即停止，并仔细检查，作好试验记录，归入设备档案。

七、常见机械故障及排除方法

由于机械零部件磨损、变形、断裂、卡塞、润滑不良以及相对位置不正确等而造成机械系统不能正常运行，统称为机械故障。机械故障一般比较明显、直观，容易判断。表 6-7 给出了常见机械故障现象、原因及排除方法。

常见机械故障现象、故障原因及排除方法　　　　　　　　表 6-7

序号	常见故障	原因分析	排除方法
1	吊笼运行时振动较大	(1) 滚轮螺栓松动 (2) 齿轮、齿条的啮合间隙过大 (3) 导轮与齿条背的间隙过大 (4) 齿轮、齿条啮合缺少润滑油	(1) 紧固螺栓 (2) 调整间隙 (3) 加油
2	吊笼起动或停止时有跳动现象	(1) 制动器动力矩过大 (2) 电机与减速机间联轴器内弹性体损坏	(1) 适当放松电机尾端调节套 (2) 更换弹性体
3	吊笼运行时电机跳动	(1) 电机的固定装置松动 (2) 电机的橡胶垫掉落 (3) 减速机与传动板的连接螺栓松动	(1) 紧固螺栓 (2) 加装橡胶垫
4	吊笼运行时有跳动现象	(1) 标准节立管对接阶差价大 (2) 小齿轮磨损 (3) 标准节齿条螺栓松动，齿条对接阶差大	(1) 更换标准节或修整阶差 (2) 更换全部小齿轮 (3) 修整阶差，紧固螺栓
5	吊笼运行有摆动现象	(1) 滚轮螺栓松动 (2) 滚轮与标准节立管间隙大	(1) 紧固螺栓 (2) 调整间隙
6	吊笼启、制动时振动大	(1) 电机制动力矩太大 (2) 齿轮齿条间隙、滚轮与标准节立管间隙不正确	(1) 适当放松电机尾端调节套 (2) 调整间隙
7	制动器噪声大	(1) 制动器止退轴承损坏 (2) 转动盘摆动	(1) 更换轴承 (2) 调整或更换转动盘
8	制动片磨损很快	(1) 制动盘磨损 (2) 制动器止退轴承内积灰尘，致使不能同步打开	(1) 更换制动盘 (2) 清理积灰

八、整机检验

施工升降机安装完成后应进行整机检验，确保设备的良好性能和使用安全。主要检验项目见表6-8。

整机安装检验记录　　　　　　　　　　　　　　　表6-8

检查项目	序号	检验内容和要求	检验记录	结论
资料检查	1	基础验收资料应齐全		
	2	安装方案、技术交底规范、齐全		
	3	转场的升降机应有转场作业单		
标志	4	升降机的标牌、号牌应设置在规定位置		
	5	吊笼内应有安全操作规程，危险部位应有醒目的警示标志，操作按钮标识明显，应设置限载和楼层标志		
基础和围栏	6	应有排水设施，无积水		
	7	地面防护围栏应装可靠设置机电联锁装置		
	8	基础上吊笼和对重升降通道周围应设置高于1.8m的地面防护围栏		
	9	当施工升降机基础下方有施工作业区时，应加设防止对重坠落伤人的安全防护区及其安全防护措施		
金属结构件	10	外观无明显变形、脱焊、开裂和严重锈蚀		
	11	螺栓连接安装准确，紧固可靠，不得有松动现象		
	12	导轨架垂直度符合要求		
	13	立管接缝处错位节差<0.8mm		
吊笼	14	应有紧急逃离门，并配有专用扶梯，设有安全开关，安全开关有效		
	15	顶部吊笼顶部周围应有护栏，高度不低于1.1m		
层门	16	层站层门设置只能由司机启闭，吊笼门与层站边缘水平距离≤50mm		
传动及导向	17	传动零部件的外露部分应有防护罩等防护装置		
	18	制动器制动性能良好，制动松闸功能齐全		
	19	相邻两齿条的对接处沿齿高方向的阶差应≤0.3 mm，沿齿长度方向齿差应≤0.6		
	20	齿条应保证有90%以上和计算宽度参与啮合，且与齿轮的啮合侧隙为0.2~0.5 mm		
	21	导向轮及背轮应润滑良好、导向灵活、无明显倾侧现象		

续表

检查项目	序号	检验内容和要求	检验记录	结论
附着装置	22	应采用原厂制作,形式符合说明书要求		
	23	附着间距符合说明书或设计要求		
	24	自由端高度应符合说明书要求		
	25	与建筑物连接应牢固可靠		
安全装置	26	吊笼安全器和安全钩、安全开关等安全装置动作正常,安全器动作时,设在安全器上的电气线路应能将电动机电路断开,安全器应在有效标定期内		
	27	有对重的升降机应可靠设置非自动复位型防松绳开关		
	28	安全钩设置应保证最高一对安全钩处于最低驱动齿轮以下		
	29	上限位的安装位置:上部安全距离不得小于1.8m		
	30	上限位和上极限开关质检的越城距离为不小于0.15m		
	31	下限位开关:在正常工作状态下,吊笼碰到缓冲器之前,下极限开关首先动作		
	32	极限开关动作时须切断电源;极限开关为非自动复位型的,动作后必须手动复位后才能使吊笼重新启动		
	33	吊笼应配备超载检测装置,在吊笼内载荷超过额定载重量10%以上时给出清晰信号,并阻止启动;超载检测数据在断电时应能保留		
电气系统	34	结构、电动机和电气设备金属外壳均应接地,接地电阻≤4Ω		
	35	电动机和电气元件的对地绝缘电阻应≥0.5MΩ;电气线路的对地绝缘电阻应≥1MΩ		
	36	在施工升降机安装高度大于120m,并超过建筑物高度时应安装空中障碍灯		
	37	电气原件安装牢固,无松动、过热现象,线路排列整齐		
	38	吊笼应设有检修或拆装时在顶部使用的控制盒,在使用吊笼顶部控制盒时,其他操作装置均不起作用,但吊笼的安全装置可起保护作用		
	39	对重压在缓冲器上吊笼不能提升,做3次		
	40	应在便于操作位置设置非自动复位型的急停开关		
	41	应设置相序保护装置、通信联络装置和失压零位保护装置		

检查项目	序号	检验内容和要求	检验记录	结论
对重和钢丝绳	42	钢丝绳规格正确,无扭曲、压扁等缺陷		
	43	对重轨道节差 < 0.5mm		
	44	钢丝绳应采用可靠方法连接或固定,不得采用 U 形螺栓绳夹固定		
	45	当吊笼在完全压缩的缓冲器上时,对重上面的自由行程不得小于 0.5m		
传动系统	46	传动系统的转动零部件装好防护罩		
	47	安装时吊笼右下面导轮与标准节之间的间隙不大于 0.5mm		
缓冲装置	48	缓冲装置齐全,无明显变形或破损		
导轨架的附着	49	导轨架的高度超过最大独立高度时应设有附墙装置		
	50	附着装置之间的间距应符合使用说明书要求		
空载试验	51	双笼施工升降机应分别对两个吊笼进行试运行。试运行中吊笼应启、制动正常,运行平稳,无异常现象		
额载试验	52	各系统运行正常。双笼施工升降机应分别对两个吊笼进行试运行。试运行中吊笼应启、制动正常,运行平稳,无异常现象,结构件无永久性变形		
验收结论				
验收签字	用户签章: 安装组长签字: 　　年　月　日　　　　　　　　　　年　月　日			

九、齿轮齿条式施工升降机电控系统的检查与维护

齿轮齿条式施工升降机电控系统是设备能够运行的主要控制部分,其安全可靠性直接影响设备的正常、安全使用。齿轮齿条式施工升降机电控系统的组成与结构基本与塔机相同,其检查与维护要点也与塔机电控系统的维护要点相同,请参见塔机检查与维护部分。以下为齿轮齿条式施工升降机特有部分。

1. 楼层呼叫器检查与维护

(1) 楼层呼叫器的常见故障

1) 楼层按钮无反应。

2）呼叫器不做呼叫提示。

3）呼叫器只显示楼层，没有语音提示。

（2）楼层呼叫器的检查要点

1）楼层按钮是否有电源。

2）呼叫器是否供电。

3）楼层按钮和呼叫器之间是否有屏蔽物阻隔。

4）是否有其他无线信号干扰。

5）楼层呼叫器是否有损坏。

（3）楼层呼叫器的维护要点

1）呼叫按钮模块要注意防雨，防止进水而烧坏呼叫模块。

2）保证呼叫按钮和呼叫提示模块之间没有金属屏蔽物体，遮挡无线传输信号。

3）保证楼层呼叫器的电源正常工作。

2. 施工升降机专用滑线的检查与维护

（1）施工升降机专用滑线的常见故障

1）滑线集电器电刷磨损、接触不良。

2）滑线接头松动，造成通电不畅。

3）滑线弯曲变形，造成碳刷运行不畅。

（2）施工升降机专用滑线的检查要点

1）检查三相电源是否平衡，从而判断滑线是否有断路或损坏。

2）检查滑线的防水是否完好，滑线内是否有存水现象。

3）检查滑线有无因外力弯曲变形。

4）检查集电器碳刷磨损是否过大。

（3）施工升降机专用滑线的维护要点

1）定期检查滑触线集电器的电刷磨损情况，如已超过正常磨损长度要及时更换。

2）定期检查滑触线及铝排接头，有无锈蚀与松动；各固定件、集电器导向器等是否松动。

3）定期检查滑触线是否弯曲变形，有则及时矫正。

4）定期清除滑触线上积累的灰尘，清扫时不可用力过大，以防损坏滑触线。

5）定期检查集电器导向轮磨损状况，导向轮能确保电刷在滑触线上下左右的正确位置，导向轮磨损过度，亦会造成电刷磨损或继续失电现象发生。

3. 电控系统使用中的检查与维护

作好齿轮齿条式施工升降机电控系统在使用中的检查与维护，可以有效地增加设备电控系统的使用寿命，及时发现电控系统出现的问题，有助于设备的安全运行。

电气故障相对来说比较多，有的故障比较直观，容易判断，有的故障比较隐蔽，难以判断。维修人员在对施工升降机进行检查维修时，一般应当遵循以下基本程序，以便于尽快查出故障，确保检修人员安全。

在诊断电气系统故障前，维修人员应当认真熟悉电气原理图，了解电气元器件的结构与功能。熟悉电气原理图后，应当对以下事项进行确认：

（1）确认吊笼处于停机状态，但控制电路未被断开。

（2）确认防坠安全器微动开关、吊笼门开关、围栏门开关等安全装置的触头处于闭合状态。

（3）确认紧急停机按钮及停机开关和加节转换开关未被按下。

（4）确认上、下限位开关完好，动作无误。

（5）确认地面电源箱内主开关闭合，箱内主接触器已经接通。

（6）检查输出电缆并确认已通电，确认从配电箱至施工升降机电气控制机电气控制箱电缆完好。

（7）确认吊笼内电气控制箱电源被接通。

（8）将电压表连接在零位端子和电气原理图上所标明的端子之间，检查须通电的部位应确认已有电，分端子逐步测试，以排除法找到故障位置。

（9）检查操纵按钮和控制装置发出的"上"、"下"指令（电压），确认已被正确地送到电气控制箱。

（10）试运行吊笼，确保上、下运行主接触器的电磁线圈通电启动，确认制动接触器被启动，制动器动作。在上述过程中查找存在的问题和故障。针对照明等其他辅助电路时，也可按上述程序进行故障检查。

4. 电控系统使用中的检查与维护要点

（1）每班检查与维护要点

1）各个门限位开关是否正常，保护停机功能是否正确。

2）检查操作手柄自动复位和零位锁是否有效，零位启动保护功能是否有效。

3）检查急停开关是否有效。

4）检查随行电缆是否存在运行不畅现象，电缆是否会与外部脚手架勾牢。

5）检查上、下限位是否正常。

6）检查操作手柄操作是否顺畅，有无卡阻，档位是否清晰。

（2）每月检查与维护要点

1）按每班检查和维护要点进行检查。

2）检查电控箱内的电气元器件，有无存在异响，接触器是否有烧焦痕迹，变压器是否存在过烫现象。如有问题，更换相应电气元器件。

3）检查线路，发现电缆、电线破损及时进行包扎或更换。

4）检查接线端子，检查外部接线是否紧固，如有松动，重新拧紧。

5）检查电动机运行情况，是否有异响，大的振动，电动机的运行温升是否正常。

6）检查电动机、电缆的相间、对地绝缘是否符合要求。

7）检查电源质量，测量塔机启动和运行时的电流、电压以及电压降是否在合理的范围内。

8）检查制动器制动力矩是否足够。

（3）每年或每次拆卸后检查要点

1）按每月检查和维护要点进行检查。

2）测量接地电阻是否满足不大于 4Ω。

十、电控系统使用中的常见故障

（1）总起接触器不吸合。

（2）接触器主触点粘连。

（3）变压器烧坏。

（4）制动器不能开闸。

（5）二极管击穿。

（6）随行电缆拉断。

（7）操作手柄无反应。

（8）急停开关失效。

（9）各保护限位开关失效。

（10）制动器不能开闸。

十一、齿轮齿条式施工升降机电控系统大修要点

（1）检查所有电气元器件，更换存在问题的电气元器件。

（2）检查线路与图纸的一致性，保证实物与图纸相符。

（3）整理整个电控箱的走线，使其美观整洁。

（4）测量电动机的三相电阻是否平衡，对地、相间绝缘是否满足要求。

（5）检测电机制动器的制动力矩是否足够。

（6）作通电试验，确保控制回路的电气元器件动作与图纸相符合，逻辑控制准确。

十二、常见电气故障及处理方法

见表 6-9。

常见电气故障及处理方法　　　　　　　　　表 6-9

序号	故障现象	故障原因	故障诊断与排除
1	总电源开关合闸即跳	电路内部损伤、短路或相线对地短接	找出电路短路或接地的位置，修复或更换
2	断路器跳闸	（1）电缆、限位开关损坏 （2）电路短路或对地短接	更换损坏电缆、限位开关
3	施工升降机突然停止或不能启动	（1）停机线路及限位开关被启动 （2）断路器启动	（1）释放"紧急按钮" （2）恢复热继电器功能 （3）恢复其他安全装置
4	启动后吊笼不运行	连锁电路开路	（1）关闭门或"紧急按钮" （2）查 220V 连锁控制电路
5	电源正常，主接触器不吸合	（1）个别限位开关没复位 （2）相序接错 （3）元件损坏或线路开路断路	（1）复位限位开关 （2）相序重新连接 （3）更换元件或修复线路
6	电机启动困难，并有异常响声	（1）电动机制动未打开或无直流电压（整流元件损坏） （2）严重超载 （3）供电电压远低于 380V	（1）恢复制动器功能（调整工作间隙）或恢复直流电压（更换整流元件） （2）减少吊笼载荷 （3）供电电压恢复至 380V 再工作
7	运行时，上、下限位开关失灵	（1）上、下限位开关损坏 （2）上、下限位碰块移位	（1）更换上、下限位开关 （2）恢复上、下限位碰块位置
8	操作时，动作运行不稳	（1）线路接触不好或端子接线松动 （2）接触器粘连或恢复受阻	（1）恢复线路接触性能，紧固端子接线 （2）修复后更换接触器

续表

序号	故障现象	故障原因	故障诊断与排除
9	吊笼停机后可重新启动，但随后再次停机	(1) 控制装置（按钮、手柄）接触不良 (2) 门限位开关与挡板错位	(1) 修复后更换控制装置（按钮、手柄） (2) 恢复门限位开关挡板位置
10	吊笼上、下运行时有自停现象	(1) 上、下限位开关接触不良或损坏 (2) 严重超载 (3) 控制装置（按钮、手柄）接触不良或损坏	(1) 恢复上、下限位开关 (2) 减少吊笼载荷 (3) 修复后更换控制装置（按钮、手柄）
11	接触器易烧毁	供电电源压降太大，启动电流过大	(1) 缩短供电电源与施工升降机的距离 (2) 加大供电电缆截面
12	电机过热	(1) 制动器工作不同行 (2) 长时间超载运行 (3) 启、制动过于频繁 (4) 供电电压过低	(1) 调整或更换制动器 (2) 减少吊笼载荷 (3) 对运行作适当调整 (4) 调整供电电压
13	不能总起	(1) 控制接线错误 (2) 安全保护装置有起作用 (3) 变压器损坏 (4) 操作手柄不在零位 (5) 断路器跳闸 (6) 急停按钮按下 (7) 手柄零位开关损坏	(1) 核对接线图 (2) 检查安全保护装置，使其复位 (3) 更换变压器 (4) 将操作手柄归零 (5) 检查断路器，重新合闸 (6) 打开急停按钮 (7) 更换开关
14	电机有电、制动器不能开闸	(1) 整流回路故障 (2) 制动线圈损坏 (3) 制动器接触线圈损坏	(1) 更换整流二极管或整流桥 (2) 更换制动器线圈 (3) 更换制动接触器
15	上升或下降时，只有按下急停电机才能停止	(1) 上升或下降接触器主触点粘连 (2) 操作手柄微点开关不能复位	(1) 更换接触器 (2) 更换微动开关
16	电机有电，制动器能打开，但吊笼不会动作	几个电机的旋转方向不同	更换电机接线，使所有电机的旋转方向相同

续表

序号	故障现象	故障原因	故障诊断与排除
17	控制回路动作正常、吊笼不动作或会出现下滑	(1) 电机损坏 (2) 电机未接线	(1) 更换电机 (2) 给电机接线
18	在减速或吊笼下降时，变频器出现过电压故障	(1) 减速时间太短 (2) 制动单元损坏	(1) 延长减速时间 (2) 更换制动单元

第三节　货用施工升降机检查与维护

一、货用施工升降机的常见故障

见表 6-10。

货用施工升降机常见的故障　　　　　　　　　　　表 6-10

序号	故障现场	引起故障的原因
1	总电源合闸即跳	电路内部损伤、短路或相线接地
2	操作按钮置于上、下运行位置，但交流接触器不动作	限位开关未复位
		操作按钮线路断路
3	电机启动困难，并有异响	制动器未调好或线圈损坏制动器未打开
		严重超载
		电动机缺相
4	上下限位开关不起作用	上下限位器损坏
		接触器触电粘连
5	吊笼不能下降	断绳保护装置误动作
6	制动器失效	制动器各部件调整有偏差
		制动片磨损严重
		电气线路损坏
7	曳引轮与曳引钢丝绳打滑	四根曳引钢丝绳松紧不一致
		对重重量不足
		曳引轮磨损，曳引钢丝绳油脂过多

序号	故障现场	引起故障的原因
8	减速机有不正常噪声	润滑油不足
		齿轮、轴承磨损
9	吊笼停靠时有下滑现象	制动器间隙没调整好
		制动器摩擦片、制动轮沾油污
10	吊笼运行时有抖动现象	导轨上有杂物
		导向滚轮（导靴）和导轨间隙过大
11	电机及轴承过热	超过额定负载或额定工作持续率，电机定子线圈接地短路、电机反接
		电源电压过高或过低
		轴承缺油、不清洁，轴承间隙过大，磨损严重

二、货用施工升降机维保重点

1. 货用施工升降机主要结构件的维保重点

由架体、底架、导轨架、导轨、天梁或自升平台组成的货用施工升降机，维保单位在平时的维保中主要包括以下内容：

（1）架体须保持垂直、平整，无严重锈蚀。杆件无变形、无缺失，连接螺栓齐全、紧固。

（2）检查底架四角构成框架结构的连接板焊缝、螺栓及底架压板与预埋螺栓连接松动情况，如果出现松动应加以紧固。

注意：严禁用钢筋替代预埋螺栓；当预埋螺栓高度不够时，应有接高、焊接施工方案，对接质量必须等同原螺栓强度；不得采用木块等非刚性材料作垫块。

（3）导轨架作为承受天梁、吊笼和载物的装置，对其的维保直接关系到架体的稳定性及使用的安全。

维保单位在平时的维保中应对井字式架体各杆件变形、开焊及各杆件连接部位的连接翼板螺栓松动情况进行检查。对设置出料门的开口处加强措施进行检查，发现加强横杆被拆除的，应及时增补。

门架式导轨架除对型钢组成标准节的变形、开焊检查外，还需对各标准节连接螺栓松动情况进行维保。

（4）对全程高度导轨的磨损及润滑情况进行检查。对导靴与导轨间隙的调整：开动卷扬机（或曳引机）使吊笼离地 0.5m 以下，按设备使用说明书要求调整导靴与导轨间隙。说明书没有明确要求的，可控制在 5～10mm 以内。

（5）在每月维保时应对吊笼两侧围护和顶部结构的变形和破损情况进行检查。发现破损、变形应及时修理。

（6）天梁和自升平台的维保重点主要包括，天梁上的导向滑轮转动是否灵活，导向滑轮、滑轮轴的润滑、磨损情况，滑轮槽有无磨损。轮槽磨损严重时，应及时修理和更换。检查自升平台的导向滚轮、轮轴的磨损情况，滚轮和标准节架体立柱的间隙。

（7）刚性附着形式维保重点主要有：附着杆须保持水平受力，不得少于 3 根，杆件与架体中心线夹角一般宜控制在 40°左右，形成稳定的三角形状态。检查附墙杆与导轨架连接螺栓是否松动，附墙杆与预埋钢管连接处的扣件螺栓是否紧固。

（8）缆风绳作附墙时，四角 4 根缆风绳受力应均匀，花篮螺栓选用与缆风绳相匹配的型号，调节张紧度，对角两根应同时收或放，重点检查架体钢材对缆风绳固定处的防护与磨切破坏情况。

缆风绳附着的形式维保重点主要有：缆风绳直径不得小于 9.3mm。检查绳夹的数量、间距、方向及安全段的设置是否符合规定。检查缆风绳与导轨架连接处防剪措施有无损毁，缆风绳张紧力是否足够，缆风绳与地锚连接处绳卡有无松动。

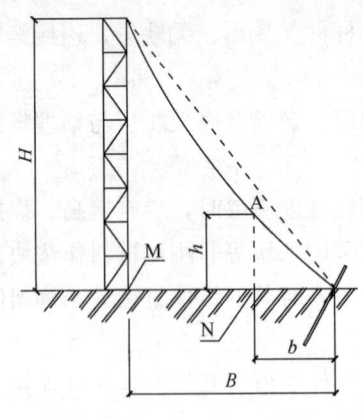

图 6-45　近似测量缆风绳

缆风绳垂度的调整：为保证缆风绳的张拉强度，以利架体的稳固，应在缆风绳安装时时用花篮螺栓凭手感掌握调紧，缆风绳的垂度不应大于缆风绳长度的 1%，见图 6-45，且应四边松紧度基本一致。任选钢丝绳的一个测点 A（2～3m 高即可），用重垂找出地面的垂足 N 点，测量出 h 大小和 M、N 两点的高差；分别量出锚桩点至 M 和 N 点的距离 B 及 b。

根据三角形相似原理：

$$H/h = B/b$$

考虑高差因素和垂直度要求：

$$h \geqslant (1-0.01) \times (H \times b/B \pm \Delta)$$

（9）对重系统着重检查对重滚轮轮轴磨损、润滑情况

用于货用施工升降机的对重物一般由松散物黄沙、石子或红砖组成，该类材料易散落、易挥发，雨、雪天易增加重量，与对重物设计计算意图不一，该对重

物重量就不为衡定值。根据曳引式升降机对重物有关设计计算规定，设平衡系数为 β：

$$\beta=(对重物—吊笼自重)/最大额定载荷$$

$$对重物=吊笼自重+200kg+局部钢丝绳重量$$

根据上述参数分析：分子上的对重、吊笼为两个恒定不变值，分母上的额定载荷允许减小至零（空吊笼）而不允许增大，因增大载荷平衡系数就小于防滑验算要求，机构就不平衡；如果对重块重量减小，所产生的机构不平衡其原理类同额定载荷重量增大。

注意事项：（1）对重应涂成警告色；（2）对重若使用填充物，应采取有效措施防止其窜动，应对每一个单独填充物标明自重，需经常检查其重量；（3）应保证对重物的重量衡定，对重物应选用钢块或混凝土块，对重物箱体应加盖（为拆卸方便对重物可由若干块混凝土组合而成）。

2. 货用施工升降机主要机构的维保重点

（1）电动机的维保

1）每季度检查一次电动机，吹净电动机内部和换向器、电刷等部分的灰尘。对于滑刷电机还应检查碳刷的磨损情况，如碳刷磨损严重，应予更换，并及时清除电机内碳屑，在轴承处加注润滑脂。

2）对电动机转子轴承定期检查，当转子轴承出现磨损过大，电动机运行不平稳，噪声增大时，应更换轴承。

3）电机的冷却风扇和接线盒应完好，绝缘电阻符合规定。

（2）制动器的维保

货用施工升降机上常使用短行程电磁铁制动器，其主要由底座，左、右制动臂，瓦块，制动片，主和辅弹簧，拉杆，螺母，衔铁，电磁铁，制动轮及调整螺栓等组成。制动器在使用过程中，应按规定经常进行调整、维护，才能保证升降机各机构的动作准确和安全（图6-46）。

1）对制动器闸瓦工作表面应经常清理，使之保持干燥。闸瓦磨损量超过原厚度1/3时，应及时更换，边缘部分磨损厚度不应超过原厚度2/3。

2）制动器芯轴磨损量超过标准直径5%和椭圆度超过0.5mm时应更换芯轴，对制动器各销轴处用机油进行充分的润滑。

3）制动臂与制动块的连接松紧度应定期查看，松紧度不符合要求时，应及时调整。推杆弯曲时应校直，有裂纹出现应更换。当弹簧弹力不足或有裂纹时应及时更换。

4）定期检查两侧闸瓦与制动轮表面之间间隙是否符合要求，接触面积不应

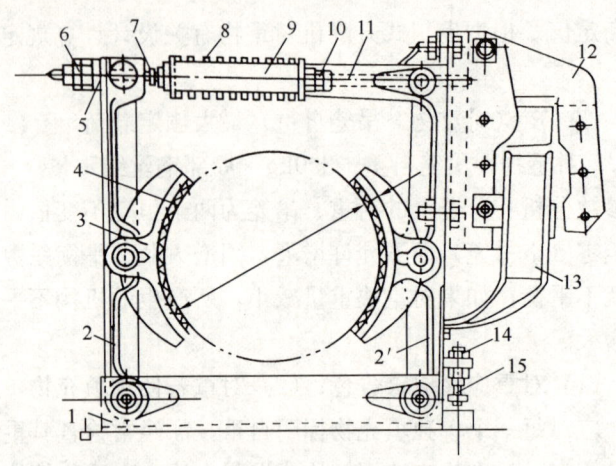

图 6-46 制动器

1—底座；2—左右制动臂；3—瓦块；4—制动片；5—夹板；

6—小螺母；7—辅助弹簧；8—主弹簧；9—拉杆；10—螺母；

11—推杆；12—衔铁；13—电磁铁；14—背帽螺母；15 调整螺栓

小于 70%，达不到要求时应及时进行调整。

（3）减速器的维保

图 6-47 减速器

1）减速器（图 6-47）应半年更换一次润滑油，开机运行时随时注意减速器在运转中有无异响。

2）每周应仔细观察减速机上、下结合面和轴端有无渗油现象，如有渗漏及时消除。对减速箱油位情况进行检查，必要时应添加机油。

3）维保中试开机运行，检查有无不正常的振动，油温度是否合乎规定。

（4）曳引轮的维保

1）检查曳引轮绳槽的工作表面是否清洁，曳引轮直径和钢丝绳直径的比值不应小于 40，包角不宜小于 150°。

2）检查曳引轮绳槽底与曳引钢丝绳之间的间隙是否符合要求，否则应更换曳引轮。曳引轮与导向轮平行偏差不应大于规定要求。

3）检查曳引轮绳槽磨损情况是否均匀，磨损量不应超过钢丝绳直径的一半。

4）检查曳引轮防脱绳装置是否齐全、牢固。

3. 货用施工升降机主要安全装置维保重点

（1）防坠安全器维保重点

经常检查紧固件，若有松动即紧固。活动部分应经常清洗灰尘并添加低黏度机油，保证滑动自如。检查保证轨道的垂直度，确保安全器与轨道的配合间隙。

注意：安全器出厂满2年即需送回生产厂家维护，检验合格后才能投入使用。

（2）防坠装置维保重点

1）经常检查紧固件，若有松动即紧固。活动部分应经常清洗灰尘并添加低黏度机油，保证滑动自如。检查保证轨道的垂直度，确保安全器与轨道的配合间隙。

2）经常检查两根安全钢丝绳的磨损情况，以及安全钢丝绳的对重重量，其与地面的间距，不应小于300mm。滑轮、轴等转动部件及紧固件每周检查、调整。

（3）超载限制器维保重点

1）超载限制器在日常使用中应经常检查电缆的连接是否完好等。

2）除正常的维保外还应作定期的检查，3个月不少于1次。检查的内容为：应作实物超重试验检查，在吊笼悬停时放入90%重的物料后黄色指示灯亮属正常。再在吊笼里加入额定载重量的110%重量的物料，红色指示灯应亮，吊笼不能启动属正常。

（4）上下限位限制器维保重点

定期进行检查和仪器检测，并结合空载吊笼上下运行用限位开关是否碰撞碰板使吊笼停止运行来检验。

（5）楼层停层装置维保重点

1）杠杆式停层装置维保重点：

杆件不变形、运动和转动零部件灵活可靠。

2）板块式停层装置维保重点：

四块板式结构其联动钢丝绳的长度必须保证在设计要求内，转动灵活、板块不变形，并不与笼体网板擦碰，确保出料门关闭到位；二块板式结构其板块不变形，板块重心设置合理，并确保出料门关闭到位。为了保证板块与架体上搁置点的距离不太远，应配制可移动动作搁置脚，以确保当停层装置动作时，吊笼下落搁置距离为最短。

三、货用施工升降机电气控制系统及检查要点

1. 货用施工升降机电控系统

货用施工升降机控制箱输入的电源应采用TN-S系统，其电控系统主要有：

漏电断路器、失压保护、过载保护和短路保护等电气原件组成。

（1）漏电断路器

漏电断路器是为了防止人员触及带电导体时产生电伤现象，目前施工现场用电已实现了二级漏电保护，因而在货用升降机控制箱中装设漏电断路器可为第三级保护。

（2）失压保护

当电源停电或者由于某种原因电源电压降低过多（欠压）时，保护装置能使电动机自动从电源上切除。因为当失压或欠压时，接触器线圈电流将消失或减小，失去电磁力或电磁力不足以吸住动铁心，因而能断开主触头，切断电源。

失压保护的作用：当电源电压恢复时，如不重新按下启动按钮，电动机就不会自行转动，避免发生事故。如果不是采用失压保护装置，而是直接用闸刀开关进行控制，由于在停电时往往忽视拉开电源开关，电源电压恢复时，电动机就会自行启动，容易发生事故。

（3）过载保护和短路保护

1）过载保护指电路中为了防止电机由于载荷过重，而造成电流过大，发热过久从而烧坏电机而安装的安全保护装置。

2）短路保护指电流从电源一端不经过用电设备、电机等而直接回到电源的另一端，为防止电路电线烧毁而安装的安全保护装置。

2. 货用施工升降机常见的故障（表6-11）

货用施工升降机常见的故障 表6-11

序号	故障现场	引起故障的原因
1	总电源合闸即跳	电路内部损伤，短路或相线接地
2	操作按钮置于上、下运行位置，但交流接触器不动作	限位开关未复位
		操作按钮线路断路
3	电机启动困难，并有异响	制动器未调好或线圈损坏制动器未打开
		严重超载
		电动机缺相
4	上下限位开关不起作用	上下限位器损坏
		接触器触电粘连
5	吊笼不能下降	断绳保护装置误动作
6	制动器失效	制动器各部件调整有偏差
		制动片磨损严重
		电气线路损坏

续表

序号	故障现场	引起故障的原因
7	曳引轮与曳引钢丝绳打滑	四根曳引钢丝绳松紧不一致
		对重重量不足
		曳引轮磨损，曳引钢丝绳油脂过多
8	减速机有不正常噪声	润滑油不足

四、货用施工升降机的日常维护保养

1. 每日检查与保养

（1）检查曳引钢丝绳判别松紧是否相同，必要时要调整；检查各钢丝绳有无损伤，损伤严重应提议检验或更换。如果是卷扬机驱动则还应确认钢丝绳的排列是否整齐。

（2）各传动部件的润滑情况及有无砂浆和混凝土等有害物质侵入，如有应排除。

（3）各缓冲弹簧是否正常，若被垃圾堵住应排除。

（4）观察自救连动系统是否良好，各铰点开口销是否齐全，防坠夹轨器的滑板重块上下移动是否灵活、正确，有阻碍应排除。

（5）接通电源查看超载限制器的指示是否正常。

（6）逐一检查下列安全限位开关工作是否正常、可靠。

1）围栏入口安全门开关；

2）吊笼进、出料门和顶门开关。

（7）检查吊笼运行通道上有无障碍物。

（8）空车开动吊笼，上下运行检查上下行程限位和极限限位是否可靠。并注意查看：

1）曳引机声音是否正常、均匀；

2）查看吊笼运行声音是否正常、均匀；

3）吊笼经过各导轨接头时，应无抖动和异响。

2. 每周检查与保养

（1）检查导轨架导轨和吊笼的四只滚轮轴上润滑是否正常，缺少时应加涂润滑脂，发现螺钉松动的应紧固。

（2）检查曳引钢丝绳是否正常，有磨损超标时应更换。曳引绳上不准用黄油、油脂等滑油。

（3）检查吊笼门导轨、围栏门导轨上的润滑情况，必要加涂润滑脂。

（4）检查吊笼门柱、围栏门柱上的钢丝绳滑轮是否良好，门对重导轨固定和润滑，必要时涂润滑脂。

（5）检查吊笼顶各固定螺栓有无锈、固定是否良好。

（6）检查应急自救装置的各支点固定是否良好、灵活、滑板上有无锈，必要时应在滚轮轴上加涂润滑油，滑板上的四只滑轮处加注机油。

（7）检查曳引机减速箱内的油面情况，必要时添加机油。

3. 每月定期检查与保养

（1）在导轨架天梁顶上，检查各滑轮座的固定是否良好，螺栓有无松动，有无移位，轴及轴承润滑是否良好，有无锈、磨损痕迹，必要时固定、加润滑脂，滑轮槽磨损严重时应修理和更换滑轮。

（2）检查各钢丝绳在绳尾绳头的固定是否良好。查看在吊笼和对重上的每根钢丝绳绳的四个夹头位置是否正常，如松动应重新紧固，并查看钢丝绳弯折处是否良好。

（3）查看天梁有无变形，各紧固螺栓有无松脱现象，必要时应紧固。

（4）检查导轨架各固定螺栓有无松动、锈迹，必要时应紧固、涂油防锈。

（5）检查曳引钢丝绳是否良好，如有磨损、断丝等情况，达到报废标准时应更换。

（6）仔细检查曳引轮的曳引槽磨损情况，磨损较多应更换。

（7）检查附墙架是否良好，用经纬仪检查导轨架的垂直度，若超出使用说明书要求，应调整好。

（8）试验超载限制器，应准确有效。

（9）检查吊笼导向轮与导轨的间隙，单边不大于 2mm 为宜，磨损太大时应更换。

（10）检查曳引机或卷扬机各处固定有无松动，基础是否牢固。

（11）查看电控箱，电气接线是否良好，松动处应及时紧固。

（12）每 3 个月进行一次坠落试验。

4. 每年检查和保养

（1）检查滑轮组各绳槽的形状和深度是否正常，各槽是否一致，要根据情况注油或更换。

（2）开箱检查减速器，如有齿轮磨损或轴承损坏等情况应更换，无异常情况应清洗换油。

（3）按交接检验的要求，检查各安全装置，它们均应良好、正常。

5. 货用施工升降机的定期检修

（1）按上述 1～4 条的规定做好日常保养。

（2）施工升降机工作 1000h 后，对机械、电气系统等进行小修。

（3）施工升降机工作 3000h 后，对机械、电气系统等进行中修。

（4）施工升降机工作 6000h 后，对机械、电气系统等进行大修。

第七章

建立建筑起重机械维修
保养管理体系

建筑起重机械是被国家列入特种设备管理的重要设备，其正常、有序的使用事关国家和人民生命财产安全和社会和谐，同时也是施工企业良好的外部形象之一。确保起重机械设备以优异的使用技术性能和良好的经济效益为企业的生产经营服务，是起重机械设备管理的主题和中心任务，也是现代企业管理的重要对象和内容。而对设备进行有效的检查与维护则是实现这个中心任务的有效手段。

第一节　检查和维护管理体系的基本内容和作用

检查和维护管理是设备管理的重要组成部分。设备管理指依据企业的生产经营目标，通过一系列的技术、经济和组织措施，对设备寿命周期内的所有设备物质运动形态和价值运动形态进行的综合管理工作。设备管理是企业管理的重要内容之一。而检查和维护管理是设备管理在实施阶段的主要内涵。切实做好检查和维护管理，合理地编制设备检查和维护计划，使用正确的方法，精心检查、维护设备，使设备经常保持完好状态，才能保证企业生产的正常进行和起重机械的安全运行。

设备管理的主要工作应是覆盖设备增添审批、比价、采购、验收、使用、检查、维护、停用、报废等全过程，而检查和维护管理是保持设备良好的性能和安全性、延长设备使用寿命的关键程序。同时，设备检查和维护过程也是设备履历建立的过程，对合理、经济、安全地使用起重机械有十分重要的意义。

检查和维护管理工作实施的基本内容就是：检查、修理和维护。其中维护是指维持设备的状态或保养和维持设备状态而实施必需的作业、维护工人和团队维护保养的工作；修理是指修补、修理破旧或损坏之物，补救、纠正、修理、补修作业的过程；检查是指细密检查、彻底检查，以期了解设备状况的检查，为设备的清洁、修理等作业而实施的彻底检查。

检查和维护管理体系是管理机构和人员组织、检查和维护工具配件管理、技术支持，以及文件档案控制等各方的有机结合。

一、检查和维护管理的条件

一个企业要做好检查和维护管理工作，需要根据企业的实际情况适当建立和健全相应的管理机构，明确制定各级机构、人员的职责，这是检查和维护管理工作顺利进行的组织保证。机械设备检查和维护管理机构，实行统一规划，专人负责，应进行全面的综合管理。做到专业管理与群众管理相结合，明确专管和群管人员的职责与权限，充分发挥各级职能人员的积极性。制订并贯彻执行定机、定人、定岗位责任的"三定"制度，让每台机械都有专人负责保管、检修、操作，是完善检查和维护管理的前提条件。

二、加强检查和维护管理与经济效益的关系

建设工程中，作业工效的提高、施工计划的完成及起重作业的安全保证，起重机械是一个重要因素。加强检查和维护管理是提高施工质量和施工效率的重要手段。对于新设备，要充分发挥其先进性能，保持高的设备利用率，预防和发现设备故障隐患，创造更大的经济效益；对于老设备要通过技术改造和更新，改善和提高装备素质，增强设备性能，延长设备使用寿命，从而达到提高效益的目的。

减少消耗、降低生产成本更是检查和维护管理的目的之一。提高设备运转效率，降低设备能耗是节约能源的重要手段，也是企业节能降耗永恒的主题。

三、设备维修和检修的含义和差异

我们通常所说的"维修"，即先进行维护，在维护的过程中，发现一些力所能及的小隐患，立即实施修理。这是设备操作方或产权所有方在日常检查中以不停产作业为主的"维护＋修理"的行为。而所谓"检修"是设备有资质的技术方，在实行解体检查、有倾向管理的情况下，在检查设备运行状态时，进行的预先估计和有准备停产修理。这里所述的"维修和检修"都是归属于维保范畴，相当于设备的日常检查和定期检查。因此，检查和维护实质上包含了维修和检修两个方面，也就是我们在设备使用中所强调的日常检查和定期检查，这里的检查是广义的，包括了检查后的检修。

第二节　检查和维护管理的现状和强化管理的意义

一、起重机械检查和维护管理的现状

起重机械检查和维护管理的现状主要体现在两个方面：一方面起重机械产品

制造质量良莠不齐且不断流入施工现场，给这些设备的检查和维护管理带来困难；另一方面大量的小规模租赁单位对起重机械的检查和维护管理因条件限制力不从心，普遍存在事后修理，缺少有计划的预防性管理以及管理水平的总结和提高。

建筑起重机械产品制造方面存在的最突出问题是，一些非主流制造厂资本不足、技术力量薄弱，简单仿制和改进；故意制造设计工作级别较低的产品、采购廉价原材料和配套件，以低价与主流制造厂进行竞争，给设备在使用期的安全使用带来了严重的威胁，给设备的检查和维护管理带来了明显的压力。2011 年杭州临安新塔机顶升重大事故以及近年来多起山东个别厂家生产的塔机事故均说明了这个问题的普遍性和严重性。

要持续地保持设备正常的工作状态，按照建筑起重机械的运行规律，对机械设备定期和不定期实施检查和维修是必不可少的。建筑起重机械在使用过程中，其主要受力构件经常受到交变应力的作用，及频繁的冲击和超载作用，都会使设备本身的重要受力部位产生变化，甚至出现早期疲劳裂缝。由于建筑施工企业的体制改变等因素，长期来行业形成的设备管、用、养、修制度被逐渐地淡化，许多施工企业都取消了设备管理部门的设置，由对设备管理知识相对生疏的安全员来兼管。一段时期来，低价低端建筑起重机械的大量进入以及对设备检查和维护的长时间缺失，使得重大设备事故明显增多，许多大型施工企业又重新审视建筑起重机械管理的重要性，纷纷恢复了设备管理部门，一些品牌房产开发商也委托专业起重机械检验机构对所属工程的起重机械进行维保和安全状况的检查，起重机械维保管理重新得到了人们的重视。然而，大部分起重机械的产权仍掌握在众多个体经营者和小型租赁商手里，这些产权所有者无管理机构、无维护机制，更无特种设备维护保养专项资质，不能保证起重机械的良好修理和定期保养。从近几年浙江省内发生的塔式起重机倒塌事故中，塔机产权系个人所有，委托他人进行安装、拆卸及维护的占了 80％以上，这充分说明了起重机械修理和维护缺失所带来的严重后果。

二、强化修理维保管理的意义

（1）转变观念，增强对设备修理维保管理重要性的认识，不断提高起重机械修理维保管理人员的业务知识和专业工作技能。

（2）充分体现预防为主的设备管理方针，保持良好的设备安全技术性能，更好地为确保建筑施工效率和安全服务。

（3）降低设备使用能耗、节约设备使用成本。

第三节　起重机械检查和维护技术手段

一、检查和维护的定义

采用日常和有规划的定期检查，应用更换、修复故障部位；通过擦拭、清扫、润滑、调整等一般方法对设备进行护理，以维持和保护设备的性能和技术状况，称为设备检查和维护。

二、检查和维护的作业要求

设备检查和维护的作业要求主要有以下三项：

（1）修理

由检查、故障诊断、修理计划编制、人员配件工具准备、技术支持、修复实施、验收检测、跟踪回访等过程组成。

（2）维保

1）清洁设备内外整洁，保证各滑动面、齿条、齿轮箱、油孔等处无油污，各部位不漏油、不漏气，设备周围的切屑、杂物、脏物要清扫干净；

2）工具、附件、工件放置整齐，管道、线路整齐有条理；

3）润滑良好按时加油或换油，不断油，无干摩现象，油压正常，油标明亮，油路畅通，油质符合要求，油枪、油杯、油毡清洁；

4）遵守安全操作规程，不超负荷使用设备，设备的安全防护装置齐全可靠，及时消除不安全因素。

（3）检查和维护计划的编制

设备的检查和维护计划编制内容一般包括日常和定期检查维护，且必须做到制度化和规范化。设备的日常检查和维护是设备维护的基础工作；设备定期检查和维护是一种有计划的预防性检查，其检查的依据应为相应的标准规范和设备随机使用说明书。检查的手段除人的感官以外，还要有一定的检查工具和仪器，按定期检查项目执行。日常维护、定期维护计划的内容应突出维护的项目、周期和实施人员。为了使计划有操作性，应收集或编制相应设备的维修保养技术规程来指导计划的实施。

第四节 修理和维护管理的组织机构和人员要求

建筑起重机属于特种设备，其检查和维护应符合国家特种设备管理的要求。目前，国家对建筑起重机械领域实行了三项资质管理：一是起重机械安装拆卸专业承包资质；二是起重机械的制造许可；三是起重机械维修改造资质。理论上，起重机械安装拆卸专业承包资质并不包括维修保养的内容。因此，我们把建筑起重机械检查和维护从内容上分为两类，一类是标准规范和原厂使用说明书中规定的由使用单位完成的项目，比如：钢丝绳和重要受力构件的外观检查、清洁、润滑、电气系统的常规检查、安全装置调整和常见故障的排除等。这些项目应由设备的产权者指派具有特种作业资格的人员按使用说明书的要求实施。另一类是非常规故障的诊断与排除、主要受力构件的修复、驱动机构的定期保养和设备的改造等，应由具起重机械维修改造资质单位承担。因此，建筑起重机械的检查和维护应由设备的使用单位和具有起重机械的制造许可或起重机械维修改造资质的单位共同承担。

一、组织机构

目前，建筑起重机械的产权单位一般有两种形式，一是建筑施工企业购置的自用设备，归企业的设备管理安装拆卸部门管理；二是各类大小设备租赁单位购置的用于向外租赁的设备，这些租赁单位有一部分具有起重机械安装专业承包资质，而大部分是无安装资质的单位。此外，我们把个体购入设备挂在某个租赁公司出租的也划入第二种形式。无论是何种形式，要有效地开展起重机械检查和维护工作，建立相应的组织机构是十分必要的，机构的建立要遵循"有效实用、贴紧实际"的基本要求。既要符合特种设备的管理要求，又要适应建筑起重机械安装后体积庞大、拆卸后散件大量堆放以及租赁企业规模不大、管理力量不强的实际情况。图 7-1 是建筑起重机械检查和维护组织机构框图。

上文已提到，在建筑起重机械制造、租赁和使用行业中，国家进行了起重机械安装拆卸专业承包资质、起重机械的制造许可以及起重机械维修改造资质的管理。在起重机械租用市场上的行为主体通常为：施工单位、租赁单位、安装拆卸单位和维修改造单位。在实际运作中，或许施工单位同时又有租赁单位、安装拆卸单位和维修改造单位资质；或许租赁单位同时又有安装拆卸单位和维修改造单位资质。无论怎样，通常在施工单位和无安装拆卸资质的租赁单位中，从事建筑起重机械管理的人员配备相对较少，大规模的施工单位会设

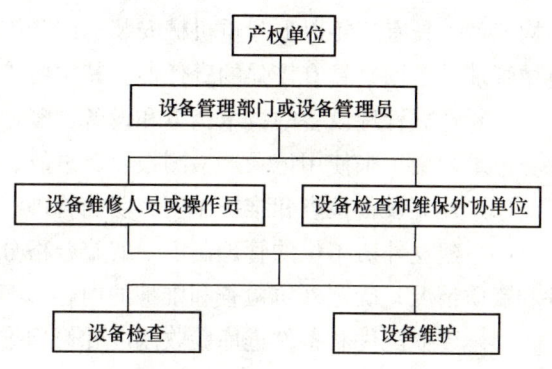

图 7-1　建筑起重机械设备检查和维护组织机构

置建筑起重机械管理部门，小的施工单位和租赁单位中，一般会设置一名或数名专职和兼职的机械管理员。而且，施工单位和租赁单位常常为机械设备的产权单位，承担着建筑起重机械检查和维护的责任。此外，安装拆卸单位和维修改造单位对于建筑起重机械的检查和维护只是一种接受相应委托而提供的一种服务，除非是施工单位或租赁单位又具有安装拆卸资质，而为自有设备进行检查和维护。安装拆卸单位和维修改造单位在对建筑起重机械进行检查和维护时，检查和维护的时机和范围只取决于委托人的要求，而无法根据实际情况进行一定深度和广度的检查和维护。建筑起重机械的检查和维护的责任主体必定是设备的产权单位。因此，图 7-1 中的设备管理实施人员的设置充分考虑了施工单位和租赁单位的实际情况。

图 7-1 表明，产权单位必须建立设备管理部门，对建筑起重机械设备进行检查和维护的管理，以向使用单位提供状态良好的起重机械设备。有条件的单位应该设置管理部门，无条件的小型租赁公司应配备管理人员。属于使用说明书规定用户负责的清洁、调整、检查、更换等工作应由相关的设备维修人员或设备操作员完成；对于无安装拆卸和维修改造资质的产权单位，涉及设备解体检查、维修改造等说明书规定非用户负责项目，应委托有维修改造资质的单位进行。

二、人员要求

建筑起重机械一般均属于机电一体化产品，由受力钢结构件、运行机构和电控系统组成。随着科技的进步，信息技术的运用，电机变频控制、数据网络传输等也应用于建筑起重机械，因此，在建筑起重机械检查和维护管理人员素质要求方面有了较高的要求。通常要求机械或电气大专以上学历，熟悉建筑起重机械的

结构原理，具有三年以上起重机械安装拆卸和维保的工作经验，接受过建筑施工机械管理员培训，具有较强的责任性。其主要工作职责是：

（1）建立管理设备的技术档案和设备台账，各类使用说明书、合格证、维修保养记录、历年来使用记录、检测报告、事故、改造等均应纳入管理的范畴。

（2）建立设备检查和维护制度，明确管理流程和要求。

（3）建立外协单位的管理制度，实施合格分包方的评定措施，根据自身的条件和资质情况，确定外协检查和维护的内容。

（4）建立配件和备件进库验收制度和修理维保质量验收制度。

（5）编制设备日常和定期检查和维护的计划并组织实施。

（6）负责修理人员和设备操作人员的培训学习和作业前的技术交底工作。

第五节　检查和维护的作业流程

一、设备修理作业流程

为了保证起重机械检查和维护的质量，确定合理、高效的检查和维护作业流程是十分必要的。图 7-2 给出了设备作业流程框图。

设备的修理实施有其偶然性和规律性。当设备首次出现某种不可控的故障时，表现为偶然性。同一台设备或同一厂家制造的设备多次出现同类型故障时，

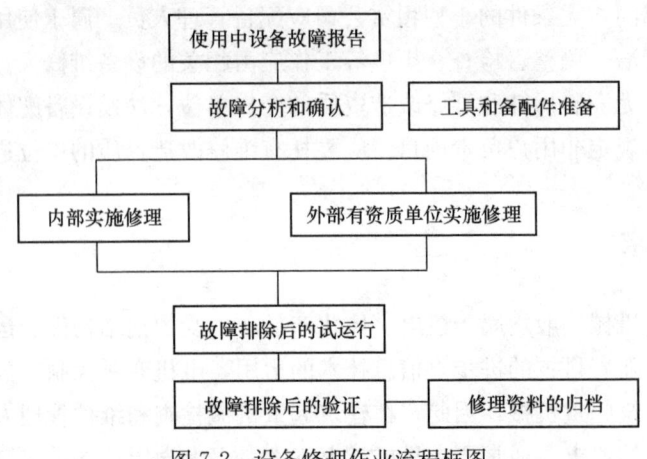

图 7-2　设备修理作业流程框图

就会变得具有规律性，这种规律性会与产品的型号、制造批次、使用环境和方式以及使用时间有关。建筑起重机械大都是大型设备，一旦出现事故往往会导致严重的后果，而故障的偶然性和规律性的转变并无明显的界线。因此，当设备首次出现某种致命故障时，设备管理人员应在同类设备中积极寻找其规律性，充分发挥因设备修理管理带来的遇到问题而善于举一反三的方法来防止事故发生的做法。

同样，建筑起重机械的修理应按修理的内容来确定修理的实施者是否应具备相应的资格。非原厂说明书规定的使用者承担处理的项目应由有资质的单位完成。

二、设备维护作业流程

设备维护是一个预防性的作业程序，也可理解为定期检查。其重点是按行业设备维护技术规程和原厂使用说明书的要求，对设备进行以检查、清洁、整理、润滑、安全等为主要内容的例行工作。图 7-3 是设备维护作业流程框图。

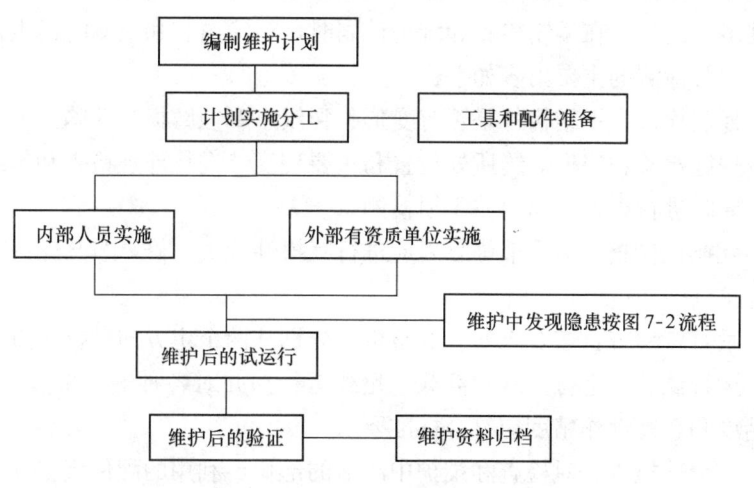

图 7-3　设备维护作业流程框图

第六节　检查和维护结果的检测、 验收和跟踪检查

任何工作完成后必须有第三方进行验证，方可确定该项工作是否按质按量完成。建筑起重机械的检查和维护的工作质量也是如此。一般来说，涉及清洁、润滑、调整和小故障排除的维护项目应由维护工作的承担者、设备管理部门或设备管理员、设备使用者共同进行验收；涉及维修、改造、解体大修应由有资质的检验机构进行性能检测合格后，再由修理工作的承担者、设备管理部门或设备管理员、设备使用者共同进行验收。

一、检查和维护的检测验证

检查和维护后设备的检测是检验机构受委托对维护完成后的设备进行检测，其检测的主要依据为现行有效的产品标准，但还应吸纳钢结构工程、钢丝绳等相关标准规范。此外，在编制检查和维护计划时，检测内容和检测时机也是重要内容之一。通常检测的主要内容如下：

（1）外观检查：钢结构件是否有变形、裂纹、腐蚀磨损等缺陷。

（2）焊缝检验：根据焊缝所处位置和重要程度，进行外观检查和焊缝尺寸的复测，必要时进行磁粉或超声波无损检测。

（3）互换性检查：标准节修复后应进行互换性检查，修复节与完好节应能顺利配合连接。

（4）垂直度检查：按要求安装好整机，分别从两个主方向进行垂直度检测。

（5）运行试验：进行空载、额载、超载运行。并对各种安全装置进行调整，其动作精度和重复动作精度应符合标准要求。

（6）符合性检查：对检查和维护中改造的部位、利用的配件规格和材质等是否符合原厂设计进行确认，如不符合，应提供计算书等文件进行证明。

（7）对于起重机械主要受力结构进行大修和改造，或有主要受力构件的材料减薄10％以上的，应进行动态应力试验，以期验证强度是否满足使用要求。必要时，就降级使用。

二、修理维保的验收

检查和维护完毕后，先应由实施单位进行自检，然后报检验单位检测，检测合格的进行三方验收，并作为设备由修理状态转为使用状态的标志。验收的参与者为：检查维护单位、设备产权单位设备管理者、使用操作人员。验收过程也可作为修理承担方和使用操作方的设备交接过程，修复过程和注意事故也应一并向设备产权者和操作者交底和说明。

三、跟踪检查

为了保证建筑起重机械的安全使用，应对设备交接使用一个月内进行跟踪服务，跟踪检查的内容为修理部位有否异常情况，各机构运行有否异常响声。对于采用新材料和对主要受力构件缺陷进行焊接修复的，应检查该处的工作稳定性情况，并加大检查频度，连续监控一个月无变化的方可按正常情况处理。

第七节　检查和维护的信息化管理

建筑起重机械的所有修理维保作业应记入台账，存入历史档案，作为设备下次修理改造的依据。记入资料和信息应为：检查维护计划和方案、备配件合格证、焊工上岗证、承担单位自检报告、检验单位检测报告和验收记录。

目前，各地建设行业主管部门都在大力推广基于计算机技术的各种管理系统，通常有上岗人员资格管理、起重机械登记管理和起重机械运行状况的在线管理等。如果能建立设备检查和维护归档登记系统，或者在各大企业管理系统中加入检查和维护归档登记模块，这对建筑起重机械使用、修理和维护历史信息的真实性、可追溯性是十分有益的。充分利用基于计算机技术的信息化管理系统有以下三大突出优点：

（1）依据设备历史状况，合理、经济地使用起重机械设备

根据设备历史修理维保情况、故障部位、载荷频度和程度来选用设备。

（2）合理地制定检查维护计划

有了信息化管理，设备的历史状态变得真实可信，设备的信息也可方便地做

到共享，依据这些信息来制定设备的修理维保计划才是合理和高效的。

（3）方便设备检查维护信息的统计

可方便地统计设备检查维护信息。分析建筑起重机械的不同厂家的可靠性和产品质量，汇总检测、安装、维修改造单位的工人质量，有利于设备管理工作的良性发展。

第八章

由于检查和维护缺失而
引发的事故案例

对建筑起重机械进行有效的检查和维护可以持续保持设备的良好技术状态，更好地为建筑施工服务，有利于提高施工安全文明管理水平和施工技术的创新发展。由于建筑起重机械是危险性较大的施工设备，一旦发生设备倾覆等事故，其后果通常十分严重，会对人员的生命和国家的财产造成严重的损失。每年，各地都会发生数起建筑起重机械倾覆事故，事故原因是多方面的，但由于设备的检查和维护缺失占有相当的比例。以下是浙江省建设工程中近年来发生的几起由于检查维护缺失引发的典型起重机械事故。

第一节 案例一： 某中学教学楼工程 "6·2" 货用升降机倒塌事故

一、事故简介

2003 年 6 月 2 日上午，某货用施工升降机制造厂安装人员赴工程现场安装井架。至下午 5 时 40 分左右，已搭至井架目标高度 30m，并已安装好过渡地滑轮和卷扬机，穿好了钢丝绳，但未设置缆风绳。当时，井架顶部共有三名人员作业，此时，厂方卷扬机操作人员开动卷扬机提升吊笼，在吊笼提升约 1.7m 时，过渡地滑轮预埋件松动拔出，滑轮飞向卷扬机，架体由东向西倾倒，井架顶部 3 人高空抛落全部死亡。井架倒塌后，基础开裂；四角预埋件拔起；过渡地滑轮架移位至卷扬机上（图 8-1）。

图 8-1 架体倾覆情况及架体基础隐蔽部位施工不符要求

二、事故原因

（1）安装人员在架体还在安装过程中且架体顶部有人等完全不符合开动卷扬机条件的情况下，未按规定全面检查升降机，擅自接通卷扬机电源，违章开动卷扬机提升吊笼，发生过渡地滑轮基础埋件拔出，导致架体顶部力矩突然加大，是造成井架倒塌的原因。

（2）安装人员严重违反国家有关标准规范，违反使用说明书、安装拆卸方案规定，对已安装至30m高度的架体不及时设缆风绳及临时固定设施，导致架体稳定无法得到保证。

（3）基础施工单位未按基础图制作基础；基础质量低劣；混凝土养护期未到。安装前未对基础的施工情况进行检查验收，且在混凝土强度未达到设计要求情况下提前安装。

三、检查和维护方面的教训

起重机械的基础施工是设备安全运行的重要环节，基础应按图施工，在起重机械安装前应对基础进行检查和验收，对混凝土进行必要的养护和强度确认。而且基础工程通常是隐蔽工程，必须在施工过程中对隐蔽部位进行监测和验证，这一点对于塔式起重机的组合式基础特别重要。

第二节　案例二：　某中学综合楼工程 "7·29" 塔机倒塌事故

一、事故简介

某中学综合楼工程所用塔式起重机由设备租赁公司提供租赁。2010年12月安装后经检测合格使用，塔机独立式最大起升高度32m，最大工作幅度55m。2011年7月29日下午，塔机从西北角空载顺时针回转时，塔机自下而上第二节标准节两主弦杆先后断裂，塔机向南侧倾倒，事故造成2人重伤，居民楼严重受损（图8-2）。

二、事故原因

（1）事故设备系QTZ80A（5512）型塔机，因标准节安装配置出现严重错误，把旧的QTZ63（5510）普通标准节当作QTZ80A（5512）的加强标准节装于塔身第2节，造成该节标准节应力集中，提前出现疲劳裂缝最终断裂是引起本次事故的主要原因。

（2）根据断口陈旧现象和事故塔机的回转区域分析，主弦杆的断裂已有一段时间。塔机日常检查维护不到位，塔机带有严重隐患作业，导致空载时，2根主弦杆撕裂是本次事故的直接原因。

图 8-2　塔身两处标准节主弦杆断口

三、检查和维护方面的教训

因塔式起重机标准节陈旧裂缝造成其在使用过程中倒塌十分常见，但如本起事故塔机那样在空载状态下运行时倒塌比较少见，充分说明其主弦杆的陈旧裂缝已经扩展到相当程度。一般来说，主弦杆从出现目视可见裂缝到扩展到占截面一半以上面积的陈旧裂缝需要几十天的时间，这个事故留给我们三点检查和维护方面的教训：

（1）安装单位、检测单位的检验检查不到位，未能发现塔身配置的严重错误，造成塔身过度应力集中。

（2）塔机的日常检查严重缺失，在裂缝扩展过程的几十天里，甚至到一根主弦杆全部断开，仍无人发现，这种日常检查状况之差，不可想象。

（3）当塔身一根主弦杆全部断开后，塔机在运行时，肯定会过度摇晃，因此，该塔机司机除了毫无设备检查维护意识之外，更无安全意识。

第三节　案例三：某商住楼工程
"12·16" 塔机倒塌事故

一、事故简介

某商住楼工程所用塔机为施工单位购置的二手旧设备。2005 年 10 月底购入，购入后首次安装使用。2005 年 12 月 10 日安装，塔机独立式最大起升高度20m，最大工作幅度 42m。2005 年 12 月 16 日下午 3 时左右，塔机从钢筋堆放点起吊钢筋逆时针旋转时，塔机底架两主弦杆断裂，塔机向北偏东倾倒，事故造成1 人死亡，2 人受伤（图 8-3）。

图 8-3　塔身底架未装 4 根斜支撑、底架支腿焊缝明显开裂

二、事故原因

（1）事故塔机作为二手设备购入时，塔机底架支腿处原已有较大程度疲劳裂缝，该塔机购入前即为不合格设备。使用单位未对购置设备进行检查验收。

（2）塔机购入时，无 4 根塔身斜支撑，使用单位和检测单位均未按说明书进行结构部件数量的核对和安装符合性检查。

三、检查和维护方面的教训

建筑起重机械必须按照原厂使用说明书规定的基础形式使用。因此，无论是新设备还是旧设备购入后，应按使用说明书规定的发货清单进行完整性和完好性检查确认，对于旧设备，应进行产权过户检测评估。

起重机械安装后，使用单位、检测单位等相关单位应对起重机械安装形式、主要受力杆件的外观和应力集中部位进行认真地检查；起重机械在使用过程中，还要进行日常和定期的检查维护，这样可以做到主要受力构件的疲劳裂缝在刚出现还未迅速扩展前得到处理。

第四节　案例四：某大厦工程
"4·19" 塔机倒塌事故

一、事故简介

2012 年 4 月 19 日 14 时 30 分左右，某大厦工程 QTZ80（ZJ5710）2 号塔机在吊运盘圆钢筋就位待下降时，塔机自下而上第三节标准节（不计过渡节）下端主弦杆先后断裂，塔机向西侧倾倒，事故致 1 人死亡。经测量，事故时起重幅度为 40.6m，起重量为 2.34t，力矩超载 43.5%（图 8-4）。

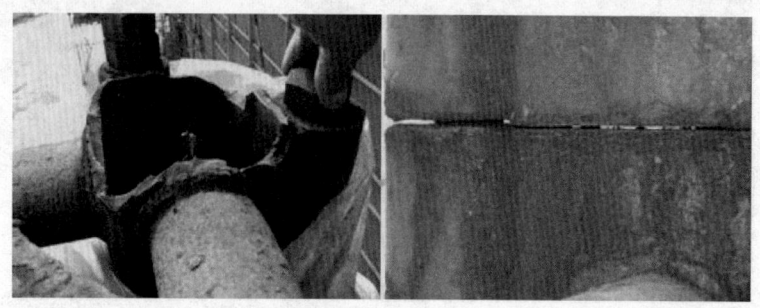

图 8-4　塔身断口陈旧裂缝、高强螺栓严重松动

二、事故原因

(1) 事故塔机力矩限制器用铁丝绑扎呈失效状态，日常使用存在严重的超载现象。塔身危险截面处多个螺栓严重松动，改变了塔身的传力机理，造成了局部应力集中，在超载和频繁的拉压力作用下，使塔机主弦杆危险截面处提前出现疲劳裂缝并加速裂缝扩展。

(2) 塔机使用（维保）单位定期检查不到位，未能在日常和定期安全检查中及时有效地发现主弦杆裂缝的形成和快速发展以及安全装置失效情况。

(3) 塔机安装单位在安装拆卸塔身根部标准节时，不按规范要求作业，部分螺栓长期不经拆卸维护，使得局部螺栓预紧力不足，对主弦杆早期疲劳裂缝的形成及裂缝扩展有促进作用。

三、检查和维护方面的教训

(1) 塔身高强螺栓应作为日常检查的重点

塔机的塔身由许多节各型标准节组成，这些标准节由高强螺栓相连。标准节的连接机理是，两个标准节主弦杆的结合面靠高强螺栓的预紧力所产生的摩擦力来传递弯矩等各种载荷。如果塔身连接螺栓达到了规定的预紧力，则此时的高强螺栓只受拉力，标准节的连接套焊缝及相近母材只受纵向的单一载荷，其受力形式明确，符合设计思想。但是，如果高强螺栓连接未能达到规定的预紧力或严重松动，则会引起对此连接处的危害。首先是由于主弦杆结合面因无预紧力或预紧力不足，其结合面的摩擦力不足以传递塔身的各种载荷，势必需要螺杆受弯、受剪或连接套处焊缝或相近母材受到各个方向且时刻变化的载荷来弥补；如果一根主弦杆的两根高强螺栓有一根很松，则另一根螺杆会加倍受载超负荷工作，从而引起螺杆或相近母材薄弱处出现裂缝。其二，如果为了方便，始终有几节标准节螺栓长期不拆卸保养而锈死，随着塔机使用时间的增长，主弦杆的结合面处的毛刺和微小不平状也会越来越少，相当于变成了预紧力不足的情况。这些情况都会促进薄弱处裂缝的形成，加快裂缝的发展速度，因此，塔身高强螺栓应作为日常检查的重点。

（2）塔机日常维护检查应特别重视探查主要受力构件的陈旧裂缝

根据建筑起重机械管理的相关规定，塔式起重机应定期进行结构和安全装置的检查。从该机已有陈旧裂缝的范围来看，该机裂缝发展到可以目测检查到的程度已有一段时间，而且塔机力矩限制器也人为失效，所以在这段时间里，该机的使用（维保）单位的检查和维护是缺失的。

第五节　案例五：　某住宅小区工程"12·17"　施工升降机对重坠落事故

一、事故简介

2012年12月17日11时30分左右，某住宅小区工程7号楼施工升降机右笼在9层停层，当笼内人员陆续走出时，位于25层的左笼对重突然坠落，砸塌右笼出口门侧顶部，落于笼内的翻斗车上，造成笼内2名施工人员受伤，右笼笼体破损报废（图8-5）。

图8-5　最高一道附墙撞断；对重导轮槽内有明显砂粒，事故前已经脱轨

二、事故原因

因对重导轮槽内有明显砂粒，说明其事故前并未在轨道内运转，所以，事故发生前，左笼对重两上导轮已经脱轨，对重的运行处于不稳定状况。当右笼在5层停层时，左笼正在下行，其配套对重上行到最高附道处时，并严重偏出轨道撞向附墙杆，造成附墙杆断裂，局部对重导轨变形，对重导轮全部脱出，同时，强力冲击使钢丝绳从绳夹中抽出，对重坠落。

（1）事故升降机缺少使用中的日常检查，造成升降机在相当一段时间内对重脱轨运行。

（2）事故升降机对重导轨采用40角钢，防对重轨道变形和对重轨道脱出可靠性不高，缺少对标准节对重导轨和对重导轮的定期维护保养。

三、检查和维护方面的教训

齿轮齿条式施工升降机是可靠性比较好的起重机械，近年来，几起造成重大人员伤亡的吊笼坠落事故是由于安装时少装螺栓这种低级错误所引起。但是，防止使用中对重脱轨坠落应成为升降机检查和维护时的重点，对重坠落造成的事故有时也会不可估量，必须引起我们的重视。由于带对重施工升降机存在对重坠落风险，多年来，一些主流制造厂纷纷采用改进设计、加大导轨用料规格来提高对重防脱轨坠落性能，但也有一些小型制造厂未进行升级改进，这种情况的改变应在升降机日常和定期检查维护中得到落实。检查中应对对重导轮安装后的侧隙进行控制，并应保证对重轨道无明显变形，导轨接口平整。

第六节　案例六：　某大酒店塔楼工程"5·09"　施工升降机吊笼坠落事故

一、事故简介

2013年5月3日，某大酒店塔楼工程一施工升降机左笼因故障无法下行，吊笼停于17层高度约57m位置，经检查需更换蜗轮减速器。2013年5月8日减速器到货，项目部机管人员即对该左笼进行传动板蜗轮减速器更换装配作业，后因遇阵雨，中止作业。2013年5月9日下午，机管人员携带常用机修工具至左笼，2人在笼顶、1人在笼内进行电机装配、试车等扫尾作业，1时58分左右突发左笼从17层下滑坠落，导致1人死亡、2人受伤。在吊笼下坠过程中，防坠器未能有效制动（图8-6、图8-7）。

图8-6　中间动力单元减速器更换，中间电机意外撞击下位制动器使之制动失效

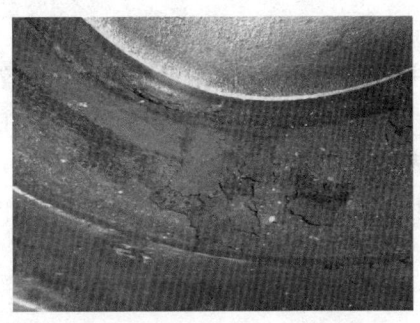

图 8-7 制动锥鼓发热后表面成蓝色，制动摩擦片表面有深色研磨粉尘混合物

二、事故原因

吊笼中间动力单元蜗轮减速机故障后，在等待配件的几天中，上下位电机制动器未装防护罩，环境条件对制动力有一定的影响。当机管人员在人工抬起中部电动机与减速机对位安装时，电机后部意外向下滑落，正好撞击在下位制动器的滑杆位置，滑杆直径一般约为 12mm，是制动盘开闭滑动的导向部件，撞击造成了滑杆弯曲，制动盘倾斜，制动器瞬间失效，而此时上位动力单元的制动力不足，不能制停此时吊笼的重量，吊笼下坠，速度渐快，下滑约 8m 时，达到了防坠器正式动作速度，防坠器动作，由于防坠器制动片表面覆盖有研磨形成的混合物，摩擦系数很小，不能有效制停吊笼，吊笼坠地，同时造成防坠器外壳开裂。

造成防坠器制动失效的原因是，防坠器曾经动作，制动锥鼓轻度跟进。因吊笼不常满载，三电机的动力能够克服防坠器的制动力，此时操作人员感觉不到升降机有明显的异常。防坠器上有数个出气小孔，当湿度较大的空气进入后，制动锥鼓对摩擦面的高压强作用下，摩擦面相对滑动引起高温；摩擦下来的粉尘和潮湿空气形成了摩擦系数很小研磨粉尘混合物，随着高温下地不断研磨，混合物变硬，表面变滑，大大地降低了防坠器的制动性能。

（1）在无可靠固定措施的情况下，吊笼在空中进行维护检修作业，下位电机尾部制动器部位受外力撞击，造成制动器滑杆弯曲下位制动器瞬间失效引起吊笼坠地。

（2）左笼防坠器在动作后未复位，导致制动锥鼓发热、制动片摩擦系数降低，使吊笼坠落时制动失败。

三、检查和维护方面的教训

（1）升降机的维修应按使用说明书和相关安全操作规程的要求编制检查维护方案，并由有维修安装资格的人员去承担完成。吊笼应落地或在有可靠固定措施下维修。在使用和维修过程中，应对制动器等重要部位进行防护。

（2）防坠器是升降机十分重要的安全装置，必须在标定有效期内使用。在日常检查中，除了检查标定有效期外，应注意检查动作标志销是否在正常位置，如有跟进，说明防坠器动作，必须查明原因、排除故障、复位后方可使用。在防坠器的维护中，应注意不得随便加润，其表面的 2 个小孔是出气孔，不是加油孔，安装时应朝下。本案例中的防坠器事实上是由于检查维护不当造成带病工作。

第九章

塔式起重机重大安全事故的
预防及应急处理

"十不吊"规定目前在建筑工地普及面较广，大家较为熟悉，但是对塔机钢结构发生早期疲劳破坏却了解地不够深入。由于承载的特性和构造的需要，塔机上总是有一些受力状况不利，且存在应力集中的部位，如塔身底部、塔顶的上下部位，但并不等于说塔机的这些部位一定会产生疲劳裂纹，绝大多数相同结构的塔机在同一时间段里未发生疲劳裂纹充分说明这一点，而我们通过对多台发现裂纹的塔机使用情况进行了解得出的结论是，较长期且较严重的超载使用是发生疲劳裂纹的主要原因。

疲劳裂纹的产生是塔机整体倾覆的两大因素之一，而且有时毫无征兆。另一大原因是塔帽（或塔身）的失稳，大家都知道对于塔帽或塔身，其主弦杆受力特点是二力杆受力，当其受到较大力时，受压端比受拉端更易失稳（破坏），特别是塔帽或塔身载面有变化（应力集中处）更易发生。下面我们分别叙述。

第一节　早期疲劳裂纹产生和预防

一、早期疲劳裂纹产生

（1）认识的误区，不少塔机操作者甚至管理者都认为，塔机肯定存在一定的设计余量，超载使用不至于发生事故，尤其是他们完全没有"材料疲劳"的概念，认为钢铁是无生命的，可以无限次超载使用。

（2）为节省费用，小塔当大塔用，以浙江建筑市场为例，最典型的楼房建造程序是用塔机将成捆的钢筋从汽车上卸货运至幅度 30～50m 处，成型后再运至楼面，从各工地观察看来，成捆的钢筋一般 2～3t，按要求应用 63t·m 以上塔机，而大多数工地都采用了 60t·m 和 63t·m 级塔机，超载量达到 1.5t 以上，几幢大楼造好，塔机的超载量和次数可想而知。图9-1 给出了塔身标准节裂缝。

图 9-1　塔身标准节裂缝

二、早期疲劳裂纹的预防

要从根本上杜绝塔机出现早期疲劳裂纹，最重要的还是着眼于预防措施，只要思想上重视、并采取相应的预防措施，是完全能够防止塔机出现疲劳裂纹的。

（1）首先教育塔机的管理者和使用者必须抛弃"塔机有较大的设计安全余量，可以承受超载"和"塔机是一堆无生命的钢铁，多次超载没有关系"的错误观点，掌握钢结构疲劳的基本常识，因而能够自觉抵制超载等违章行为，养成按规程操作的良好习惯。

（2）有关部门加强对塔机使用现场和操作人员的监管，操作人员必须具有上岗资格，掌握塔机工作原理。尤其对目前建筑施工中容易发生的塔机超载的工序，如成捆的钢筋吊运等，制定切实可行的强制规定，以杜绝高强度、高频次的超载行为。

（3）安装时注意塔身高强度螺栓必须达到规定的预紧力，尤其是塔身底部，防止预紧力不够，螺栓交变应力幅加大而产生早期疲劳裂纹。

第二节　塔帽（或塔身）失稳的产生和预防

一、塔帽失稳的产生

相对于塔身早期疲劳裂纹产生的情况，塔帽失稳的产生，我们总结分析大致有以下两种情况产生。

（1）在力矩限制器失效的情况下，起吊不明重物或强行超载使用。我们见过在宁波某一工地，起吊桩头，由于缺乏指挥人员、配合不好，桩头的连接钢筋还未完全切断，司机便开始起吊，于是发生塔帽失稳。

（2）在力矩限制器失效的情况下，起吊重物变幅，载重小车往外走，超力矩使用，应力超过塔帽单肢的极限，塔帽发生失稳。我们见过在金华某一工地，由于司机不了解塔机力矩的概念，擅自松开力矩限制器的动作触头，起吊重物变幅，当达到力矩极限时，塔帽首先发生失稳。

二、塔帽失稳现象的预防

（1）按规范起吊工作，配齐塔机工作所必需的人员，工作前应对塔机司机、信号员和司索工等进行安全技术交底。

（2）塔机的安全保护装置必须保持完好，特别是力矩限制器，是保证塔机和人员安全的最后一道关口，决不允许随意调整和拆除。执行好《建筑施工塔式起重机安装、使用、拆卸安全技术规程》JGJ 196—2010。

第三节　地下节或预埋螺栓断裂的产生和预防

一、地下节或预埋螺栓断裂现象的产生

地下节和预埋螺栓在现场工地塔机使用中，出现问题的现象较多，主要是地下节主弦杆和预埋螺栓断裂，如图 9-2 所示。分析其产生原因大致有以下几个因素：

图 9-2　地下节断口

（1）地下节和预埋螺栓受到各种不利因素的影响，其使用寿命大大降低，产生疲劳裂纹的可能性大大增加。有些工地没有按照厂家的说明书规定，重复使用地下节和预埋螺栓。

（2）有些工地没有制作条件，又出于经济上的考虑，自行制作地下节和预埋螺栓。其母材和焊接都达不到使用要求。

（3）用标准节甚至用旧的标准节替代地下节使用，在上面我们分析过地下节和预埋螺栓受到各种不利因素的影响，一般生产厂家的地下节的强度设计都比标准节的强度都要强。而用标准节甚至用旧的标准节替代地下节使用，明显强度是不够的。

（4）超载使用。

二、地下节或预埋螺栓断裂的预防

（1）认真执行《建筑起重机械安全监督管理规定》（建设部令第 166 号），杜绝自行制作地下节和预埋螺栓，明确树立地下节和预埋螺栓是塔身整体一部分的概念。

（2）超载，加强日常检查，特别是地下节主弦杆连接套附近和连接套焊缝是否完好，必要时，应该采用无损检测。

三、案例

1. 基本情况

2005 年 11 月 1 日杭州某工地，使用的一台 QTZ80 塔机在正常吊重钢筋离地约 1m 时，突然倒塌，机毁人亡，如图 9-3 所示。该塔机 2001 年 7 月出厂，当时是第 6 个工地使用。安装情况为，塔身从下到上安装次序为地下节一节—基础节一节—加强标准节六节—标准节十节，倒塌前独立高度 42.5m，臂长 58m。

图 9-3　QTZ80 倒塔现场

2. 经专家组对倒塔现场查看

（1）事故塔机的地下节未采用使用说明书规定的地下节，而是用旧的标准节代替，翻倒的地下节后面两根全部断裂，前面两根未全部断裂。正是整个塔身受力最大部位。

（2）该塔机力矩限制器设置的三个限位开关，事故现场只见两个，且调节螺栓已锈死无法调整。

（3）经调查该塔机在前一个工地使用时，曾发生基础节可见裂纹。

（4）从地下节断口观察旧疤面积达 60%～75%，断口部位处在塔身受力最大处，从旧疤的面积看，塔身在长期的较大的交变载荷作用下，先前已有裂纹，并在不断扩展。

3. 主要原因

（1）用陈旧的标准节代替地下节，一般标准节比地下节承载能力小 1.5 倍，且用陈旧的标准节因使用不当存在疲劳裂纹的可能，故随时会引发事故。

（2）事后抽检 10 个已使用过的标准节，80%有缺陷。

（3）力矩限制调节螺栓锈死无法调整，起重力矩的有效性不能得到保证。

该案例的三个主要问题：（1）用陈旧的标准节代替地下节；（2）该旧的标准节存在疲劳裂纹，判断为上一个工地使用中造成；（3）力矩限制失效。

第四节　塔机的重大事故的应急处理

很多时候，当塔机已发生了较重大的事故或故障，但还未完全倾覆倒塔，这时，应沉着冷静，立即指定事故处理总指挥。根据事故大小、复杂程度，由相关技术人员、塔机操作安装人员、电焊工等组成事故处理小组，制定排险处理方案和安全防护措施后，按方案进行排险处理，防止事故进一步恶化。以下是几种典型的事故及故障应急处理方案及措施。

一、严重超载导致塔帽失稳

当塔机严重超载时，可能会发生塔顶受压主弦杆的失稳弯曲（图 9-4）。发生这种情况时，应采取以下措施：

（1）立即卸下吊重物，注意不要产生过大冲击。

（2）塔机上包括司机内所有人员先迅速撤下塔机。

（3）按照塔机倒下可能占据的范围，划出安全区域，禁止无关人员进入。

（4）用望远镜仔细观察失稳弯曲部分有无进一步变化情况，同时也注意观察塔身、吊臂、上下支座、拉杆等部位有无异常变形情况，观察时间不得少于 2 小时。若变形稳定，则可采取以下步骤拆塔：

1）派经验丰富的焊工，尽快在塔顶四根主弦杆上焊上加固型钢（图9-5）。根据主弦杆原来的类型，可分别选用合适的角钢、槽钢等。加固型钢的截面积应不小于主弦杆材料截面积。加固型钢具体的规格型号、材料、尺寸、焊接方法、安装位置等要求应由现场处理技术人员给出的书面方案确定。

2）塔顶加固后，若有条件，立即采用大型吊车（履带吊或汽车吊）不降塔直接拆除；若没有大型吊车，也可在统一指挥，加强对受损处监控观察的情况下，先行降塔，再用适当的吊车拆除。

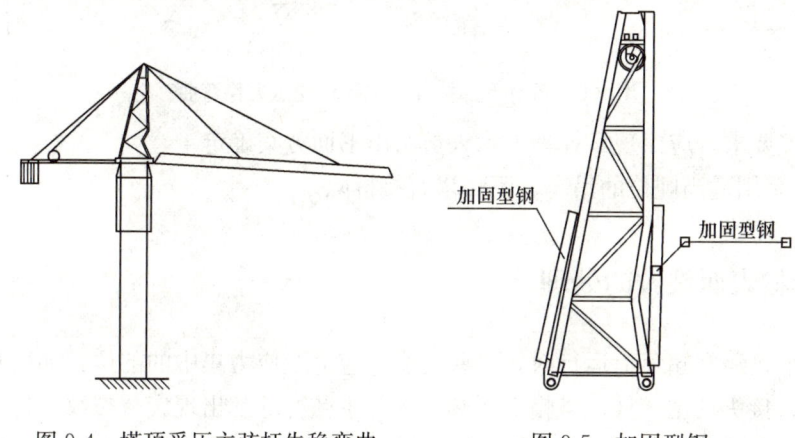

图 9-4　塔顶受压主弦杆失稳弯曲　　　　　图 9-5　加固型钢

二、严重超载导致塔身下部失稳

当塔机严重超载时，可能会发生塔身下部标准节主弦杆受压失稳弯曲（图9-6）。发生这种情况时应采取以下措施：

（1）立即卸下吊重物，注意不要产生过大冲击。

（2）塔机上包括司机内所有人员先迅速撤下塔机。

（3）按照塔机倒下可能占据的范围，划出安全区域，禁止无关人员进入。

（4）用望远镜仔细观察失稳弯曲部分有无进一步变化情况，同时也注意观察塔身、吊臂、上下支座、拉杆等部位有无异常变形情况，观察时间不得少于2小时。若变形稳定，则可采取以下步骤拆塔：

1）尽快在塔身上部4根主弦杆上拉4根钢丝绳缆风绳。缆风绳的规格、直径、固定位置由现场处理技术人员确定。

2）派经验丰富的焊工，尽快在弯曲变形的主弦杆上焊上加固型钢，加固型钢的截面积应不小于主弦杆截面积。加固型钢的具体型号、材料、尺寸、安装位

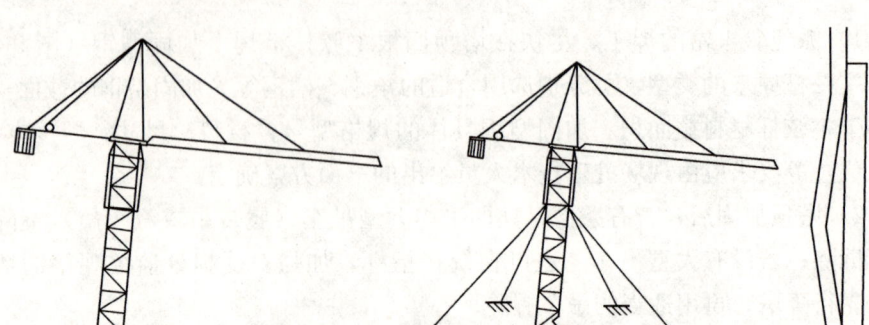

图 9-6　塔身下部标准节主弦杆受压失稳弯曲

置、焊接要求等应由现场处理技术人员给出书面方案确定。

3）采用适当吨位的吊车，不降塔直接拆除。

三、钢材表面裂纹的处理

当塔机经常超负荷运行时，一些高交变应力及应力集中的部位，如塔身下部标准节、接头处主弦杆、塔帽上下端接头处主弦杆等常出现疲劳裂纹。这种疲劳裂纹，对塔机的危害极大，发展到一定程度时，很可能在没有任何预兆的情况下，甚至在不超载时，突然发生重大事故。因此对这种裂纹要高度重视，一旦发现，则应按下列方法处理：

（1）立即停止工作，所有人员撤离塔机，并在塔机周围划出安全区域，无关人员不得进入。

（2）应立即将发现裂纹的结构件报废更换。若更换确实有难度、代价太大或工程即将完工，也可按以下方法进行临时性加强处理，但必须由现场处理技术人员提出书面技术方案，对各技术参数作出具体规定，经技术人员批准后实施。

（3）在裂纹扩展方向的尾部钻一个 ϕ5mm 直径的止裂孔，阻断裂纹进一步扩展（图 9-7）。

（4）用砂轮机将裂纹断面磨出 45°坡口，用电焊将坡口焊平，然后在外表面焊上与母材厚度相当的加强板（图 9-8）。

（5）考虑到出现疲劳裂纹的塔机构件必定受到过很强的交变载荷，不宜继续使用。因此，即使采取了补强措施，在工程完工后，该构件也应报废处理。

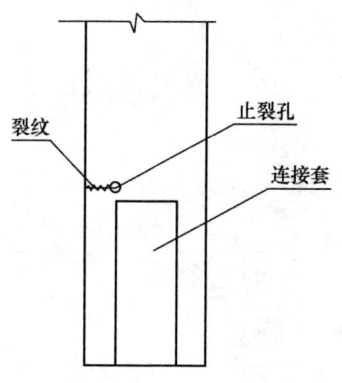

图 9-7 标准节接头处裂纹示意图

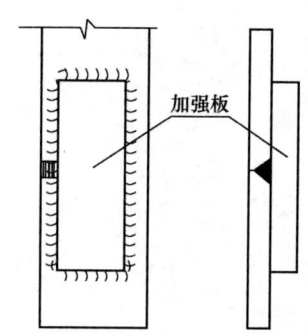

图 9-8 加强板

第十章

建筑起重机械设备管理资料

(1) 建筑起重机械设备出厂应提供的资料：

1) 特种设备制造许可证；

2) 起重机械设备产品合格证；

3) 安全装置（如防坠器、限位器等）检验合格证明；

4) 预埋地脚螺栓、附墙螺栓合格证；

5) 设备设计文件、安装及使用说明；

6) 安装非原厂制造附墙件计算书、设计图及制作材料经制造厂家确认或安装单位技术负责人审核及专家认证资料。

(2) 建筑起重机械出租单位出租起重机械应提供的资料：

1) 建筑起重机械设备产权备案证明；

2) 租赁单位营业执照；

3) 建筑起重机械设备租赁合同；

4) 建筑起重机械设备试运转记录；

5) 对出租的建筑起重机械设备和安全装置及关键零部件的安全性能的自检合格证明；

6) 安全使用说明。

(3) 从事建筑起重机械安装、拆卸活动的单位（以下简称"安装单位"）办理建筑起重机械安装（拆卸）告知手续前，应当将以下资料报送施工总承包单位、使用单位、监理单位审核：

1) 建筑起重机械产权备案证明；

2) 安装单位资质证书、安全生产许可证；

3) 安装单位特种作业人员名单及证书；

4) 建筑起重机械安装（拆卸）工程专项施工方案；

5) 安装单位与使用单位签订的安装（拆卸）合同及安装单位与施工总承包单位签订的安全协议书；

6) 安装单位负责建筑起重机械安装（拆卸）工程专职安全生产管理人员、专业技术人员及安装拆卸人员名单，安装拆卸工上岗证；

7) 建筑起重机械安装（拆卸）工程生产安全事故应急救援预案、定期演练记录；

8) 辅助起重机械资料及其特种作业人员证书；

9) 未按设计说明书要求施工的基础设计计算书、设计图及制作材料经制造厂家确认或安装单位技术负责人审核及专家认证资料；

10) 使用过程中垂直度纠偏的专家认证资料（如存在垂直度纠偏时提供）；

11）安装单位组织装拆安全技术交底并进行签字确认；

12）安装单位安装自检合格证明。

（4）安装（拆卸）单位应将起重机械告知资料交给使用单位，存放在施工现场的安全台账资料中备查。

（5）建筑起重机械使用单位，在建筑起重机机械安全验收合格之日起 30 日内，向工程监督部门办理重机械使用登记手续。

（6）使用单位在办理建筑起重机械使用登记时，应当填写《建筑起重机械设备使用登记表》，并同时提交以下资料：

1）《建筑起重机械产权备案表》；

2）《建筑起重机械设备安装（拆卸）告知表》；

3）《建筑起重机械设备使用登记表》；

4）建筑起重机械租赁合同；

5）建筑起重机械检验检测报告和安装验收资料；

6）使用单位特种作业人员名单及资格证书；

7）建筑起重机械生产安全事故应急救援预案；

8）其他涉及起重机械安全使用的资料。

（7）建筑起重机械使用登记完成后，使用登记部门应发放《建设工程起重机械使用登记牌》，使用单位应将登记牌放置或者附着于起重机械的显著位置。

（8）建筑起重机械使用单位应当对在用的建筑起重机械及其安全保护装置、吊具、索具等进行经常性和定期的检查、维护和保养，并做好记录。

（9）建筑起重机械的产权单位，应当建立建筑起重机械安全技术档案

建筑起重机械安全技术档案应当包括以下资料：

1）购销合同、制造许可证、产品合格证、制造监督检验证明、安装使用说明书、备案证明等原始资料；

2）定期检验报告、定期自行检查记录、定期维护保养记录、维修和技术改造记录、运行故障和生产安全事故记录、累计运转记录等运行资料；

3）历次安装验收资料。

（10）使用单位在建筑起重机械租期结束后，应当将定期检查、维护和保养记录移交出租单位。建筑起重机械租赁合同对建筑起重机械的检查、维护、保养另有约定的，从其约定。

（11）建筑起重机械的使用单位，应当建立建筑起重机械使用安全技术档案。建筑起重机械安全技术档案应当包括以下资料：

1）检测委托协议、合同书面资料、检测费用票据；

2）安装质量检测、跟踪检测、定期检测报告及提出的问题整改相应记录资料；

3）建筑起重机械设备行业主管部门使用备案证；

4）设备基础验收档案（基础图纸、地耐力报告、基础钢筋隐蔽验收资料、混凝土强度报告、预埋件验收资料等）；

5）建筑起重机械设备使用方案、建筑起重机械设备多台塔吊作业防碰撞措施；

6）工程生产安全危险源辨识及事故应急救援预案；

7）重大危险源告知解除资料；

8）使用单位设备安全生产管理保证体系，专职安全生产管理人员、设备机管员、司机、信号、司索工、维修工等作业人员持证上岗；

9）指定专职安全生产管理人员监督设备安装、拆卸、顶升和附着过程的记录；

10）使用安全技术交底并进行签字确认；

11）设备安装（顶升、锚固）过程，施工总承包单位组织租赁、安装、监理（四方）检查验收记录，各负责人签字确认；

12）配置相应的监测设备，设备定期（垂直度、沉降）观测记录；

13）操作工日常运转使用作业记录；

14）专业人员设备维修、保养管理记录；

15）设备使用范围内安全警示标志布置资料；

16）公司、项目部组织进行日常定期、不定期检查（专项检查）及整改反馈落实情况记录。

（12）建筑起重机械的检测单位应当建立建筑起重机械检测

检测档案应包括以下资料：

1）检测资质；

2）检测合同；

3）建筑起重机械设备检测情况资料（包括不合格项整改情况资料等）。

（13）监理单位应当建立建筑起重机械安全监理技术档案

安全监理技术档案应包括以下资料：

1）建筑起重机械设备监理规划和监理实施细则；

2）指定专业人员监督设备安装（拆卸）过程；

3）监理单位建筑起重机械设备安装、拆卸、加节、附着及其他隐蔽旁站监督记录；

4）监理日常检查记录。

（14）建筑起重机械出租单位或者自购建筑起重机械使用单位（以下简称"产权单位"）在建筑起重机械首次出租或安装前，应当向本单位工商注册所在地县级以上地方人民政府建设主管部门（以下简称"设备备案机关"）办理备案。

1）产权单位在办理备案手续时，应当向设备备案机关提交以下资料：

①产权单位法人营业执照副本；

②特种设备制造许可证；

③产品合格证；

④制造监督检验证明；

⑤建筑起重机械设备购销合同、发票或相应有效凭证；

⑥设备备案机关规定的其他资料。

2）起重机械产权单位变更时，原产权单位应当持建筑起重机械备案证明到设备备案机关办理备案注销手续。产权备案机关应当收回其建筑起重机械备案证明。原产权单位应当将建筑起重机械的安全技术档案移交给现产权单位，现产权单位应当按照本办法办理建筑起重机械备案手续。

（15）应注意的其他问题

1）技术标准文件完整配备、适时更新、定期组织学习和考核。

2）建筑起重机械技术资料档案应做到一机一档，指定专人负责，并按要求动态、及时地收集整理。

3）行为主体应做好建筑起重机械安全技术措施经费提取、支付。

致　谢

　　记忆是一个永远不会过去的现在。如同所有的感恩之情带来的这份感激，深深地根植于我们心中：朋友、老师、同事和家人，许多幕后英雄默默地奉献着自己的理解和关切，提供想法、启迪、晤谈、批评、鼓励、援助以及各种支持。致谢辞让笔者有机会代表丛书编委会向这么多的单位和爱心人士表达谢意并且致敬。没有他们，也就不可能有这套丛书的诞生，也不可能有青川县未成年人精神家园的援建和诞生。

　　首先，要感谢中共青川县委、县人民政府对这一援建工程的高度重视。在汶川大地震中，青川受灾学生高达 42000 多人，学生死亡数 380 人，全县的学校基本夷为平地。青川县有 64 个孩子失去了双亲，365 个孩子成了单亲家庭，还有更多的未成年人成了残疾人。受伤亡人员的亲情影响，许多未成年人思想负担重，心理创伤大。本项目的规划、建设得到了陈正永县长、现任县委书记罗云同志的关心。为了重点建设好、早日建成这一公共建筑，县委县人民政府将其列为近几年县十大民生工程之一。

　　在此，还要感谢浙江省精神文明办和龚吟怡先生对灾区未成年人健康成长和环境建设的关怀。感谢顾承甫同志——为了 2008 年 12 月的那天你接听了那通电话，并鼓励笔者将内心的想法运用到灾区建设中去。经历了半年多的曲折寻找，终于从浙江省援建青川指挥部了解到此一待援建项目。谢谢你为此所做的努力，以及多年来的友谊、交流、相助和那份简洁明了的热忱。

　　非常感谢马健部长，在县城乔庄镇可利用土地资源承载极其有限的情况下，在本援建工程立项与否，以及项目启动以后，面临建设用地移作他用的压力下，是你挺身而出，成功保住了这一重点项目的建设。谢谢你尤其对友人的淳厚与大度。在援建活动最困难的情况下，你总是给我们以信任与呵护，患难中见真情。

　　在此，还十分感谢罗家斌副县长。历历往事，悠悠乡愁，在青川工程的共同努力中，你多次不辞辛劳来浙江，甚至在身体不适的情况下。一切心灵的意境在世上皆有其地方。非常幸运，在灾区家乡建设中，我们结下了诚挚的友情。这犹如播下种子，度过秋冬季节，直到春临大地，新绿萌生。

　　感谢你，刘成林同志，启动县未成年人校外活动中心建设项目阶段工作十分艰巨，这一段经历给人留下了无法忘怀的深刻记忆，谢谢你为此洒下了辛勤的汗水，还有你的热情、友谊、付出和期待。

苟蔚栋主任，你对灾区孩子们遭遇的巨大灾难与不幸比许多人认识的都更深刻，你讲的木鱼中学遇难学生的亲历往事让人听了心碎。青川工程推进之际，我们的联系最为频繁。谢谢你的友情、川味、信赖和合作，以及抱着一个美好的目的所付出的一切，许多往事都将成为值得回味的故事。

中共青川县委宣传部、县精神文明办作为项目业主单位，有一个优秀的群体：熊凯、杨丽华、尤顺亮、李玖碧、刘夕森、司机赵友等诸位朋友，感谢你们从这场历经五载的友情马拉松、奉献、精神成长和从这场社会公益之旅的第一天起，一路给予我们的支持。在此，还要感谢敬飞同志的帮助、交流和友谊。

在任何一项事业的起步阶段，总有一些人抛开个人得失来支持襁褓中的理念。一些善心人士在我们进行社会公益活动的初起阶段，便直接投入或参与进来。他们无论在援建灾区未成年人精神家园建设还是本套丛书编写仍然处于艰难起步阶段的时候就给予信任和支持，这份感激让人一直铭记于心。

感谢董丹申先生，为了2009年5月那天我们所通的电话。谢谢你在第一时间做出的决定，并带领如此优秀的勘察设计团队援建此一工程，你还多次为优化设计方案提出建议，这种园丁式的建筑师的敏锐和悟性，在废墟中给人性开创了丰富的空间可行性，从而将助长花园中的生命。历经五载，风风雨雨见证了我们的友谊。

感谢本建筑的主创设计师陆激博士，谢谢你对作品内涵的把握、表现力、讨论、午餐、诗歌——这种酬唱，相信是对忧思的另一种释放，它使人确信，每个人在自己的内心，都会保留着一片精神的花园，每个人的内心最深处，都住着一位辛劳而又快乐的园丁。在此，还要感谢蔡梦雷先生所展示的才华、合作、敬业、潜力和沉静，谢谢你付出的辛勤劳动。

浙江大学建筑设计研究院作为本工程特邀设计单位，得到了各专业背景的专家伸出的援助之手，谢谢你们——甘欣、曾凯、雍小龙、冯百乐、王雷、严明、周群建、杨毅等诸位朋友，你们的职业操守，印证了法国当代建筑师鲍赞巴克的一句话："建筑师处在社会的建设性的、积极的山肩上……建筑师需要具备为他人修建的责任感"。

在此，非常感谢浙江籍企业家楼金先生对本援建项目的庇护、关照和相助。汶川大地震发生后，海南亚洲制药集团先后四次伸出慷慨援助之手，包括这一座青川的花园。楼先生长期活跃在祖国医药事业的前沿。在这场援建活动中，率先垂范。但报效祖国、报答社会的目标，却使他觉得任重道远，做得很不够。这使人想到：人之为人，假若没有对大地、对人的无比热爱，没有追求美和爱的激情和为之忍受苦难的精神，那生之意义有何在呢？

十分幸运，这套丛书经中国建筑工业出版社选题审阅后，决定列入重点出版计划。这对作者们来说并不容易。在此尤其要感谢沈元勤社长的热情、眼光、鼓励和对丛书援建灾区活动的策划支持。编辑部的决定表现了一家大型出版社的社会责任感，若不是你们提供发表这些书籍的园地，丛书出版说不定还要走较长的探索之路。在后面我还将进一步提及并致谢。

盛金喜先生，感谢你的友情和破费周折地热心相助，促成了温州东瓯建设集团等两家企业原本业已捐给当地慈善机构的捐款，得以成功转给青川县援建项目，这是工程启动后的一笔重要捐赠。在此，还要谢谢倪明连和麻贤生两位先生的帮助。这种事先铺平道路的爱心，正如在地里播种。

做人意味着无法免遭不幸与灾难，意味着时而感到自己需要救助、慰藉、排遣或启迪。我们的状况多半是平凡的，不是非凡的。我们对他人负有的最低限度的道义责任，不在于为他指点救赎之道，而在于帮助他走完一天的路。

雷与风，持续不停。在此特意要感谢恽稚荣先生，在本援建活动十分困难的情况下给予的热心相助！谢谢你的电话、热情引见和浙江省建筑装饰行业协会的帮助。我还要感谢你多年的友情、同事和关照，而最重要的是你对做这类事情的人文理解，和要求确保内心的那份坚定。

非常感谢浙江中南集团吴建荣先生，对灾区未成年人精神家园建设实实在在的表态和直接参加援建的落实。谢谢你的晤谈、慷慨和展望，尤其是对本援建工程困难的体恤。建造较高水准的室内影院是你的一个心愿，这样的目光决非仅限于卡通和影像的虚拟世界。假如没有"浓浓绿荫"也就没有"绿色之思"。视这种情感为植根于文化传统，这一点已得到了揭示。

友谊本身于人生必不可少，在此，我想对俞勤学先生说：没有什么比和悦相伴的共同努力更能给生活带来美好的回味。杭州市建筑设计研究院有限公司参与捐建，体现了一家大型民营设计单位的社会担当。你说的好：受益于改革开放，在社会需要的时候，不忘回馈社会。谢谢你的友情交流和对真知的求索，以及给予援建活动的重要支持。

姚恒国先生，十分感激你，永康古丽中学、古丽小学和金色童年幼儿园是一家主动提出参加援建的浙江省民办学校。在本工程筹资阶段相当困难的日子里，得到你的爱心相助。这非常特别。如果把春风化雨比喻成学校良好的教育方式，那么，正是这种育人为本、德育为先和服务社会的理念，使我们对"善的栽培者"有了新的理解。在此，我还要感谢永康市规划局胡永广先生的热情引见。

十分感谢新昌县常务副县长柴理明先生在援建工程艰难前行中所给予的热情支持，谢谢浙江科技学院副院长冯军先生的友谊和相助，谢谢新昌县发改局李一峰先生的帮助和促进。

陈金辉先生，感谢你多年来的友情和参与援建灾区工程，你的那句创业感言："办企业一要对得起自己的员工，二要对得起社会"，说得直白、亲切，胜似金玉良言。想当年创业伊始，历经多少艰辛，如今企业发展了日子好过一点了，既想到要对得起自己的员工，又觉得要对得起社会。

郑声轩先生，要衷心感谢你的友情和真诚相助，也谢谢宁波市城市规划学会及黄生良秘书长，你们的价值关怀是灾区家乡建设的财富。感谢宁波市各城乡规划院。张能恭先生、李斌先生、徐瑾女士、张峰先生、喻国强先生、明思龙先生、赖磅茫先生，与你们同行之所以顺利，莫过于一种源自心灵的共识。假如这种共识有道理，那么，最能帮助我们从忧思中得到慰藉的，莫过于一座活生生的花园。

于利生先生的鼓励和热情支持，对工程推进可谓雪中送炭，为此要向你致敬！而武弘设计院又为本项目室内装饰工程提供了整套设计图纸，谢谢陈冀峻院长、徐旻设计总监对设计方案的讨论，谢谢建筑设计师李文江女士为本项目所做的富有灵感的理解和设计，也谢谢设计师陈奕女士对装饰施工图的多次交流，以及专业技术人员王小俨、陈倩、董瑜明等各位朋友有关强电设计、影厅构造设计和分部分项工程量清单编制等所付出的辛勤劳动。

吴飞先生，徐伟总经理，人只要能记和忆，记忆中的事情总能从现时的思维活动中涌出。在此，非常感谢你们对援建活动所做出的讨论和决定，从而使工程推进迈开了转折性的一步：多谢浙江省建工集团有限责任公司及所属建筑装饰工程公司对项目装饰工程派出的援建队伍。谢谢施泽民总经理、阮高祥和何荒震副总经理，以及参加施工的建筑工人们！

本套丛书在理论实践和服务社会过程中有个大本营。他们的价值观维系着关怀呵护之努力的个人与社会。

在这套丛书中，我们与中国建筑工业出版社开展了深入的合作。感谢社长沈元勤先生就丛书选题和发行、编写援建项目纪念图册、出版社赠送灾区未成年人活动中心图书、建筑模型等系列活动给予了热情洋溢的策划支持，并带队一行四人来浙江，参加丛书编写工作启动会，与作者们交流互动。

中国建筑工业出版社的决定不仅在丛书的发行渠道及其模式创新上做出了积极探索，给予了丛书援建活动以有力的帮助和支持，更从精神上体现了我们这个社会最具价值的人文关怀。

感谢郭允冲先生为本丛书作序。谢谢您对丛书编写出版和丛书援建灾区活动所做的肯定。这样的鼓励，使人重温了建设者忧思和关怀的天职，它培养我们以有限的存在方式尽心服务社会，并以播种大地和建设家园为己任。

感谢谈月明先生对编者的信任、鼓励和支持，以及对丛书社会实践活动的评语。浙江，青川，相隔2000多公里，却感觉近在咫尺。记得辛卯年春节前夕你在百忙中寄来信札，它使笔者得以分享到一份艺术情愫——一款"真情无价"的书法题字，倍感亲切。

还要感谢出版社副社长王雁宾先生的热情和支持，何时再能领略你即兴赋诗的场景。感谢出版社房地产与建筑管理图书中心主任、编审郦锁林先生的热情和合作，以及在丛书编写启动会议上就专业性书籍编写要点进行细致入微的讲解。

在此，尤其需要感谢丛书责任编辑赵晓菲女士的热情和不懈努力。谢谢你的耐心、献疑、澄清、编辑以及数年来付出的辛勤劳动。你和你的同事为每本书做了高度复杂的编校工作，使得本丛书具有更佳的可读性。最重要的是，对编辑这份工作，让我们理解它吧，如今可能理解得更好些！

请允许我向丛书的每一位作者致谢。技术书籍的普遍价值，首先表现在服务于现实世界和社会的风格、内容，或者说表现于满足需求的适切性和书的聚合力，同时也体现于这样一个方面，即一个人为同时代的其他人所作的贡献。

谢谢每位参与者的认真、构思、调研、读写修改的过程，以及一切与孤独相伴的劳动；谢谢你们在合写的著述中所体现出的协作、智慧和团队精神，以及一遍一遍、一遍又一遍地讨论、通稿、争辩，发通稿纪要，交流信息。做这样的事情需要沉下来，和艰难的美融合在一起，拒绝平庸！

感谢吴恩宁先生，在生病住院的情况下还为书稿的完善而操劳，为了去芜存菁所进行的一切严谨、朴实的工作。谢谢邓铭庭教授级高工对数本书稿和援建活动多个场合的相助。感谢杨燕萍所长、牛志荣老师、吴飞先生、王立峰老师、周松国总工、王建民总工、罗义英老师、黄思祖总工、李美霜副总工，谢谢你们多年的友谊、分担、精益求精和责任心，谢谢你们为书写工程建设安全生产、保护劳动者权益等内容而承担的责任和义务，在一个非常特殊的意义上来说，你们就是这整套书。

十分感谢龚晓南院士对本丛书有关专业书籍的审核、指导和建议。

感谢史佩东先生多年来的友情、书籍和近年来你多次主持的台海学术交流活动带给业界的启示。谢谢金伟良教授、钱力航研究员在工程建设技术标准制、修订过程中的交流。

在此，还要谢谢黄亚先生、周荣鑫先生、杨仁法老师、袁翔总工、戴宝荣先生的建议、启发和热心帮助。郑锦华先生，希望有机会到大成建设集团的施工现场去学习安全作业的经验。感谢你们的责任心：黄先锋副总工，以及方仙兵、王德仁、张乃洲、于航波和童朝宝等诸位专家的热情投入；林平主任的热忱、专业、工作午餐和讨论；以及很有潜力的年轻专业人员夏汉庸、苟长飞、潘振化工程师。谢谢有关单位在丛书统稿过程中所给予的方便。

最后，要感谢丛书的作者们把所有版权收入捐给灾区未成年人精神家园的建设，用义写这种形式，不仅从专业性反思到实践语言的投入，更用一种沉默的行动表达了一个知识群体的一片爱心，一种塑造价值的真诚！

任何力量也无法夺走往昔与友人的聚会、交谈和同行带来的欢畅，愉悦的回忆给今天、也给日后带来欣慰，无论命运为将来作出何种安排。

青川工程，推进之际，筹资之路多艰难。谢谢张静女士，通过你的帮助，温州市各有关规划院义无反顾地伸出了援助之手，这带来另眼看待的世界体验。何志平先生，那个雨夜在山上小咖啡店的场景多融洽，人生的交往带来的愉悦莫过于数位能相互倾听和启发的友人之间聪慧、有益的交谈。谢谢方素萍院长对灾区建设困难的体恤，而你的帮助又是如此低调、迅速。与郑国楚先生的通话和交流颇受助益。在此，还要谢谢应生伟先生多年的友情、交往、启迪和促进。所有这些，都让生命中的固有价值得到热切肯定，让艰难的奋争日渐得以支撑。

退休老县长在我心中留下风尘仆仆的身影。感谢林周朱先生的热情、电话、相陪为筹资的事情而忙碌。它仿佛又使我重新见到了 2006 年"桑美"台风来袭浙江沿海时，在重灾区苍南县奔忙那个身影。

感谢金国平先生带有亲和力的支持，十分重要的是温州市建筑设计研究院的分担和促进，不仅使青川工程受益，它也展现了企业文化中的精髓之一：合作精神和社会责任心。在此，还要真诚地感谢虞慧忠、林胜华两位同行所予以的爱心关怀。

这里有一份念想：就是要衷心感谢张建浩先生爱智人生尽其所能，以及对工程困难富有人性的理解和对贫困灾区建设施以援手。

在受国际金融危机影响，国内经济市场受到较大冲击的环境下，这几年不少民营企业，在克服发展资金短缺和产值、利润大幅度下滑的情况下，参与到项目的捐建活动中来，实属不易。为此，请允许我对刘自勉会长、郑育娟女士、饶太水先生、丁国幸校长、单德贵先生、马毓敏女士、蒋干福先生、周全新同学、李光安院长等诸位朋友，真诚地表示敬意并致谢。

袁建华先生，谢谢你的信任、交流和以个人名义对青川工程的捐赠。这一切都是为了给予希望的勉励。周筱芳女士，你的相助决不意味着为避免让人伤心而随声附和，只求一团和气，恰恰相反，言语的坦诚是一种原则，谢谢你！

　　感谢袁益中先生和吴荔荔女士的亲蔼、体恤和相助。这种体恤的鼓励也意味着，当艰难来临，使我们有准备无怨无悔地忍受困苦；当福祉临门，则心安理得地去迎接它。

　　在此，我还要对吴海燕、杨立新两位先生本真地道一声谢谢，因为你们的热情和话语交流，非常符合当今提倡的社会主义核心价值观。宁波市两所高校建筑设计研究院给予本工程以爱心的参与——感谢俞名涛先生饱含的热忱、范儿和帮扶老少边穷情结，谢谢原正先生的朴实、仁慈、社会责任心和张黎建院长的低调、清澈。

　　感谢一些特殊的朋友。他们曾在汶川大地震后奔赴第一线参加灾后重建，对扶持本工程又颇为热心。谢谢李全明先生的仁慈之助，最重要的是你对灾区未成年人有一个真实的爱心故事。感谢朱定勤先生的信任、对灾区建设的这份关心与呵护。在此还要向嘉善县干窑镇陆剑峰镇长的热情、干练和支持致意。盛维忠院长，你的多次热心促进和直接参与，是对灾区情结的一种诠释。在此，还要谢谢马德富同志和曲建国同学的帮助。

　　筹资之路多艰难。徐颖女士，那个冬天你陪我们在山路上走，不慎摔得多厉害，当时车子把你送往医院的情景，至今回想起来都让人后怕。很内疚，也万分感谢你。在此还非常感谢汉嘉设计集团西南分院付晓波女士，对工程造价所做的公正、客观、热情的义务劳动。王剑笠院长关于文化传承的见解也给了我极大的帮助，谢谢你的低调和对灾区建设的热情赞助。在此还要谢谢叶克盛先生对青川工程的促进，以及嘉善县天凝镇洪溪村支书陈俐勤女士的热情支持。

　　希望是面向未来的应有姿态，正如感恩是面向以往的应有姿态。昔日的友谊令人心存感激，这份感恩之情始终也是催人奋进的一处泉源，因而也成了来日建设家园的一种保证。

　　值此机会，特意要感谢胡理琛先生的信任、友情、照拂和相助，就像光线和声音，始终如一。谢谢你形诸笔端对于人类潜能的信念、对历史的反思和对建筑环境等诸多现象的阐释与思虑，善的知识只可能植根于善的心灵。宁静愉悦中的交谈与交往，收获之处总能带来新的见地、意义、感受和思绪，而其中的启示更使人受益匪浅。

　　在《为了生命和家园》丛书系列中，我们还同其他两位人士开展了深入合作，在此我想一并致谢。感谢李建平先生以娴熟的知识积累撰写的著作《网络与信息安全》，作为国际小波理论及其在信息安全应用领域的著名学者，李教授还表示，本工程中的计算机软硬件系统将由电子科技大学计算机科学与工程学院援建，谢谢你的友情、帮扶和对灾区家乡建设的关怀。谢谢浙江大学环境与资源学院倪吾钟研究员对丛书系列的参与策划和启迪，以及深入研究撰写的著作《农村生态安全导读》。

感谢严晓龙、龚承先和蒋妙飞工程师，与你们的交谈为《城镇消防安全防范及灭火救援技术读本》一书的编写带来了新的见地、意义、感受和新的思路。

谢谢中国美术学院风景建筑设计研究院，你们在室内立面的点位图设计等方面，为本建筑的内在空间增添了一分美的神韵。谢谢徐永明先生、董奇总规划师，以及参与人员叶洁、金永杰、吴志铜、陈俐婧、徐照工程师等。你们所做的一切，加深了我们对于克服困难的整体体验。

楼建勇先生，谢谢你为这一花园建筑屋顶花坛所做的植物配置设计，颇为要紧的是你对园艺活动的解释，这种亲近大自然的理念和培养孩子们动手能力的构想与提倡自我修养的园丁理想实则同根同源。

李本智先生，感谢你在城乡规划研究中那些美妙、真诚的感悟。也谢谢王建珍主任的礼遇和诚挚，你们的爱心关注是园丁式的，也突显了企业文化。

感谢澳大利亚艺术家卡尔·吕先生，雕塑家林岗先生合作构思创作的喷雕《命运交响曲》，谢谢你们这样神奇美妙的作品，它显示了——恰恰在历史事件呈现出"命运"特征的情况下，人的能动作用才既遭遇挫折，又获得解放。

许多事情不在我们力所能及的范围之内，比方说防范日后的不幸——我们拥有的许多东西，包括健康、亲人、朋友、财富，都可能被夺走，但是没有什么能夺走我们对生命过程的热爱和家园建设中的乐观与感激之心。

感谢我们的家人、朋友和老师，你们的默默支持和爱心捐赠，让我想起了一句心理学格言——"使你的爱更博大以扩大我的价值"①。超越存在的自我努力使每个充满爱的生命都扩大了。希望我们所做的一切能让你们引以为豪。

感谢彭茗玮，你策划的"浙报公益联盟"爱在春苗行动使笔者又经历了一次意义之旅。谢谢你直到对公益活动小册子的细微处都心领神会时才给予的肯定，你如实反映了每一个糟糕的主意和准确的直觉，让笔者可以明鉴孰优孰劣。

---

① 注：Make the love larger to enlarge My worth 引自英国女诗人伊丽莎白·巴雷特·布朗宁（1806～1861）的一句诗。

在此要对宣日锦、吕海力和鲍力三位朋友，再次道一声谢谢——为你们的友情、率真、对灾区多次伸出援助之手。和你们的交流能够迅速摆脱挫折的困扰，而且确实可以找到令人吃惊的、无需理由的快乐。

李晓松先生，你去年冒着盛夏酷暑从上海赶来浙江，感谢你为造福灾区未成年人教育事业，像七月流火般的热情、付出的失眠与奔波。你就是黑龙江人。谢谢你捐赠活动中心的全套监控、弱电系统器材设备及安装等及善款。谢谢仁慈的朋友朱向娟和张健先生。

汤静，谢谢你说的话"我们不是金钱的奴隶"，在人事的无常面前，本真的语言交流确实能起到了缓冲和抚慰的作用。在此，要谢谢金建平、田军县和孙宝梁三位专家对该工程外墙建筑节能多次提出构造措施建议，这份热心弥足珍贵。

郑耀先生，谢谢你的信赖和诚挚交流。听你说"这个事能够帮好忙是很开心的。"听这样的话，也让人由衷地开心啊！这样的对话直到遥远的将来都会给人带来温馨的回忆。

在此，还要谢谢楼永良先生曾给予笔者的精神鼓励。但对此一鼓励的思忖真正地意味着：无畏地去接受命运的挑战，不间断地驱使自己去行动、去抗争、去实现、去克服、去改变。

骆圣武先生，谢谢你对青川这座建筑将来投入使用后有更多的关注。让人感到欣慰的是，尽管悲剧发生在许多青少年家庭和他们自己身上，但他们还是用一种非同寻常的方式重拾生活、学习的信心。这对他们来说并不容易。

王海金和张威两位监理工程师，你们作为单位派出的援建志愿者，为保证本项目的工程质量安全尽了一份天职。金健先生和高淑微副总经理，我们要为你们单位点赞。这几年和你们一起坚守，使一箩筐的困难得以一点点地消化克服。这很好。在压力、学习、尝试和改变中逐步了解自己的潜力，保持前进的势头。

方利强先生，十分感谢你带领的团队为此一工程所做的户外景观设计和捐助。同时要谢谢陈颖副院长和朱锡冲、黄宇飞、沈弋、左璐等专业技术人员的学养和奉献，它们都印证了浙江诚邦园林——"以德立人，以诚兴邦"的创业宗旨和"辉煌源于持久，强大源于合作"的发展理念。你们的热忱不是现代人游走四方漫无目的热情，而是一种园艺道德。

董奇老师，我们这个社会，良知的资源是如此丰富，有时候不经意到花园附近去走走，绿色便会自己燃烧起来。谢谢你赠送给活动中心两台钢琴，还特意邀约了中国美术学院两位同事吴碧波老师、夏云老师，一起为几个美术教室和多媒体教室配上全套桌椅板凳。为人师表的老师，谢谢你们的行动照亮生活，燃烧生命。

感谢诗人余刚的帮助！最近我又读了你送的诗集。还希望进一步和王应有一起调研，交流新农村建设中的防灾话题。

在此，还要向其他不计其数的无名英雄致以谢意：感谢每一位对这套作品和援建活动有过知遇之恩，并且给予它支持和鼓励的人士。

宁波市轨道交通工程建设指挥部和集团公司，今年早春，从决策层到建设工人们，共有 2600 余人次，以及 28 个参建单位参加了由单位发起的爱心捐献活动。如此感人，体现了当代城市轨道交通建设工作者的精神风貌！

感谢李东流先生给予援建工程的热情相助，也谢谢湖州市对口支援工作领导小组办公室、市住房和城乡建设局、市精神文明办和南浔产业集聚区政府等各方人士的热心助推，体现出一种服务社会的意识。

微光处处，总能发现人性光亮的绰约闪烁。感谢施明朗先生、朱持平先生和同事吴胜全先生的热心帮助，你们的关爱让人体验到了新的生机。公益活动小册子《家乡的期盼》编辑、印制不容易，谢谢陈黎先生的友谊和相助，以及陈新君女士出色的文印工作和辛勤劳动。

感谢陆峰先生、吴伟年女士，相信你们的关注将会引起新一轮的爱心活动。为此也期待着新的合作。

蒋莹先生和陈春雷总工、钟为东先生、徐召儿院长、张矗院长、闵后银先生，你们的助推将构成一个活生生的有机体。还有邱晓湄老师、贾华琴秘书长、宁波市规划学会李娜娜，你们都是心甘情愿地做些公益活动，这寓意着心灵不单单像土壤，它本身就是土壤。谢谢何火生先生、郑仁春秘书长、陈赛宽总经理为点缀花园而做的努力。

谢谢许成辰老师的电话、热情和对灾区少年儿童健康成长的关心！中国计量学院视觉传达设计专业大二学生马颐真同学为活动中心进行了 logo 设计，其造型在具象和抽象之间，寓意颇为生动活泼。

感谢先后共事过的同事，他们是我的良师益友。谢谢赵克同志，周仲光同志，谢谢宋炳坚同志和城乡规划处同仁们的友谊和信任，以及王晓里、陈继辉同志在工作中的客观、澄清和责任心。

朱文斌先生，谢谢你多年的友情、鼓励和城乡规划研究的交流。樊秋和女士，周伟强先生，感谢你们为川浙两省的民间友好往来所做的建议。在此，也要对四川省财政厅工作人员卢飞凤、朱向东同志说声谢谢，是你们的热情和服务，使得捐建资金及时通过银行账户渠道汇给灾区。

感谢解放军信息工程大学于大鹏老师、同济大学建筑与城市规划学院邵甬老师、清华大学建筑学院饶戎老师、中国计量学院标准化学院李丹青老师、哈尔滨工业大学建筑学院张姗姗老师、浙江警官职业学院孙斌老师、浙江工业大学陈馨如老师、浙江科技学院武茜老师等对丛书编写和援建活动，以不同的方式关注之。这种友人在百忙中的交流也意味着：汇聚在祖国一座座花园里的活力属于我们这个星球谐和同一的生命，因为教师本来就是园丁。

自发的社会公益活动，在艰难中一路走来，得到如此多爱心单位和人士的关怀和鼓励。这使人豁然悟出了一个道理：涓涓爱心皆溪流，溪流可以成江河。藉此再一次向各位致敬并致谢。

青川县未成年人校外活动中心参加援建和业已捐资的单位、团队和个人名单

工程建设安全技术与管理丛书全体作者

海南亚洲制药股份有限公司

浙江大学建筑设计研究院

中国建筑工业出版社

温州东瓯建设集团股份有限公司

浙江省建筑装饰行业协会

浙江省建工集团有限责任公司

浙江中南集团

永康市古丽高级中学

杭州市建筑设计研究院有限公司

浙江省武林建筑装饰集团有限公司

温州中城建设集团股份有限公司

浙江工程建设监理公司

宁波弘正工程咨询有限公司

桐乡市城乡规划设计院有限公司

浙江华洲国际设计有限公司

新昌县人民政府

宁波市城市规划学会

宁波市规划设计研究院

宁海县规划设计院

余姚市规划测绘设计院

宁波市鄞州区规划设计院

奉化市规划设计院

浙江诚邦园林股份有限公司

浙江诚邦园林规划设计院

浙江瑞安市城乡规划设计研究院

温州市建筑设计研究院

义乌市城乡规划设计研究院

温州市城市规划设计研究院

浙江省诸暨市规划设计院

浙江省宁波市镇海规划勘测设计研究院

浙江武弘建筑设计有限公司

慈溪市规划设计院有限公司

浙江高专建筑设计研究院有限公司

乐清市城乡规划设计院

温州建苑施工图审查咨询有限公司

宁波大学建筑设计研究院有限公司

平阳县规划建筑勘测设计院

卡尔·吕先生（澳大利亚）林岗先生

浙江同方建筑设计有限公司

袁建华先生

宁波市轨道交通集团有限公司

宁波市土木建筑学会

浙江建设职业技能培训学校

电子科技大学计算机科学与工程学院

上海瑞保健康咨询有限公司 李晓松先生

浙江华亿工程设计有限公司

徐韵泉老师　钟季銎老师

杭州大通园林公司

浙江天尚建筑设计研究院

浙江荣阳城乡规划设计有限公司

衢州规划设计院有限公司

中国美术学院风景建筑设计研究院

森赫电梯股份有限公司

嘉善县城乡规划建筑设计院

慈溪市城乡规划研究院

温州建正节能科技有限公司

董奇老师 吴碧波老师 夏云老师

云和县永盛公路养护工程有限公司

浙江宏正建筑设计有限公司

浙江蓝丰控股集团有限公司
浙江城市空间建筑规划设计院有限公司
浙江玉环县城乡规划设计院有限公司
台州市黄岩规划设计院
象山县规划设计院
湖州市公路局

青川县未成年人校外活动中心建设掠影

鸟瞰图

奠基仪式

施工现场

建成后实景

建成后实景二